Le Mensch

Alfred Grosser

Le Mensch

Die Ethik der Identitäten

Bibliografische Information der Deutschen Nationalbibliothek

Die Deutsche Nationalbibliothek verzeichnet diese Publikation
in der Deutschen Nationalbibliografie; detaillierte bibliografische
Daten sind im Internet über http://dnb.dnb.de abrufbar.

ISBN 978-3-8012-0499-0

Copyright © 2017 by
Verlag J.H.W. Dietz Nachf. GmbH
Dreizehnmorgenweg 24, 53175 Bonn
Umschlag: Flora Frank, Bonn
Satz: just in print, Bonn
Druck und Verarbeitung: CPI books, Leck
Alle Rechte vorbehalten
Printed in Germany 2017

Besuchen Sie uns im Internet: *www.dietz-verlag.de*

Inhalt

5

Selbstdarstellung

Jeder von uns hat vielfältige Identitäten, und sei es nur, weil er mehrere gesellschaftliche Zugehörigkeiten besitzt. Der Autor will sich in diesem Sinne vorstellen. Ich bin ein Mann und keine Frau. Das gibt mir heute noch in der französischen wie deutschen Gesellschaft unverdiente Vorteile. Ich bin alt, aber meine seit langem erwachsenen Söhne arbeiten für mein Ruhestandsgeld. Ich war beamteter Professor, gehörte also zu jenem privilegierten Teil der Gesellschaft, der nicht arbeitslos werden kann. Ich bin Pariser. Musik, Theater, Ausstellungen: Im Kulturleben genieße ich alle Vorteile von Zuschüssen, die nur in der französischen Hauptstadt verteilt werden. Ich liebe meine Stadt Paris, mit einer kritischen Einschränkung: Wie viele meiner jüngeren und auch weniger jungen Mitbürger bin ich Fußballfan, doch im Gegensatz zur Anhänglichkeit der meisten Madrilenen, Barceloner und Münchener an »ihren« lokalen Verein, verachte ich den Fußballclub, der sich *Paris-Saint Germain* nennt und von Katar finanziell unterhalten wird. Der kleine, überall – auch an Terroristen – Geld verteilende Ölstaat stellt dem Club jährlich 500 Millionen Euro zur Verfügung, was ihm erlaubt, alle anderen französischen Mannschaften an die Wand zu spielen. Seit 1980 haben wir ein kleines Haus mit Garten in der Bretagne, unweit von Guingamp, einer Kleinstadt. Deren Stadion kann mehr Fans aufnehmen, als sie selbst Einwohner hat, und ihr Team bleibt auch mit wenig Geld Jahr für Jahr in der Ersten Liga.

Ich bin Franzose seit 1937. Manuel Valls, der französische Premierminister, ist es seit 1982, die Oberbürgermeisterin von Paris, Anne Hidalgo, seit 1973, die Erziehungsministerin Najat Vallaud-Belkacem seit 1995. Nicolas Sarkozy de Nagy-Bocsa ist der Sohn eines ungarischen Flüchtlings. Niemand würde davon reden, dass wir einen »Migrationshintergrund« hätten. Wir sind Franzosen *durch und durch*.

Ich weiß aber, dass es eine andere Art Franzosen gibt. Die jungen arabischen Leute in den sogenannten banlieues (Vororten) sind fast alle Franzosen, während viele der jungen Berliner Türken Türken bleiben. Sie werden stark diskriminiert. Schlechtere Wohnungen, schlechtere Schulen, kaum Berufsaussichten, kaum Chancen rauszukommen und schlechte Behandlung durch die Polizei. Da ihnen die französische gleichberechtigte Identität verweigert wird, suchen sie sich eine andere, und zwar den Islam. Aber dieser war nicht zuerst da, sondern die Diskriminierung.

Geboren wurde ich 1925 in Frankfurt am Main. Meine Eltern haben mich und meine Schwester im Dezember 1933 nach Frankreich mitgenommen. Zuvor hatte mein Vater als Jude die Leitung des Frankfurter Clementine Kinderhospitals, das übrigens noch heute existiert, verloren, durfte seine Professur für Kinderheilkunde an der Universität nicht mehr ausüben und war aus dem Verband der »EK I-Träger« (des Eisernen Kreuzes Erster Klasse) ausgestoßen worden, obwohl er von 1914 bis 1918 an der »Westfront« als Stabsarzt gestanden und »gedient« hatte. Am 7. Februar 1934 starb er an einem Herzschlag, was natürlich – laut Entscheidung deutscher Ämter nach dem Krieg – mit der Emigration nichts zu tun hatte!

Es gibt auch kompliziertere Identitätszuschreibungen. Ich sei, schrieb ein deutscher Journalist einmal mit Recht, ein »jüdisch geborener, mit dem Christentum geistig verbundener Atheist«. Meine Frau ist gläubige Katholikin, tätig in der Krankenhausdiakonie und eng mit den Jesuiten verbunden. Unser Honigmond ist auch nach 57 Jahren noch nicht vorbei. Erst spät haben wir entdeckt, dass wir nach dem 1. Korintherbrief 7, 14 leben: »Eine Frau soll ihren ungläubigen Mann nicht verstoßen, wenn er einwilligt, weiter mit ihr zusammenzuleben.« Meine Frau ist übrigens Südfranzösin und war Doktorandin der politischen Wissenschaft, bei mir. Wobei das Thema ihrer Dissertation, die wegen der Geburt unseres ersten Sohns nie fertig wurde, nichts mit Deutschland zu tun hatte: »Die Politisierung der Streiks in Frankreich nach 1945«.

Wie schmerzlich es für mich auch ist, dies gestehen zu müssen, so haben der frühe Tod meines Vaters und sein Versuch, eine Kinderklinik in Saint-Germain-en-Laye zu gründen, die Herausbildung meiner französischen Identität enorm erleichtert. Der 54-jährige deutsche Medizinprofessor hätte in Frankreich alle Diplome ab dem Abitur nachholen, einen jungen französischen Arzt als Strohmann und Namensgeber beschäftigen und also die ganze Bitternis der Emigration ertragen müssen, was nicht ohne Rückwirkungen auf seinen kleinen Sohn geblieben wäre.

In Saint Germain existierte kein Emigranten-Milieu. Sozialisiert wurde ich durch die Schule und die protestantischen Pfadfinder (denn die katholischen nahmen nur katholische Jungs auf, jüdische gab es dort keine). Und auch die ersten Erfahrungen, die meine Mutter und ich in Saint Germain machten und die ich in meiner Rede am 3. Juli 2014 vor dem Deutschen Bundestag beschrieben habe, trugen sehr zu meiner französischen Identität bei. Davon wird später noch die Rede sein.

Mein Beruf war so sehr selbstgewählt, dass ich beinahe versucht wäre, jener schlimmen deutsch-pietistischen Versuchung zu erliegen und zu glauben, Beruf sei Berufung (was ja eine Rechtfertigung ist, politische Tätigkeiten gern denen zu überlassen, die sich zur Politik berufen fühlen). Mit 17 Jahren habe ich zum ersten Mal eine Klasse unterrichtet, direkt nach meinem Abitur in Südfrankreich – und zwar in Mathematik. Meine Freude am Unterrichten ist immer geblieben, auch wenn ich, sozusagen im Nebenberuf, Journalist war und geblieben bin, wobei ich das deutsche Wort *Publizist* nie verstanden habe.

Andere mit Wärme und Vernunft aufklärerisch beeinflussen zu wollen: Das gehört auch zu meiner Identität. Jedenfalls ist es immer möglich, in die Identitäten des Anderen einzudringen. In seinem kleinen, schönen Buch *De la politique pure* von 1963 (dt. Reine Theorie der Politik, 1967) machte Bertrand de Jouvenel die schlichte zutreffende Feststellung:»Jedes Mal wenn wir bitten, raten, ermahnen oder befehlen, jemand solle dies oder jenes tun oder lassen, erkennen wir an, dass dieser dieses tun kann oder nicht – sonst wäre ja unsere Bemühung, ihn zu beeinflussen, sinnlos.« Beeinflussung anderer im Namen einer Partei wäre mir nie in den Sinn gekommen – außer vielleicht in dem jener ironisch erfundenen von Leszek Kołakowski, der 1978 in der Zeitschrift *Encounter* den Beitrag *How to be a Conservative-Liberal Socialist. A credo* veröffentlichte. Er endet damit, dass es eine solche Partei nie geben werde, und sei es nur, weil sie den Menschen nicht versprechen könnte, sie zum Glück zu führen.

Ich glaube, wenn ich alle meine Identitäten in einer einzigen zusammenfassen sollte, stünde das im Kern, was ich als 21-jähriger in mein Tagebuch geschrieben habe:»Ich werde nie ein demagogischer Redner sein. Ich werde mich nie an die Instinkte der Zuhörerschaft wenden. Nur an ihre Vernunft und an ihren Sinn für Ethik.«

Zu dieser Grundeinstellung gehört die Wahrheitssuche. Papst Johannes Paul II. hat am 1. Januar 2002 in seiner Botschaft zum Weltfriedenstag gesagt:»Die Wahrheit kann jedoch auch dann, wenn sie erlangt wird — und das geschieht immer auf eine begrenzte und vervollkommnungsfähige Weise —, niemals aufgezwungen werden.« Ein schönes, unerwartetes Zeichen katholischer Toleranz! Aber 1993, in seiner Enzyklika *Veritatis splendor* (Glanz der Wahrheit), hat er seine Wahrheit verabsolutiert und den Katholiken auferlegt. Ich für meinen Teil bleibe lieber dabei, was ich 1975 am Beginn meiner Friedenspreisrede in der Paulskirche etwas kompliziert gesagt habe:»Es gibt keine absolute Wahrheit. Es gibt aber Dinge, die wahrer sind als andere. Und gerade die, die empfinden, dass sie nur Teilwahrheiten erreicht haben, wissen, dass die anderen, dass auch der Gegner einen Teil der Wahrheit vertritt, und sie sind deshalb einer vollständigeren Wahrheit näher als jene, die wähnen, die Wahrheit zu besitzen, was sie beinahe notwendigerweise zur Beschränktheit und zur Intoleranz verleitet.« Papst Franziskus hat dies viel witziger zum Ausdruck gebracht, als er sagte:»Wenn jemand sagt, er habe die Antwort auf alles, so ist das ein Beweis, dass Gott nicht mit ihm ist!«

Zur Wahrheitssuche gehört auch der Wille zur Kohärenz. Mit meinen Studenten habe ich immer versucht,»sokratisch« zu verfahren.»Wenn du dies willst, so müsstest du logischerweise auch dies wünschen, dann das – aber das willst du nicht. Also gehen wir zum Start zurück, um herauszufinden, wann und warum du entgleist bist.« Dazu gehört eine klare Sprache, die so vielen meiner Kollegen Soziologen oder Politologen völlig abgeht. Willy Brandt hat einmal seinen ultralinken jungen Genossen zugerufen:»Je volksnäher Ihr euch wähnt, desto unverständlicher für das Volk sprecht Ihr.« Das galt und gilt auch für die Theoriebesessenheit mancher»Wissenschaftler«, die die Leere ihrer Lehre verbergen wie der Tintenfisch seinen Körper. Wenn ich stundenlang mit Gymnasiasten diskutiere, so deshalb, weil ich in einer für sie klaren Sprache rede, ohne dabei zu versuchen, ihre»Jugendsprache« zu benutzen.

Welche Sprache? Deutsch in Deutschland, Französisch in Frankreich (und schlechtes Englisch an amerikanischen Universitäten). Dabei ist man nie völlig doppelsprachig. Wenn ich auf Deutsch schreibe, Artikel oder Bücher, so sage ich dem Herausgeber oder dem Verleger immer, er soll doch meine Sprache überprüfen. »Sprachliche Korrekturen nicht nur gestattet, sondern erwünscht.« Sollte der französische Herausgeber oder Verleger es wagen, meinen Text zu korrigieren, wäre ich wütend. Meine Identität ist eben eine französische! Auch auf zwei anderen Gebieten muss ich das betonen. Ich habe nämlich das Glück, als Außenseiter innerhalb zweier Gemeinschaften mitstreiten zu dürfen, denen ich nicht angehöre. Als Franzose in Deutschland und als Atheist im französischem Katholizismus. Ich protestiere jedes Mal, wenn ich von deutschen Medien oder Veranstaltern als »Deutsch-Franzose« vorgestellt werde. Für mich geht es in Deutschland seit 1945 um das ständige Gefühl einer Mitverantwortung, eines Mitwirkenwollens, Mitwirkendürfens und -könnens, als Begleiter, der von außen kommt und innen dabei ist, Anteil nimmt und miterlebt. Denn mein Vaterland ist nun einmal Frankreich.

KAPITEL 1

Der Finger und das schlimme »Die«

Zwei Sonderfälle: »die« Deutschen und »die« Frauen

Einfache Antworten auf die Frage nach Identitäten sind leicht zu finden. Als Radfahrer fürchte ich mich vor Autos. Als Autofahrer fürchte ich die Radfahrer: ein gutes Beispiel einer gespaltenen Identität! Viel schwieriger wird es, wenn man die nie erfüllte Forderung meines liebsten französischen Philosophen, Emmanuel Levinas, der als litauischer Jude geboren wurde, richtig versteht: »Die Identität des Individuums besteht nicht darin, sich von *außen* identifizieren zu lassen durch den Finger, der auf einen zeigt.« Was der Andere ist, sollte er selbst sagen. Oft – vielleicht meist – ist er das, was von ihm *gesagt wird*. Im *Dictionnaire philosophique* definierte Voltaire die Identität einfach als *mêmeté*, das Immer-derselbe-bleiben. Der Blick des Anderen wird nicht erwähnt (wohl aber die Erinnerung als Grundlage der *mêmeté*, was ich allerdings, wie man später lesen wird, bestreite).

Der französische Politiker Jules Moch (1899–1985) hat zwei entgegengesetzte Identitäten durchlebt, und das sicherlich, ohne sich zu verstellen. 1950/51 war er Verteidigungsminister und kämpfte für mehr und bessere französische Waffen. Von 1952 bis 1960 war er ständiger Vertreter Frankreichs im Ausschuss für Abrüstung der Vereinten Nationen und kämpfte für weniger Waffen. Die wechselnde Überzeugung nach dem Prinzip *la fonction fait l'homme* (die Aufgabe prägt den Menschen) soll im Weiteren untersucht werden. Jules Moch jedenfalls wurde stark von außen wahrgenommen, manchmal auf heuchlerische Art: Als 1976 die Sozialistische Partei und die Kommunistische Partei ein »Gemeinsames Programm« vorstellten, stellte der Sozialist Moch sich gegen diese Initiative, weil er die KP verabscheute. *Le Monde* schrieb über ihn, dass er nach dem Krieg als Innenminister Streiks mit harter Hand bekämpft hatte. Was hätte *Le Monde* wohl berichtet, wenn er für das *Programme commun* eingetreten wäre? Wahrscheinlich, dass Moch 1936/37 Staatssekretär der kommunistisch-sozialistischen Volksfront-Regierung gewesen war – doch zur Verteidigung des neuen Bündnisses musste er 1976 als Reaktionär gebrandmarkt werden.

Der Finger mag absichtlich oder unabsichtlich an der Wahrheit vorbei gehen – doch eine geglaubte Realität ist leider ebenso wirklich wie eine echte. In den Evangelien fragt Jesus zweimal die Jünger: »Wer sagt Ihr, dass ich sei?« Diese Frage sollte jeder den Anderen stellen, wenn er wissen will, was er in deren Augen ist und als was ihr auf ihn gerichteter »Finger« ihn identifiziert. Im Juni 2016 hätten die Europäischen Institutionen und führende Politiker besser daran getan, einzusehen, dass das gefälschte Bild vom bösen »Brüssel«, das die englischen Medien Tag für Tag gezeichnet haben, von den BREXIT-Anhängern für wahr gehalten wurde und sie entsprechend beflügelte. Nicht mit einem, sondern mit fünf Fingern hat Beate Klarsfeld Bundeskanzler Kiesinger durch eine Ohrfeige für Millionen Menschen als »alten Nazi« identifiziert, obwohl sie hätte wissen können, dass der Jurist Kurt-Georg Kiesinger während der ganzen Nazizeit junge Juristen heimlich im alten, freiheitlichen Recht ausgebildet hatte.

An sich bräuchte es gar keine identifizierenden Zuschreibungen zu geben, wenn der Andere schlicht als Mensch betrachtet würde. Erzbischof Karol Wojtyla, späterer Papst Johannes Paul II., hat in seinem Buch *Person und Tat* (dt. 1981) geschrieben: »Der Begriff des Nächsten berücksichtigt allein die Menschlichkeit des Menschen, die Menschlichkeit, die jedem anderen zukommt.

Wenn eine wie auch immer geartete Gemeinschaft von dieser fundamentalen Gemeinschaft abgerissen wird, verliert sie ihren ›humanen‹ Charakter.« Allerdings hat Johannes Paul II. stets die katholische und polnische Gemeinschaft privilegiert! In Victor Hugos *Die Elenden* ist der arme Jean Valjean völlig überrascht, als der alte Priester (in Wirklichkeit der Bischof), der ihn bei sich zu Tisch empfängt, ihm sagt, er kenne seinen Namen. »Mein Bruder«, sagt der Gastgeber zu ihm. Bisher hatten alle anderen Dorfbewohner mit dem Finger auf den ehemaligen Häftling gezeigt, da ihn sein gelber Pass als solchen brandmarkte. Der Bischof will ihn verändern und erreicht dies tatsächlich dadurch, dass er ihm vor den Gendarmen die Leuchter schenkt, die Jean Valjean nachts bei ihm gestohlen hatte. Dass jeder Mensch sich verändern und zu einer neuen Identität finden kann, behauptet die katholische Kirche oft – aber dies hätte sie dazu bringen sollen, gegen die Todesstrafe einzutreten, was sie nicht nur nicht getan hat, sondern sie tötete selbst Tausende von Ketzern und Andersgläubigen.

Der Finger äußerer Zuschreibungen ist nicht immer notwendigerweise eindeutig in dem, was er tut. Am 30. Mai 2016 ist Rupert Neudeck gestorben. Er hatte viele Freunde, darunter mich, fand aber nicht genügend Achtung und Beachtung, um ihm den Friedenspreis des deutschen Buchhandels zuzuerkennen, trotz vielfacher Vorschläge in dieser Richtung. Es gab viele schöne Nachrufe, die seine Identität als Buchautor und vor allem als mutiger Helfer der Schwachen herausstellten. Doch über eine wichtige Seite seiner Identität wurde geschwiegen: Zwar stand sein Buch *Ich will nicht mehr schweigen* von 2005 in allen Veröffentlichungslisten – aber ohne den Untertitel »Über Recht und Gerechtigkeit in Palästina«. Seine scharfe Israel-Kritik enthielten die Nachrufe den Leserinnen und Lesern vor. Er und Norbert Blüm, der das Vorwort schrieb, waren dafür des Antisemitismus bezichtigt worden. Was in dem einen Zusammenhang zu wenig ist, kann in einem anderen zu viel sein: Die lange Armenien-Resolution des Bundestags betont bereits im Titel, dass es sich bei den Opfern des Völkermords um Christen handelte. Die französische Nationalversammlung sprach in dem Gesetz, das die Leugnung des Massenmordes an den Armeniern unter Strafe stellt, nur von Armeniern, nicht von Christen. Man vermied jede Gegenüberstellung von Islam und Christentum in Sinne von Mördern und Opfern, die heute mehr als gestern den weitverbreiteten Antiislamismus stärken könnte.

Manchmal ist es überraschend, wie wenig Unterschiede in der Identität noch nach Jahrzehnten wahrgenommen werden. *Waffen-SS* ist nicht *SS*. In die SS trat man mit einem Schwur ein, der immer an einem 9. November abgelegt wurde – denn dies war nicht (nur) das Datum der sogenannten »Kristallnacht«, sondern in diesem Fall das des gescheiterten Hitler-Putsches von 1923 in München. Zur Waffen-SS, als militärischer Elite-Einheit, wurden 900.000 junge Deutsche eingezogen, darunter sehr wenige Freiwillige. Zwar musste die Waffen-SS viele verbrecherische Befehle ausführen, aber hatte man die Wahl? Nicht gehorchen bedeutete harte Bestrafung, vielleicht sogar ein Todesurteil. Frankreich entdeckte 1953 beim Prozess gegen jene Waffen-SS-Einheit, die das Dorf und die Bevölkerung von Oradour-sur-Glane vernichtet hatte, dass dabei zahlreiche Elsässer mitgewirkt hatten, die *malgré nous* (die Wider-Willens). Die Elsässer wurden schnell begnadigt, die anderen, die deutschen Waffen-SSler, die zumeist auch keine Freiwilligen waren, nicht. Noch im Juni 2016 wurde vom Landgericht Detmold ein alter Mann verurteilt, der SS-Wachmann in Auschwitz gewesen war. Laut Nürnberger Kriegsverbrecher-Tribunal hätte seine individuelle Schuld nachgewiesen werden müssen. Er wusste, dass Menschen vergast wurden, scheint aber nicht selbst gemordet zu haben. Gleichwohl reagierten die deutschen Medien auf seine Verurteilung mit einem

»endlich«. In Deutschland hieß es zu der Zeit, als die Vergasungen stattfanden: »Lieber Gott mach mich stumm / Dass ich nicht nach Dachau kumm!« Hätte der Angeklagte sich in Auschwitz gegen das Verbrechen aufgelehnt, so wäre er sicher nicht nur mit einem Verweis davongekommen.

Niemand sollte Günter Grass vorwerfen, bei der Waffen-SS gewesen zu sein. Aber sein langes Schweigen darüber war zumindest ein moralisches Vergehen. Auch seine Kritik am Besuch von Bundeskanzler Helmut Kohl und US-Präsident Ronald Reagan am 5. Mai 1985 auf dem Soldatenfriedhof in Bitburg, wo 43 Waffen-SS-Leute, überwiegend Wehrpflichtige zwischen 17 und 19 Jahren, ruhen, war hart. Bei seinem Eingeständnis 2006 hätte Grass sagen sollen: »Wäre ich im Krieg gefallen, hätte sich mein Grab auch auf diesem Friedhof befinden können.«

Man kennt die dumme Geschichte: Epimenides sagt, alle Kreter seien Lügner. Aber Epimenides ist Kreter. Also ist er ein Lügner und die Kreter sind keine Lügner. Aber dann hat er die Wahrheit gesagt und die Kreter sind Lügner. Also ist er ein Lügner und die Kreter sind keine Lügner. Aber er ist Kreter. Also hat er die Wahrheit gesagt und die Griechen sind Lügner und so weiter und so fort.

Was ist nun so absurd daran? Das Gegenteil von »die« ist nicht »keiner«. Sondern es muss heißen: Die einen sind so und die anderen anders. Auch ist das Gegenteil von »immer« nicht »nie«, sondern »manchmal so, manchmal anders«.

Die Engländer, die Juden, die Moslems, die Flüchtlinge, die Katholiken, die Nachbarn, die Ärzte, die Hausfrauen, die Apotheker, die Landwirte: Das »Die« kommt entweder von außen oder von Gruppenvertretern, die behaupten, alle zu vertreten, die das »Die« angeblich umfasst.

Manchmal muss man »die« sagen, zum Beispiel, wenn es um die Richter der französischen Hohen Gerichte geht, denn bei ihnen gibt es keine Minderheitsvoten. Beim amerikanischen *Supreme Court* und beim Bundesverfassungsgericht darf man »das Gericht« sagen, aber nicht »die Richter«, sondern, will man korrekt sein, nur »die Mehrheit der Richter«.

Wichtig dabei ist nicht nur das »Die«, sondern die dadurch meistens entstehende Gegenüberstellung eines »Wir« und eines »Die da«, die anders sind. Werden »Die da« kollektiv als Verbrecher angesehen, spornt das zur Rache an, die bei den Anderen ihrerseits Rächer erzeugt. So geht es unheilvoll weiter.

Zwei Einzelfälle sind politisch oder gesellschaftlich so umfassend – wenn auch ihrer Natur nach völlig verschieden –, dass es sich lohnt, sie ausführlicher zu untersuchen, nämlich »die Deutschen« und »die Frauen«.

Die Deutschen

1994 war ich weit weg von Europa in Singapur. Neben den Vorlesungen an der Universität besuchte ich ein deutsches Gymnasium. Als erste meldete sich eine siebzehnjährige Schülerin, die mit viel Bitterkeit in der Stimme fragte: »Wenn ich einmal eine siebzehnjährige Tochter haben werde, darf sie hoffen, nicht mehr Anklage und Argwohn im Gesicht des Gesprächspartners zu entdecken, wenn sie sagt, sie sei eine Deutsche?«

Sie hatte nicht die nachdenkliche Rede von Bundespräsident Richard von Weizsäcker gelesen, die er am 8. Juni 1985 vor dem Evangelischen Kirchentag in Düsseldorf gehalten hatte über *Die Deutschen und ihre Identität:* »Was hat die Tatsache, ein Deutscher zu sein, mit meiner eigenen Identität als Mensch zu tun? Viel oder wenig? Ist sie mir ziemlich gleichgültig? Fordert sie mich

18

heraus? Prägt sie mein Bewusstsein? Stellt sie mich vor verantwortliche Aufgaben? Gerade als Deutscher vor Aufgaben, die ich sonst nicht hätte? Wenn ja, vor welche? (...) Es gibt keine einfachen, keine allgemein verbindlichen und keine unveränderlichen Antworten. (...) Identität ist aber auch die Frage, wie man für andere verständlich ist, ob und wie uns unsere Mitmenschen und Nachbarn verstehen können.«

Gegen Ende der langen Rede werden die beiden »Grunddaten« dargestellt, die »für uns in der Bundesrepublik« gelten sollen: »Das erste ist unsere Westbindung. Wir gehören in den Kreis der westlichen Demokratien. Es ist die innere Wertordnung, es sind die Verfassungsgrundsätze, die uns mit denen zusammenbindet, welche denselben inneren Prinzipien verpflichtet sind. Diese Bindung an einen ständig verbesserungsbedürftigen, aber eben auch verbesserungsfähigen freiheitlichen und sozialen Rechtsstaat ist endgültig und unwiderruflich. Das zweite Grunddatum ist unsere Zusammengehörigkeit mit den Deutschen in der DDR.« In seiner großen Abschiedsrede am 18. Januar 2017 hat Joachim Gauck dies etwas anders formuliert: »Als Verfassungspatriot bleibe ich allerdings auch Deutscher.«

Gerhard Kiersch, Professor am Berliner Otto-Suhr-Institut und ein hervorragender deutscher Frankreich-Experte, veröffentlichte 1986 ein Buch auf Französisch mit dem Titel *Les héritiers de Goethe et d'Auschwitz* (Die Erben von Goethe und Auschwitz). Wie lebt man mit dieser doppelten Identität? Wie kommt man damit zurecht, dass sie von außen ständig verfälscht wird? Zum Beispiel wenn Michel Tournier, der in Deutschland wie in Frankreich viel gelesen wird, in seinem Buch von 2004 *Le bonheur en Allemagne* der an sich schon dummen, aber in Frankreich leider oft zitierten Reihe Luther-Bismarck-Hitler noch Adenauer hinzufügt. Dabei hat das eigentliche französische Feindbild nicht »die Deutschen«

geheißen, sondern »die Preußen«. In den Novellen des 19. Jahrhunderts, bei Alphonse Daudet oder Guy de Maupassant, gibt es zwar deutsche Soldaten, aber die Offiziere, die mörderische Befehle geben oder sich an einer Frau vergehen wollen, sind allesamt Preußen. Ähnlich wie in dem netten Film *Good bye, Lenin* macht man 1870 einen alten Offizier glauben, die französische Armee rücke täglich Richtung Berlin vor. Er hört Gerüchte: »Morgen ziehen sie in Paris ein.« Er geht heimlich ans Fenster – und: Kein französischer Siegesmarsch ertönt, sondern eine andere Musik. Er schreit »Les Prussiens!« und stirbt.

1945 hatte sich daran nicht allzu viel geändert. Die erste Regierungsanweisung aus Paris an die Besatzungsbehörde in Baden-Baden spricht mehr von der notwendigen *déprussianisation* als von der Denazifizierung. In seinen *Carnets d'un captif* (Tagebuch eines Gefangenen) erzählt André François-Poncet, französischer Botschafter in Nazideutschland und später Hoher Kommissar in der Bundesrepublik, von einem Gespräch, das er am 28. Dezember 1948 mit Vincent Auriol, dem französischen Präsidenten hatte. Es ging um den Vorsitzenden der Sozialdemokratischen Partei, Kurt Schumacher, der beinahe die ganzen Jahre von 1933 bis 1945 in Konzentrationslagern verbracht hatte:

»Schumacher ist ein schrecklicher Kerl, sagt der Präsident.

Er ist ein hartgesottener Preuße.

Schumacher scheint mir ein beinahe faschistischer Nationalist zu sein.

Ja, er ist ein linker Hitler. Er ist ein Preuße.«

Noch im Januar 1962 sagte mir Staatspräsident Charles de Gaulle in einem längeren Gespräch: »Sie und ich, wir wissen doch, dass auf der anderen Seite Preußen liegt.« Dass die bösen Preußen Kommunisten geworden sind, wirklich nicht erstaunlich! Bei Rheinländern oder Bayern wäre es überraschend gewesen! Stereotypen haben oft ein langes Leben. Bei einem Empfang im französischen Generalkonsulat in Stuttgart flüsterte mir eine junge französische Frau zu:»Sehen Sie, es gibt noch solche!« Sie zeigt dabei auf einen glattgeschorenen Mann mit Monokel und dickem Nacken.»Tut mir Leid, aber das ist der französische Generalkonsul, und er trägt den unpreußischen Namen Faure.«

Das Anti-Deutsche hat es natürlich auch gegeben. Und das Misstrauen. Am 1. Oktober 1953 veröffentlichte ich in *Le Monde* einen ironischen, angriffslustigen Artikel, der auch die Zeitung selbst nicht ungeschoren ließ. Das hat den Herausgeber damals veranlasst, mir in einer Art Nachwort zu erwidern. Meine Kolumne hieß:»Was hätten sie denn tun sollen?« Die Bundestagswahl in diesem Jahr 1953 hatte der CDU viele Stimmen eingebracht und Adenauer im Amt des Bundeskanzlers bestätigt. In Frankreich, das damals keine parlamentarische Mehrheit besaß und nicht wusste, wie es den Indochina-Krieg beenden sollte, hörte man ängstliche Stimmen, die fragten:»Was wird nun aus Deutschland? Ist die Zukunft der Bundesrepublik nicht unsicher?« Bei einem Sieg der SPD hätte es dagegen geheißen:»Die sind doch noch viel nationalistischer als der gute Adenauer, also welche Zukunft ...?« Und wäre eine rechtsextreme Partei auch nur um einen Hauch gestärkt worden, wäre die Frage noch besorgter ausgefallen. Ein anderes Beispiel: Im Februar 1959 lässt sich der große Schriftsteller und Literatur-Nobelpreisträger François Mauriac dazu verführen, falschen Berichten allzu viel Glauben zu schenken und in seiner wöchentlichen Chronik *Bloc-notes* in der angesehenen Wochenzeitung *L'Express* zu schreiben:»Gänsemarsch, das Hakenkreuz, das über Hamburg flattert, überall eine kraftversessene Jugend, voller Verachtung für die moralischen Werte, antisemitisch wie in den alten Zeiten ...« Es war ein Leichtes, ihm entschieden zu antworten. Frankreich kannte bis 1989 allerdings auch harte Auseinandersetzung zwischen den kritischen Verteidigern der Bundesrepublik und den unkritischen Verehrern der DDR. Heute gibt es in Frankreich mit Blick auf »die Deutschen« immer noch manche Defizite. Aber wenn beim Fußball von »la Mannschaft« die Rede ist, so mit Bewunderung und auch etwas Neid. Und sprach jemand von »le Kaiser« (ausgesprochen: Késère), so war nicht Wilhelm II., sondern Franz Beckenbauer gemeint.

Wenn nur der deutsche Masochismus nicht wäre! Nach »Ich-AG« (2002) und vor »Human-Kapital« (2004) war »Tätervolk« das *Unwort des Jahres* 2003. Nicht nur, dass alle Deutschen Antisemiten und an der Vernichtung wenigsten als Mitwisser schuldig gewesen waren: Das deutsche Volk insgesamt hatte mindestens seit dem 19. Jahrhundert eine Veranlagung zum Judenmord. Oder? Begeistert strömten die Zuhörer in die Vorstellungen von Daniel Goldhagens Buch *Hitlers willige Vollstrecker.* Deutsche Historiker wagten es kaum, den 1969 geborenen jungen Mann zu kritisieren. Kaum einer nahm die vernichtende, lange Rezension von Ruth Bettina Birn, *Chief Historian* der *War Crimes and Crimes against Humanity Section, Department of Justice, Canada,* zur Kenntnis, die im *Historical Jounal* der Cambridge University Press vom März 1997 erschienen war. Sie legte dar, welche Fälschungen Goldhagen begangen hatte, was nicht belegt war oder falsch belegt war und dass die gesamte These vom deutschen Wunsch nach Judenmord nicht haltbar war. Israelische Historiker schrieben, dass der junge Mann besser erst einmal wissenschaftlich geforscht hätte, bevor er mit Erfolg versuchte, ein Medienliebling zu werden. In Harvard hatte man für ihn einen Lehrstuhl für Holocaustforschung vorgesehen. Nun versagte man ihm jede feste Professur, und der Havard-Lehrstuhl wurde gar nicht erst eingerichtet. Nur in Deutschland wurde die These vom spezifisch deutschen »eliminatorischen Antisemitismus« ernstgenommen. Da war doch einer, der bewies, wie furchtbar die Deutschen schon immer waren!

2005 kam es noch schlimmer mit Professor Götz Alys neuem Buch *Warum die Deutschen? Warum die Juden?* Nicht genug damit, dass er, wie manche anderen deutschen Historiker, keine Vergleiche zieht, obwohl es andernorts zur gleichen Zeit ähnlich schlimm oder noch viel schlimmer zuging als in Deutschland, nein: Der Hauptbeweis seiner Grundthese, man sei aus Neid eliminatorisch gewesen, besteht in der Feststellung, dass man nicht gewagt habe, diesen Neid offen auszudrücken, dass man also verschwiegen habe, was man dachte!

Seit rund einem Jahrzehnt muss man wohl von der Rückkehr der Kollektivschuld sprechen. Oft sieht es so aus, als wollten jüngere Historiker sagen:»Wenn ich zur Zeit des Nationalsozialismus gelebt hätte, hätte ich mich geweigert, der Partei beizutreten und Widerstand geleistet.« Nach dem Krieg kursierten zwei Witze:»Was bedeutet PG? Parteigenosse und *Prisonnier de guerre* (Kriegsgefangener)«. Und bei beiden:»Pech gehabt!«»NSDAP: Na, suchst Du auch Pöstchen«, und im Elsass:»Nous sommes des Allemands provisoires« (Wir sind die provisorischen Deutschen). Die Deutschen, die sich anders benommen haben, sollten nicht in Vergessenheit geraten.

Genau das aber war weitgehend der Fall in der Ausstellung *Hitler und die Deutschen,* die im Deutschen Historischen Museum in Berlin 2010 eröffnet wurde. Die Reichstagswahl vom 5. März 1933 war nicht frei. Die KPD war bereits verboten, zahlreiche SPD-Abgeordnete saßen im Gefängnis. Die SA beherrschte die Straße. Trotzdem erhielt Hitler nicht die Mehrheit der Stimmen. Aber dieser 5. März war in der Ausstellung nicht zu finden. Der 20. Juli 1944 hingegen schon, obwohl man bei ihm mit einigem Recht Abstriche machen könnte, denn ein Teil der Verschwörer wollte lediglich den bereits verlorenen Krieg beenden und war alles andere als republikanisch oder demokratisch gesinnt. Kurt Schumacher,

Dietrich Bonhoeffer und viele andere musste man mühsam aus einem Video-Apparat herausarbeiten, der nur von einer Person auf einmal genutzt werden konnte. »Die Deutschen waren alle mitschuldig« – dieser Trend war unübersehbar.

Konrad Löws Buch *Deutsche Schuld 1933–1945* darf kritisiert werden, weil er Positives zu sehr verallgemeinerte. Aber der Sturm, der gegen das Buch losbrach, zeigte auch, dass es nicht erlaubt sein sollte darzustellen, wie viele deutsche Juden bezeugten, dass nicht-jüdischen Deutsche ihnen mutig geholfen hatten. Löw arbeitete in diesem Sinn weiter. 2016 erschiene sein Werk *München war anders. Das NS-Dokumentationszentrum und die dort ausgeblendeten Dokumente.* Wie schon in *Deutsche Schuld* hat das neue Buch Schwächen, zum Beispiel schönt Löw die Rolle der katholischen Kirche. Doch seine Vorwürfe gegen die Ausstellung *München und der Nationalsozialismus* sind schockierend. Eine gewisse Frau Behrend-Rosenfeld schilderte zum Beispiel in ihrem Buch *Der Stern* sechs Erfahrungen, die sie in München während des Nationalsozialismus gemacht hatte. Nur eine, nämlich die einzige negative, kommt in der Ausstellung vor. Die fünf anderen fehlen, so auch diese: »Die Bevölkerung tut, als sähe sie die Sterne nicht. Viele Freundlichkeiten in der Öffentlichkeit und noch viel mehr im Geheimen werden uns erwiesen.« Das vielleicht ergreifendste Erlebnis, das die Ausstellung vergessen hat, ist eines, das dem Gesangs-Sextett *Comedian Harmonists* widerfuhr und von einem Mitglied des Ensembles später erzählt wurde: Ein braun Uniformierter fordert das Publikum auf, den Saal zu verlassen. Fünf Leute taten das. »Der Mann tritt ab, und dann war es so weit, dass wir auftreten mussten. Da bricht ein Orkan los – unvorstellbar! Das gesamte Publikum, etwa tausendsiebenhundert Menschen, erhebt sich und bereitet uns eine Ovation, wie wir sie noch nie erlebt hatten. Das alles geschieht, bevor wir auch nur einen Ton gesungen haben.« Am Schluss singen sie »Auf Wiedersehen« – das Publikum singt mit und fügt »in München« hinzu. Löw hat auch Statistiken aufgestellt, die nicht unbedeutend sind. So sind in München während des Dritten Reiches nur 123 von 1159 als »Mischehen« gebrandmarkte verheiratete Paare geschieden worden.

Kollektivschuld kann auch einer gesellschaftlichen Gruppe zugeschrieben werden. So den deutschen Diplomaten. Das Buch *Das Amt* ist eine historische Auftragsarbeit des Bundesaußenministers Joschka Fischer. Es sollte bewiesen werden, dass alle deutschen Diplomaten unter Hitler eine Mitschuld hatten und dass ihr Geist nach dem Krieg im Auswärtigen Dienst weiterlebte. In einem Essay für Daniel Koerfers Band *Diplomatenjagd* (2013) bedauerte ich die einseitige Recherche, die gar nicht von den Herausgebern selbst durchgeführt worden war, und berichtete von meinen eigenen Erfahrungen, unter anderem mit der bundesdeutschen Vertretung in Paris. Wilhelm Hausenstein, der sich damals, Anfang der fünfziger Jahre, noch nicht Botschafter, sondern nur Generalkonsul nennen durfte, war ein Kunsthistoriker, der in der Nische der *Frankfurter Zeitung* die Nazizeit überlebt hatte und mit seiner jüdisch-belgischen Frau in Paris gut aufgenommen wurde. Der politische Berater Paul Frank, mein zukünftiger Laudator beim Friedenspreis, kam von der Schweizer Universität Fribourg. Die Gewerkschaften entsandten Jakob Moneta an die deutsche Vertretung Paris, Sohn einer jüdisch-orthodoxen Familie. Er floh 1933 nach Palästina, »suchte in einem Kibbuz den Sozialismus« und war später viele Jahre Chefredakteur der IG-Metall-Zeitschrift *Metall*. Er ist im März 2012 mit 97 Jahren gestorben. Der einzige Berufsdiplomat in Paris war Gebhard von Walter. Von ihm heißt es ihm Buch lediglich: »Er war auch so einer.«

Die »Vergangenheitsbewältigung« war und ist in Deutschland ein zentrales Thema, auch woanders, vor allem in Frankreich, aber nur in Deutschland wurde und wird noch immer die Frage gestellt:»Was wird das Ausland sagen?« Und darüber hinaus:»Was wird Israel sagen?« Bei der Fußballweltmeisterschaft in Deutschland 2006 erhielt ich Anrufe vom WDR und NDR:»Was sagt man in Frankreich zu all den Fahnen und Freudeschreien?« – »Es ist das erste Mal, dass es eine solche schöne Freude in Deutschland, dem bis jetzt so freudlosen Land, gibt. Eine Freude, die auch nach der Niederlage im Halbfinale blieb. Und die Fahne trägt die Farben des Hambacher Festes von 1832, der Revolution von 1848 und von Weimar: Ist das nicht schön?« Im Aufmarsch zu Schloss Hambach 1832 sang man mit Philipp Jakob Siebenpfeiffer: *Wir pflanzen die Freiheit, das Vaterland auf.* Beim 50. Deutschen Historikertag im September 2014 in Göttingen wurde wieder einmal die These vom deutschen Sonderweg diskutiert. Sobald man den Vergleich mit Frankreich anstellt, sieht man, wie absurd sie ist. Der Schatten von Metternich-Europa fiel auf beide Länder. Die Repression von 1848/49 ist in Frankreich jedoch viel blutiger gewesen als in Deutschland. Aus den Niederlagen entstand jeweils die Republik: 1918, aber auch 1870. Rosa Luxemburg und Karl Liebknecht sind 1918 ermordet worden, und das war schlimm, zweifellos, aber unbedeutend im Vergleich zu den Zehntausenden Ermordeten und Deportierten der Pariser Kommune von 1871. Also war Hitler nun die Krone der deutschen Geschichte, wovon natürlich alle Deutschen betroffen sind? Oder nur ein dicker Ast an einer Stelle, wo andere Äste hätten auch gedeihen können?

Wer sind heute »die Deutschen«, die von Hitler betroffen sind? Was haben zum Beispiel Immigranten oder Flüchtlinge, die Deutsche geworden sind, mit dieser Vergangenheit zu tun? Um am Beginn einer möglichen Antwort noch einmal von mir selbst zu sprechen: Einmal ertappte ich mich dabei, wie ich in einer Vorlesung sagte:»Wir haben 1914 ...«, und meinte damit französische Soldaten. Aha, dachte ich, Assimilation total! Mein Vater hat im

Ersten Weltkrieg vier Jahre lang gegen Frankreich gekämpft, und jetzt ist die Geschichte Frankreichs *meine* Geschichte. Nicht, dass ich dabei »die Deutschen« im Kopf gehabt hätte. Im Gegenteil. Die guten deutsch-französischen Beziehungen der letzten Jahrzehnte haben nur deshalb direkt nach dem Krieg entstehen können, weil wir in Frankreich eben nie an den Begriff »die Deutschen« geglaubt haben – ganz im Sinne der Präambel der französischen Verfassung von 1946, die heute noch gültig ist und die die Charta unseres Verfassungsrats darstellt: »Nach dem Sieg über die Regime, die versucht haben, die Menschen zu versklaven und zu erniedrigen ...« Von Menschen ist die Rede und nicht von Völkern. Die Autoren der Verfassung, die aus der Résistance kamen, wussten, dass nicht alle Franzosen im Widerstand und dass viele Deutsche Opfer von Hitler gewesen waren. Als die ersten Franzosen nach Buchenwald oder Dachau kamen, entdeckten sie, wie viele Deutsche dort litten oder bereits ums Leben gekommen waren.

Wen bezeichnet also das soeben gesagte »wir«? Mein Fall war an sich weniger verdienstvoll als zum Beispiel der meines Freundes Joseph Rovan. Im Oktober 1945, unmittelbar nach seiner Befreiung aus dem KZ Dachau, veröffentlichte er den berühmt gewordenen Artikel *L'Allemagne de nos mérites* (Das Deutschland, wie wir es verdienen) in der Zeitschrift *Esprit*. Ich selbst war im August 1944 mit falschen Papieren in Marseille. Eines Abends hörte ich in der BBC, dass die alten Häftlinge des KZ Theresienstadt nach Auschwitz transportiert wurden. Darunter, wie sich nach dem Krieg bestätigte, waren die Schwester meines Vaters, »Tante Ida«, und ihr Gatte, »Onkel Kurt«, ein Berliner Arzt, der nicht hatte auswandern wollen. Am nächsten Morgen, nach langer Überlegung, war ich sicher, endgültig sicher, dass es keine Kollektivschuld gibt, so furchtbar die Verbrechen und so zahlreich die Verbrecher auch sein mochten. Den Begriff »die Deutschen« lehnte ich ab. Nach der Befreiung von Marseille, im September, stand ich am Krankenbett eines Freundes, der bei den Kämpfen verletzt worden war und zwei Tage später starb. Ein Bett weiter lag ein gefangener und verletzter junger deutscher Soldat. Ich sprach viel mit diesem Altersgenossen (wir waren beide 19) und musste feststellen, dass er von dem Horror wirklich nichts wusste. Da entstand bei mir ein Gefühl der Mitverantwortung für seine Zukunft. Als ich 1947 zum ersten Mal wieder in meiner Geburtsstadt Frankfurt war, wurde ich vom Oberbürgermeister Walter Kolb empfangen. Er kam aus einem KZ. Wir teilten die Überzeugung, für die freiheitlich-demokratische Zukunft der Jugendlichen mitverantwortlich zu sein. Als wir, das heißt ehemalige Hitler-Verfolgte, ein »Französisches Komitee für den Austausch mit dem neuen Deutschland« gründeten, hieß der erste deutsche Redner, den wir an der Sorbonne sprechen ließen, Eugen Kogon, ehemaliger Buchenwald-Häftling und Autor des vielgelesenen Buchs *Der SS Staat,* das bereits 1946 erschien, inzwischen 44 Auflagen erlebte und die These, dass »die Deutschen nichts wissen wollten«, zusammen mit dem Erfolg von *Das Tagebuch der Anne Frank* zumindest schwächt.

Die Frauen

1962. Algerien ist gerade unabhängig geworden. Ein bekannter Journalist der linken Wochenzeitung *L'Observateur* untersucht die Lage vor Ort und kommt zu dem positiven Fazit: Freiheit und Gleichheit herrschen nun für alle – außer für die Frauen, immerhin die Hälfte der Bevölkerung! Auch die Kirche hat eine merkwürdige Vorstellung von Frauen – für Papst Johannes Paul II. waren »die« Frauen« andersartige, untergeordnete Wesen. Viele Männer leben in unserer westlichen Welt in dem Glauben, sie seien überzeugte Verfechter der Gleichheit zwischen Mann und Frau. Und doch lassen sie sich leicht zu einer gedanklichen Ungleichheit verführen. In ihrem aufschlussreichen Buch *Eine tödliche Liebe. Petra Kelly und Gert Bastian* (1993) hat Alice Schwarzer gezeigt, dass Bastian Kelly ermordet hat, bevor er sich selber tötete. Sie wollte nicht sterben, aber die Tat wurde überall als »doppelter Selbstmord« dargestellt. Hätte sie ihn getötet, wäre sie sehr wahrscheinlich als Mörderin dagestanden! Vergleichbares geschah in Frankreich. Am 16. November 1980 erwürgte der Philosoph Louis Althusser seine Frau Hélène. Er muss nicht einen einzigen Tag ins Gefängnis, weil er im Augenblick der Tat nicht zurechnungsfähig gewesen sei. Er wurde in eine psychiatrische Klinik gebracht, kam aber bald wieder frei, und die ganze Pariser intellektuelle Welt zeigte sich voller Mitleid für ihn, der nun weiter lehren und schreiben durfte. Hélènes trauriges Schicksal wurde kaum erwähnt. Ja, wenn sie ihn erwürgt hätte, wären die Ursachen ihres Verbrechens vielfach untersucht worden!

Im Anhang ihres Buchs über Petra Kelly sagt Alice Schwarzer: »Der Sexismus ist die Urform des Rassismus«. Sie belegt dies mit mehreren Beispielen. »In Köln wird der 44 jährige Horst Witt zu drei Jahren Gefängnis verurteilt. Der Gattinnenmörder zerstückelte die Leiche seiner Frau und transportierte sie per Straßenbahn in verschiedene Vorstadtwälder. Die zierliche Frau war von ihrem Zwei-Zentner-Mann erwürgt worden, doch für das Gericht war es weder ›Mord‹ noch ›Totschlag‹ sondern lediglich ›Körperverletzung mit Todesfolge‹. Denn Witt habe ›im Affekt gehandelt‹, da seine Frau ihn drangsaliert, ja sogar ›mit dem Bügeleisen bedroht‹ habe. Die Einschätzung des psychologischen Gutachters: ›Der Täter hat ein unglaublich niedriges Aggressionspotential.‹«

Vorher zitiert sie ein mildes Urteil gegen den Türken Ali C. »Er erwürgte seine 18-jährige Tochter, weil sie nicht länger zuhause wohnen wollte. Der Staatsanwalt plädierte nicht etwa auf Mord, sondern nur auf Todschlag. Begründung: ›Der Vater hat die erhebliche Ehrverletzung als glaubwürdig dargestellt.‹ Die Richter stimmten zu: ›Subjektiv sind dem Täter keine niedrigen Beweggründe vorzuwerfen.‹«

Das sind natürlich nur Lappalien im Vergleich mit der millionenfachen Erniedrigung junger Mädchen durch Genitalverstümmelung. Obwohl in Großbritannien diese Praxis seit 1985 durch Gesetz verboten ist, zeigt ein parlamentarischer Bericht von 2014, dass mindestens 170.000 Frauen diese Grausamkeit auf britischem Boden erlitten haben und dass 65.000 Mädchen unter 13 von ihr bedroht waren. In 28 afrikanischen Ländern existiert diese Praxis. In Ägypten, Guinea, Mali, Sudan sind sogar fast 85 Prozent der Frauen von ihr betroffen. Oft nehmen sogar die Mütter an der Operation ihrer Tochter teil, denn so hat das Mädchen die Chance, einen besser situierten Gatten zu finden, nun, da der verengte Weg zu ihr die Lust des Mannes erhöht, sie keine sexuale Freude mehr erleben kann und gewiss noch Jungfrau ist. Ein gesetzliches Verbot solcher Torturen existiert in den meisten Ländern. Am 12. September 2012 hat die Generalversammlung der UNO eine Resolution angenommen, die überall in der Welt die Genitalverstümmelung verbietet. 110 Staaten haben mitunterschrieben, doch sogar in der EU ist die Praxis nie völlig unterbunden worden. Die Gerichte urteilen sehr unterschiedlich. Oft gilt die Tradition als Entschuldigung, obwohl in Frankreich für Opfer unter 15 Jahren die Tat als Verbrechen eingestuft wird, auf das 15 Jahre Gefängnis stehen – und zwanzig, wenn der Täter Vater, Mutter oder ein Verwandter ist.

Vergewaltigungen werden nicht nur vom IS systematisch durchgeführt. In Afrika scheinen UNO-Soldaten vielfach an Vergewaltigungen beteiligt zu sein. Dass dies aber nicht nur in Afrika passieren kann, hat die jüngste Forschung zum Vormarsch der Roten Armee in Deutschland klar bewiesen. In Deutschland wie

Frankreich berichten die Medien ständig über Vergewaltigungen, die oft zeigen, wie für junge Männer Frauen eine Art Ware sind oder ein Stück Fleisch, über das man frei verfügen kann. 2016 ist auch der Streit zwischen Japan und Korea wieder aufgeflammt, ob und wie man Überlebende der »Trostfrauen« entschädigen solle, die von der Japanischen Armee zu Hunderttausenden als Sexsklavinnen entführt und in Bordellen zur Prostitution gezwungen worden waren. Fern von Europa werden manche Missetaten merkwürdig begründet. In Katar, dem künftigen WM-Gastgeberland, ist im Mai 2016 eine holländische Frau vergewaltigt worden. Ein dortiges Gericht verurteilte sie wegen »außerehelichem Sex«. Drei Jahre zuvor war eine Norwegerin in den Vereinigten Arabischen Emiraten ebenfalls verurteilt worden. Sie hatte ihren Chef der Vergewaltigung beschuldigt und wurde wegen Unsittlichkeit bestraft. (Beiden Europäerinnen wurde schließlich das Gefängnis erlassen, und sie mussten das jeweilige Land verlassen). In Pakistan hat eine Mutter ihre 16-jährige Tochter verbannt, weil sie einen von ihr gewählten Mann geheiratet hatte. Jedes Jahr werden dort und woanders Hunderte Frauen von Familienmitgliedern ermordet, im Namen der Ehre.

Was innerhalb von Ehepaaren geschieht, kann manchmal auch als Vergewaltigung betrachtet werden. Zwei Filme zeigen dies in überzeugender Weise. *Ein besonderer Tag* von Ettore Scola (1977) wird in französischen Kinos und im Fernsehen immer noch oft gezeigt, nicht nur wegen Sophia Loren und Marcello Mastroianni, sondern weil er das Schicksal beider Menschen so eindringlich dargestellt – ein verpönter Homosexueller und eine von ihrem Gatten und ihren Söhnen verachtete Frau. Am Ende dieses besonderen Tages, an dem Hitler Mussolini einen Besuch abstattet, steigt der Ehemann noch einmal zu der Frau ins Bett, um – ohne ihr Einverständnis – seinem sexualen Drang nachzugehen. Ob er sie dabei schwängert, ist Nebensache. Der Film *Kadosh* von Amos Gitaï (1999) spielt im ultraorthodoxen Milieu Israels. Eine junge Frau darf ihren Geliebten nicht heiraten, weil er nicht »dazugehört« (dass er in der Armee das Land verteidigt, während die »Reinen« vom Staat bezahlt werden, um ihr Leben lang nur die Schrift zu studieren, macht ihre Sache nicht besser). Sie wird zwangsverheiratet und die »Hochzeitsnacht« besteht aus einer Vergewaltigung. Und eine Scheidung ist nur möglich, wenn der Mann einwilligt.

In manchen Kunstwerken wird die Verachtung für die Frau kaum noch bemerkt. Wie böse ist doch die Königin der Nacht in der *Zauberflöte!* Aber warum hasst sie Sarastro? Weil er etwas bekommen hat, was ihr von ihrem Vater verweigert wurde, den siebenfachen Sonnenkreis, Insignium von Macht und Weisheit. Als sie ihn darauf ansprach, sagte der Vater zu ihr: »Und nun kein Wort weiter. Forsche nicht nach Wesen, die dem weiblichen Geist unbegreiflich sind. Deine Pflicht ist, dich und deine Tochter der Führung weiser Männer zu überlassen.« Eine der wenigen Opern, in denen eine Frau nicht durch ihre Weiblichkeit, sondern durch ihre Macht Männer beherrscht, ist Puccinis *Turandot*. Doch auch sie unterwirft sich, sobald ein Kuss ihre Sexualität erweckt hat. Ein Theaterstück weist der Frau indes eine neue Rolle zu: Ibsens *Nora oder EinPuppenheim,* 1879 in Kopenhagen uraufgeführt. In Hamburg wurde das Stück ein Jahr später mit einem anderen Ende versehen. In letzter Minute verlässt Nora doch nicht Haus, Gatte und Kinder, um endlich ein eigenes Leben zu führen. Sie bleibt eine gute Mutter. Das Modell Kinder – Küche – Kirche war gerettet (heute glücklicherweise durch Kinder – Krippe – Karriere ersetzt). In München übrigens ist dieser falsche Schluss wenig später wieder verneint und Ibsens Fassung aufgeführt worden.

Wenn man heute ein Orchester spielen sieht, kann man sich kaum mehr vorstellen, welchen Aufruhr es bei den Berliner Philharmonikern gab, als Herbert von Karajan ihnen 1983 Sabine Meyer als Soloklarinettistin aufgezwungen hat. Orchester waren lange Zeit reine Männervereine. Noch schlimmer als die Instrumentalistinnen sind jedoch Komponistinnen behandelt worden. Das vielleicht erstaunlichste Beispiel ist Fanny Mendelssohn. Ihr Vater Abraham hatte ihr bereits gesagt, dass ihr Bruder Felix eine große Karriere vor sich habe und dass sie sich damit begnügen solle, Musik als weibliche Zierde zu praktizieren. Und obwohl Bruder und Schwester sich innig liebten, hat Felix viel getan, um das schöpferische Talent von Fanny zu behindern und zu verstümmeln. Konzerte geben auf dem Klavier, auf der Geige, mit der Musik von männlichen Komponisten, das durfte die Frau. Musik selbst schreiben, das stand ihr nicht zu.

Es gab große Fortschritte seit dem 19. Jahrhundert. Die Schweiz gab sich 1948 eine Verfassung, die für alle *Menschen* gültig war, nur nicht für die Frauen, die kein Wahlrecht besaßen, also keine Menschen waren! Der größte Fortschritt ist auf dem Land zu verzeichnen. Die Landwirtin hat die Bäuerin ersetzt. Alle, Mann und Frau, haben vom technischen Fortschritt ungemein profitiert. Wenn heute Grüne und andere die neuen Instrumente verachten, vom Traktor bis zur automatischen Melkanlage, so sind sie wahrscheinlich aus einer Familie, in der die Frau nie am öffentlichen Waschbecken Betttücher geschrubbt hat. Die harte körperliche Arbeit ist nicht mehr da. Ehemals sah die dreißigjährige Bäuerin aus wie eine fünfzigjährige Stadtbewohnerin. Heute hat sich der Unterschied deutlich verringert. Heute verwaltet eine Landwirtin weitgehend nicht mehr den Bauernhof, sondern einen Betrieb. In den sechziger Jahren war das, jedenfalls in Frankreich, kaum anerkannt. Ich habe einige Jahre am IFOCAP *(Institut de formation des cadres paysans)* unterrichtet. Als zum ersten Mal dreiwöchige

Tagungen für Frauen organisiert wurden, erzählten die Teilnehmerinnen, welche Widerstände sie überwinden mussten. Etwas über Wirtschaft, Gesellschaft, Politik lernen? Wozu? Muss das ein? Vernachlässigen sie in dieser Zeit nicht ihre häuslichen Pflichten (Kinder, Küche, Feldarbeit)?

Frauen dürfen sich an der Demokratie beteiligen als Wählerinnen. Seit wann? In Wyoming schon seit 1869. In den Vereinten Staaten allgemein seit 1920. Da durften Frauen in Deutschland schon ein Jahr lang mit den Männern wählen. War das nicht eine normale Gegenleistung für all das, was deutsche Frauen zwischen 1914 und 1918 vollbracht hatten? Als Arbeiterinnen in den Fabriken, bei der mühsamen Bestellung der Felder, überall dort, wo die Männer fehlten, weil sie im Krieg litten? Und starben. Mütter und Witwen mussten nach dem Krieg am gesellschaftlichen Leben direkt teilnehmen. Warum also nicht am politischen? In Frankreich hätte es ähnlich sein sollen, aber die III. Republik liebte das weibliche Geschlecht so sehr, dass man es nicht mit Dingen belasten wollte, von denen es, gerade wegen seines Charmes, nichts verstehen konnte. Also mussten die Frauen bis Ende 1944 warten, um Bürgerinnen zu werden. In der Schweiz, bekanntlich die beste und schönste aller Demokratien, gaben die Kantone Waadt und Neuenburg 1859 ein Beispiel weiblicher Wahlbeteiligung. Anfang Februar 1959 sagte aber das männliche Wahlvolk der Konföderation mit zwei Dritteln aller Stimmen »nein« zum Frauenwahlrecht. Die gleiche Mehrheit (66 Prozent) machte am 7. Februar 1971 endlich mit einem klaren »Ja« den Weg zum Wahlrecht für Schweizerinnen frei!

Clubs und Akademien haben Zeit gebraucht, um sich für weibliche Mitglieder zu öffnen. Manchmal gegen den klaren Auftrag der Verfassungen. So heißt es beispielsweise im Grundgesetz der Bundesrepublik Deutschland Artikel 3 Absatz 2: »Männer und Frauen sind gleichberechtigt. Der Staat fördert die tatsächliche

Gleichberechtigung von Frauen und wirkt auf die Beseitigung bestehender Nachteile hin.« In der Präambel der französischen Verfassung von 1946 heißt es:»Das Gesetz gewährleistet der Frau auf allen Gebieten die gleichen Rechte wie dem Mann.« Nur, dass es noch lange gebraucht hat, diese schönen Absichten in Wirklichkeit umzusetzen. Die verheiratete französische Frau darf erst seit 1965 ein eigenes Bankkonto haben, und seit 1970 teilt sie die *autorité parentale* (elterliche Gewalt) mit ihrem Gatten, der bis dahin alleiniger Herrscher über die gemeinsamen Kinder war. Und erst seit einem Urteil des Bundesverfassungsgerichts von 1991 tragen deutsche Kinder nicht notwendigerweise den Namen des Vaters.

Der Aufstieg zu Ruhm und Macht war mühsam und langwierig. Die erste Frau, die 1907 im Pariser Panthéon begraben wurde, war Sophie Berthelot. Sie lag da aber nur, weil sie mit Marcellin Berthelot ein bewundertes Ehepaar bildete. Wie Aristide Briand in seiner Grabrede sagte:»Sie hatte alle seltenen Eigenschaften, die einer schönen, anmutigen, sanften und kultivierten Frau erlauben, mit den Zielen, den Träumen und den Werken eines genialen Mannes verbunden zu sein.« Heute hat sich das radikal verändert, und als Germaine Tillon (1907–2008) und Geneviève de Gaulle-Anthonioz (1920–2002) 2015 posthum dieselbe Ehre widerfuhr, so nicht nur, weil sie beide wegen ihrer Teilnahme an der Résistance im KZ Ravensbrück gelitten hatten, sondern auch für ihre übrigen, ungewöhnlichen Verdienste: Germaine Tillon als Ethnologin, die während des Algerienkriegs hartnäckig versucht hatte, das Blutvergießen zu beenden, und Geneviève de Gaulle, weil sie sich intensiv um die Slums vor den Toren von Paris gekümmert hatte und dann Präsidentin von *ATD/Quart Monde* (Vierte-Welt-Bewegung) geworden war. Und wenn heute in Deutschland so viele Schulen»Geschwister Scholl-Schule« heißen, so nicht nur, weil Sophie die Schwester von Hans gewesen ist!

Der Aufstieg zur politischen Macht darf nun auch als – beinahe – normal angesehen werden. Golda Meir, Indira Gandhi, Margaret Thatcher, Angela Merkel – sie sind den Weg gegangen, den 1960 in Sri Lanka Sirimavo Bandaranalki eröffnet hatte. Am erstaunlichsten ist vielleicht das Schicksal von Benazir Bhutto, die 1988 als pakistanische Premierministerin die erste Frau an der Spitze eines islamischen Staates wurde. Niemand ist heute mehr erstaunt, wenn Frauen menschliche Eigenschaften – nicht weibliche oder mannsgleiche – an hoher Stelle unter Beweis stellen. Die Dänin Margrethe Vestager ist das effizienteste und meistgefürchtete Mitglied der Europäischen Kommission in Brüssel. Christine Lagarde ist für ein zweites Fünf-Jahr-Mandat an die Spitze des Internationalen Währungsfonds gewählt worden.

Und trotz dieser unbestreitbar großen Fortschritte bleiben doch noch manche offene Fragen. Eine der schwierigsten betrifft die »Quote«. Sie ähnelt dem amerikanischen Hang zur *positive discrimination*. Soll man warten, bis die Gleichheit sich von selbst einstellt? Unternehmen werden schon kompetente Frauen in die Aufsichtsräte schicken. Das »Wahlvolk« wird schon weibliche Vertreterinnen in die politischen Gremien schicken, weil sie ihm vertrauenswürdiger erscheinen als dieser oder jener Mann. Vielleicht. Muss man aber nicht zur Überwindung des gewöhnlichen, hergebrachten Denkens und Empfindens doch Quoten einführen? Keine Frau ist gern eine »Quotenfrau«. Wäre sie aber in den Aufsichtsrat gelangt oder in die Verwaltung des *Départements,* wenn es die Quote nicht gegeben hätte?

In vielen Verbänden und Organisationen bilden Frauen die Mehrheit der Mitglieder. An der Spitze jedoch stehen Männer. In Frankreich jedenfalls ist es so bei den Lehrern und Lehrerinnen. In Deutschland scheint man kaum wahrgenommen zu haben, dass nach 125 Jahren IG Metall zum ersten Mal eine Frau zusammen mit einem Mann an die Spitze der einflussreichsten deutschen

Gewerkschaft gekommen ist. Christiane Benner ist im Oktober 2015 mit 91,9 Prozent der Stimmen gewählt worden. Zusammen mit Jörg Hofmann leitet nun sie die Geschicke der »Metaller«. Manches geschieht noch im Verborgenen. Eine Frau leitet seit Jahren die Personalabteilung eines großen Presse- und Verlagshauses. Es genügt, dass ein frauenfeindlicher Mann in den Vorstand kommt und sie in ihren Zuständigkeiten umgeht, damit sie machtlos wird und bald ihren Abschied nimmt. Dabei ist sie keineswegs Opfer einer unschönen Sitte geworden, die im Frankreich des Jahres 2016 endlich auch öffentlich angeprangert wird. Sexuelle Belästigung gehört ebenfalls nicht der Vergangenheit an. Das hat auch der Bundestag am 7. Juli 2016 bestätigt. Ein neues »Nein-heißt-Nein«-Gesetz stellt jede Belästigung unter Strafe. Wie so oft – auch in Frankreich – entscheiden Parlamente auf Grund eines vorherigen Ereignisses. Hier waren es die Vorfälle in der Silvesternacht 2015 auf der Kölner Domplatte. Da – wie oft – kaum Einzeltäter beschuldigt werden konnten, setzte sich der Bundestag über ein Grundprinzip hinweg: Die ganze Gruppe, der ein Täter angehört hat, soll bestraft werden. Ob damit der sexuellen Belästigung von Frauen ein Ende gesetzt werden kann, ist zumindest fraglich. Und auch das weiterhin bestehende Problem der Beweislast wird die Wirksamkeit eines solchen Gesetzes schwächen.

Um wie viel leichter wäre es, Fortschritte auf dem Weg zur tatsächlichen Gleichheit von Frau und Mann aufzuzählen, wenn es die katholische Kirche nicht gäbe! Sie war jedoch nicht allein mit ihrer Geringschätzung und Verachtung von Frauen. Die Aufklärung war auch nicht gerade frauenfreundlich. Voltaire hat viel für die Gerechtigkeit gekämpft, nicht aber für die Rechte der Frauen – dem Mann untergeordnete Wesen. Für Diderots *Encyclopédie* ist die Frau nur durch ihren Körper definiert. Die grundlegende *Erklärung der Menschen- und Bürgerrechte* vom 26. August 1789 benutz das Wort *homme* nur im Sinne von Mensch, nicht von Mann. Artikel 1 sagt:»Die Menschen werden frei und gleich an Rechten geboren und bleiben es. Die gesellschaftlichen Unterschiede können nur im gemeinen Nutzen begründet sein.« Die Frauen gehören anscheinend nicht zu den Menschen, denn von ihnen ist keine Rede. Olympe de Gouges wurde im November 1793 geköpft. Der Staatsanwalt sprach von politischen Vergehen, aber hauptsächlich ging es um ihre Stellungnahmen zu den Rechten der Frau:»Seit wann«, sagte er,»ist es den Frauen erlaubt, ihr Geschlecht zu verleugnen, sich zum Mann zu machen? Seit wann ist es Brauch, dass die Frauen die fromme Sorge um den Haushalt, die Wiege ihrer Kinder verlassen, um auf der Tribüne der Versammlung, am Rednerpult des Senats die Pflichten zu erfüllen, die die Natur dem Mann allein verliehen hat?« Im Islam wie im Judentum ist die Rolle der Frau keineswegs besser. Anglikanische Priester haben ihrer Kirche den Rücken gekehrt, als Frauen die Bischofswürde erhielten – und sind nach Frankreich gezogen, wo sie, obwohl verheiratet, als katholische Priester aufgenommen wurden. Die meisten der unzähligen»Hexenverbrennungen« geschahen in protestantischen Regionen. Die Evangelische Kirche in Deutschland hat Zeit gebraucht, bevor Margot Käßmann Bischöfin und EKD-Ratsvorsitzende werden konnte.

Die katholische Kirche hat auch Frauen geehrt. Vier von ihnen sind in den Stand des *doctor ecclesiae*, des Kirchenlehrers erhoben worden, von denen es im Ganzen nur 35 gibt: Hildegard von Bingen, Theresa von Avila, Katharina von Siena und Theresa von Lisieux. Die Oberinnen von Schwesterorden waren oft weltbereiste, mächtige Frauen (ein alter Witz:»Was sind die drei Dinge, die Gott nicht weiß? – Was ein Jesuit denkt, was ein Dominikaner predigen wird und wie viele Frauenorden es gibt). Kein Bistum, keine Pfarrei könnte bestehen, wenn nicht die verschiedensten Dienstleistungen von Frauen erbracht würden. Aber in der Struktur der Kirche bleiben sie untergeordnet oder sogar von Ämtern ausgeschlossen.

Im Galater-Brief heißt es:»Es gibt nicht mehr Juden und Griechen, nicht Sklaven und Freie, nicht Mann und Frau, denn Ihr seid alle ›einer‹ in Jesus Christus.« Allerdings wird im Kolosser-Brief den Sklaven gesagt:»Ihr Sklaven, gehorcht eurem irdischem Herren in allem.« Der Sklave wird also nicht frei im Christentum, und die Frau bleibt auch Frau. Im Juli 1995 hat Papst Johannes Paul II. einen langen»Brief an die Frauen« geschrieben. Zunächst eine lange Liste des Dankes für alles, was sie in der Gesellschaft leisten. Dann ein hervorragendes Plädoyer für die noch nicht verwirklichten Rechte:»Gleichheit der Löhne für eine gleiche Arbeit, gerechte Aufstiegsmöglichkeiten in der Karriere, Gleichheit der Gatten in der Ehe, Anerkennung von allem, was in einer demokratischen Gesellschaft mit den Rechten und Pflichten des Bürgers verbunden ist.« Aber dann, im elften Teil seiner Epistel, kommt die Verneinung der Gleichheit der Frau innerhalb der Kirche. Jesus habe keine Frau unter den Jüngern aufgenommen. Nur Männer sind Nachfolger seiner Funktion als Hirt der Gläubigen.»Das Priestertum (...) ist nicht Ausdruck einer Beherrschung, sondern eines Dienstes.« Dass es aber nur von Männern ausgeübt werden darf, sei von den Merkmalen des männlichen und des weiblichen Wesens verursacht.

Der an sich schöne, wohlwollende Text lässt manches unter den Tisch fallen. In Büchern und im Unterricht am *Institut catholique de Paris* erzählt André Paul, wie er in seinem Priesterseminar ausgebildet wurde. Die Misogynie war ein Teil der Ausbildung. Die Frau als ständige Gefahr, als in der Natur irgendwie zwischen Mann und Tier stehend: Noch 2016 vergleicht der Bischof von Bayonne die Regierungsmaßnahmen zur Schwangerschaftsunterbrechung mit den Verbrechen des»Islamischen Staats«. Die innerkirchliche Debatte um die Sexualität und um die »Natur« der Frau ist noch weit davon entfernt, beendet zu werden. Glücklicherweise sind aber doch ein paar alte, furchtbare Sitten überwunden. 2015 sind in Irland 800 Kinderleichen in einem Graben entdeckt worden. 2002 hat der Film *The Magdalen Sisters* dokumentiert, wie zwischen 1922 und 1996 mehr als 10.000 Mädchen kirchlicherseits als Sklavinnen ausgebeutet wurden, weil sie uneheliche Kinder zur Welt gebracht hatten. 2009 erschien der Bericht einer irischen Enquete-Kommission, die feststellte, dass die Misshandlungen von Kindern und Frauen von einem Dutzend Bischöfen und 46 Priestern zwischen 1975 und 2004 systematisch verheimlicht worden sind.

Auch die Abtreibung bleibt ein gesellschaftliches Streitobjekt, das vor allem die katholische Kirche umtreibt. Es sei schon eine Tötung, wenn ein Embryo betroffen ist – während auf protestantischer, jüdischer und muslimischer Seite menschliches Leben nach allgemeiner Ansicht erst ab dem dritten Schwangerschaftsmonat beginnt. Erwachsene hingegen dürfen sündenlos getötet werden. In der Päpstlichen Enzyklika *Evangelium vitae* von 1995 wird die Abtreibung als »abscheuliches Verbrechen« bezeichnet, während bei der Todesstrafe nur eine »steigende Tendenz in der Kirche und in der bürgerlichen Gesellschaft« zu deren Abschaffung zu finden sei (damals war sie allerdings schon in allen Staaten des Europarats abgeschafft worden). Weder der Papst noch die amerikanischen Bischöfe haben den Texanern je gesagt, sie dürften ihre Stimme nicht den Politkern geben, die weiterhin vor allem Schwarze hinrichten lassen.

Rom hat Deutschland in der Abtreibungsfrage mehr bestraft als Frankreich. Die Schwierigkeit, die dieses Problem mit sich bringt, nämlich zu entscheiden, wo menschliches Leben tatsächlich beginnt, hat der Supreme Court in Washington in aller Ausführlichkeit schon 1973 beschrieben, wobei die Richter klar gesagt haben, dass sie sich als unzureichend sachkundige Menschen nicht für vollkommen zuständig betrachteten. Seitdem haben sie die Abtreibung immer mehr bejaht und im Juni 2016 ein texanisches Gesetz verworfen, das die Praxis der Intervention in den Krankenhäusern unnötig erschwert. In Deutschland wie in Frankreich geht es um die Identität des noch nicht geborenen Kinds. Ist es ein Teil der Mutter? Ist es ein eigenständiges menschliches Wesen? Im Februar 1975 hat das Bundesverfassungsgericht in Karlsruhe im letzteren Sinne entschieden durch die Formulierung einer »Pflicht zum Austragen«. In der französischen Parlamentsdebatte sagte ein männlicher Abgeordneter: »Die Frau ist doch kein Zuchtvieh, das unter Zwang die Herde wieder vervollständigen muss.« Die Vertreter der Minderheitsposition beim Bundesverfassungsgericht, darunter die einzige weibliche Richterin, Wiltraut Rupp-von Brünneck, betonten, dass viele Abtreibungen nicht stattgefunden hätten, wenn rechtzeitig Hilfsmaßnahmen getroffen worden wären, um die Not, die die Ursache der mütterlichen Entscheidung gewesen war, zu lindern. Erstaunlich war, von Frankreich aus betrachtet, das Verbot der Beratungsstellen und die Verurteilung der Bewegung *Donum vitae* durch Rom. Die deutschsprachigen Moraltheologen schrieben vergeblich an den Vatikan, die Beratungen hätten wahrscheinlich 3.000 Abtreibungen verhindert. Also hätte Rom ebenso viele Geburten nicht geschehen lassen, was doch als Verbrechen bezeichnet werden dürfte!

In Frankreich siegte langsam die Formel »Mein Bauch gehört mir«. Aber die lange, aufschlussreiche Debatte von 1974 um *la loi Veil* führte dazu, dass auch bekannte Katholiken in der französischen Nationalversammlung für das Gesetz zur Erleichterungen der Schwangerschaftsunterbrechungen stimmen. Die Abgeordneten, die Ärzte waren, stimmten alle für das Gesetz, weil es nun keine »Stricknadeltoten« mehr geben würde und kein Monopol der gefahrlosen Abtreibungen für wohlhabende Frauen, die sich eine Schweizer Klinik leisten können. Hélène Missoffe, Gattin eines Botschafters und Ministers, Abgeordnete der Mitte, sagte, sie stimme für das Gesetz. Sie habe zwar acht Kinder, wisse jedoch, wie viel Haushalts- und Betreuungshilfe sie erhalten habe, man müsse sich in die Lage armer Frauen oder Mädchen versetzen, die ihr Liebhaber gerade verlassen habe. Rom schwieg dazu, obwohl die Beratung der Schwangeren von staatlichen Stellen durchgeführt wurde, um ihre Entscheidung so frei wie möglich zu gestalten und nicht, wie in Deutschland, nur zur Entscheidung gegen den Abbruch zu raten.

Einige Frauen werden die katholische Kirche wegen des Abtreibungsverbot verlassen haben. Hunderttausende, wenn nicht Millionen, sind der Kirche abhandengekommen wegen der Enzyklika *Humanae vitae* vom 25. Juli 1968, die den Gläubigen fast jede Form der Verhütung untersagte. Im § 6 gesteht der damalige Papst Paul VI., dass er dem Ergebnis seines Beratungsgremiums, die Verhütung zu erlauben, nicht gefolgt ist. Unter denen, die Druck auf den Papst ausgeübt und ihn zum Umschwenken bewegt hatten, war der Erzbischof von Krakau, Karol Wojtyla. Nur die »natürliche Methode« der Enthaltsamkeit sei gestattet. Auch später, als Aids längst zu einer Geißel des afrikanischen Kontinents geworden war, blieb die Doktrin, auch das Verbot von Kondomen, bestehen. Mit einigen lokalen Abweichungen allerdings. In Frankreich sagte ein Sprecher der Bischöfe, die Kirche stehe nicht für Mord und Selbstmord. Auch die Männer und Frauen, die in der Kirche blieben, haben Kondome und andere Mittel verwendet.

Die Kirchenoberen bleiben mehrheitlich frauenfeindlich. Einige Frauen waren zur sogenannten Familiensynode 2015 nach Rom eingeladen worden. Die, die zu Wort kamen, berichteten, dass man ihnen gar nicht zugehört hätte. Aber gerade dort haben die deutschsprachigen Bischöfe, unter ihnen Kardinal Marx, einen überraschenden Text verabschiedet, der in allen katholischen Schulen und Seminaren vorgelesen und durchgearbeitet werden sollte:»In der falschen Bestrebung, den Lehren der Kirche Respekt zu verschaffen, haben harte und unbarmherzige Pastorale Personen leiden lassen, insbesondere die ledigen Mütter, die unehelichen Kinder, die zusammenlebenden Personen vor oder außerhalb der Heirat, die Homosexuellen und die geschiedenen Wiederverheirateten. Als Bischöfe unserer Kirche bitten wir sie um Verzeihung.«

Wahrscheinlich ist nun dieser Text eine der Quelle gewesen für die *exhortation apostolique* zur Familie, die Papst Franziskus im April 2016 veröffentlicht hat. Kardinal Müller wird vielleicht wieder sagen – wie er es schon einmal tat –, dass dieser Papst kein Theologe sei, aber das nachsynodale Schreiben *Amoris laetitia* ist trotzdem ein Dokument, das mit der geistlichen Autorität des Pontifex Maximus verkündet wurde und für alle Kirchenmitglieder verpflichtend ist. Die alten Dogmen werden zwar nicht umgestoßen, aber den Bischöfen wird die Macht gegeben, Einzelfälle neu zu beurteilen. Sehr viele Ehen, die in einer katholischen Kirche gesegnet wurden, sind keine echten Ehen, vielleicht nicht einmal in einem christlichen Sinne, weil manches junge Paar gar nicht weiß, zu was es sich da verpflichtet. Und viele Liebende, die seit langem unverheiratet zusammenleben, oder auch wiederverheiratete Paare, dürfen nun als christlich angesehen werden. Die Frau wird anders betrachtet als in der Vergangenheit. Ein echter Fortschritt wenigstens hier.

KAPITEL 2

Geschichte und Erinnerung

Historiker und »kollektive Erinnerung«

Zunächst zwei Vorbemerkungen. Erstens, auf Französisch sagt man: »Penser juste, donc à la fois avec justesse et avec justice« – *Richtig denken heißt, mit Richtigkeit und mit Gerechtigkeit* – das klingt weniger gut, aber sagt doch das Wesentliche. Zweitens sollte man zwei Begriffe verwerfen, nämlich »undenkbar« und »unvergleichbar«. Von einer Sache zu sagen, sie sei undenkbar, beweist nur, dass man sie gerade gedacht hat. Und von einem Gegenstand oder einem Ereignis zu sagen, es sei unvergleichbar, heißt ja wohl, dass man es schon verglichen hat und zu dem Schluss kam, dass es in seiner Vortrefflichkeit oder Grauenhaftigkeit radikal anders sei. Andersartigkeit, auch eine radikale, kann mit Recht jedoch nur nach einem Vergleich behauptet werden. Sonst ist die Behauptung ideologisch und nicht auf Vernunft gegründet. Das gilt insbesondere für die Shoah.

Sind Historiker jenseits der Vernunft an eine Ethik gebunden? 2005 veröffentlichten die besten französischen Spezialisten der Zeitgeschichte ein Manifest, in dem sie die sogenannten *lois mémorielles* verwarfen, also jene Gesetze, die den Menschen in Frankreich mit oder ohne Strafandrohungen die Erinnerung an gewisse Ereignisse dekretieren wollen. Das betraf die Erinnerung an den Genozid an den Armeniern ebenso wie Aspekte der Sklaverei oder der französischen Kolonialgeschichte. Die Geschichtsexperten gingen sogar noch einen Schritt weiter: »Geschichte ist keine Moral. Die Rolle des Historikers ist nicht, zu verherrlichen oder zu verdammen, er erklärt.« Doch die Wirklichkeit ist eine andere. 1966 erschien das Buch *Louis XIV et vingt millions de Français* von Pierre Goubert. Der Geschichtsprofessor interessierte sich nicht für den großen König, sondern für die Leiden seines Volkes. Das war ein moralisches Anliegen. 1986 schrieb sein Kollege François Bluche *Louis XIV,* ein Werk, das sich vor allem mit der Größe dieses Herrschers beschäftigte, ohne allzu sehr auf das Schicksal seiner Untertanen einzugehen. Auch das entsprach einer moralischen Grundhaltung. Es traf sich, dass beim ersten Buch der politische Wind nach links wehte, beim zweiten nach rechts. Jeder Historiker sollte sich gegen den »Geist der Zeit« wappnen, was ebenfalls eine moralische Haltung voraussetzt.

Seit einigen Jahren wird von einem *devoir de mémoire,* einer Pflicht zur Erinnerung gesprochen. Wen soll sie betreffen? Sicher nicht nur diejenigen, die sich persönlich erinnern können. Ich kann mich zum Beispiel nicht an Verdun erinnern: Ich war 1916 noch nicht geboren. Es sind aber die Nachgeborenen, die aufgefordert werden, sich zu erinnern! Das heißt doch, der Inhalt einer bestimmten Erinnerung wird ihnen vermittelt, damit sie sich dieses Vermittelte aneignen. *Un transmis qui devient un acquis* – etwas Vermitteltes wird zu etwas Eigenem. Vermittler sind die Familie, der Geschichtsunterricht, die Medien. Eindeutig ist die Vermittlung also nicht. Natürlich können Historiker Mythen zerstören, die dann wirklich ad acta gelegt werden sollten. Drei Beispiele. Einmal sollte ich für das ZDF meine Lieblingsskulptur vorstellen. Ich wählte »Die Bürger von Calais« und kommentierte mit Begeisterung im Garten des Musée Rodin die leidenden Figuren des Jean de Finnes, des Bürgermeisters Eustache de Saint Pierre und des Jean d'Aire, der die Schlüssel der Stadt zum strengen Englischem König Edward III. trug, in der Hoffnung, nicht an den Galgen zu kommen. Inzwischen haben die Historiker gezeigt, dass diese Helden nichts riskierten, weil alles im Voraus ausgehandelt und entschieden worden war. Das war eine große Enttäuschung für mich!

Auf einer ganz anderen Ebene ist folgender Fall angesiedelt: In der Geschichte des Bundestags sollte die Rede seines ehemaligen Präsidenten Philipp Jenninger nie mehr als skandalös und sogar NS-freundlich bezeichnet werden. Der schlecht vorgetragene Text war so gut, so klar in der Darstellung des Nationalsozialismus, dass Ignaz Bubis, Vorsitzender des Zentralrats der Juden in Deutschland, die Kernstücke der inkriminierten Rede als seine eigenen vortragen konnte und dafür gebührend beklatscht und gelobt wurde!

Altbundespräsident Heinrich Lübke ist in der Zeit von 1968 bis 1983 Opfer einer Kampagne des STERN gewesen. Unter dem Hinweis auf belastende Dokumente wurde er beschuldigt, Konzentrationslager gebaut zu haben. Nur haben wahrscheinlich die meisten Leser der ZEIT das Geständnis von Markus Wolf, des ehemaligen Leiters der DDR-Auslandsspionage, nicht wahrgenommen. Die Stasi hatte die Dokumente gefälscht und den »nützlichen Idioten« des Hamburger Magazins zugespielt.

Medien sind schlechte Hüter der Erinnerung. Russische Zeitungen beschreiben noch 2016 den demokratischen Prager Aufstand von 1968, den die Rote Armee niederschlug, als »faschistischen Umsturz«. Ein anderes, heikles Beispiel: Wer wäre in der Bundesrepublik vertrauenswürdiger gewesen als Richard von Weizsäcker? Jeder jüngere Leser der Frankfurter Allgemeinen Zeitung wird sein langes Interview vom 4. März 2005, in dem er seinen Vater verteidigte, als geschichtsbildend zur Kenntnis genommen haben. Darin findet sich der Satz: »Der 30. Juni 1934, also der sogenannte Röhm-Putsch. Das war das erste Mal, dass vollkommen offen gegen die Grundsätze des Rechtsstaates verstoßen wurde!« Dachau war schon seit mehr als einem Jahr in

Betrieb. Das Ermächtigungsgesetz vom 23. März 1933 gab Hitler unbeschränkte Vollmachten, die Juden waren schon verfolgt und ausgestoßen, die Parteien verboten ...

Für junge französische Fernsehzuschauer beschränkt sich die Geschichte Deutschlands allzu sehr auf die Zeit zwischen 1933 und 1945. Manchmal geht das gut. Sechs Jahre lang lief im französischen Fernsehen die Serie *Un village français* (Ein französisches Dorf), mit gleichbleibend hohen Einschaltquoten zwischen 4,8 und 3,5 Millionen Zuschauern. Die Rezensenten waren sich einig: Frankreichs Probleme während und nach der deutschen Besatzungszeit seien noch nie so richtig, einfühlend und verständnisvoll dargestellt worden – mit allen Tragödien, allen schwer zu beurteilenden Persönlichkeiten, mit Helden, die nicht immer heldenhaft waren, mit *collaborateurs,* die nur das Beste für ihre Mitbürger wollten, mit Rächern, die nichts zu rächen hatten, sondern plötzlich Helden spielen wollten. Für die Erwachsenen, die noch viele Vorurteile in sich trugen, war die Reihe besonders erhellend und kam ihrer Vorstellung von Gerechtigkeit so nahe wie irgend möglich.

Geschichtsunterricht wird vielerorts manipuliert. Wladimir Putin und Viktor Orbán machen den Autoren von Büchern für den russischen und ungarischen Geschichtsunterricht Vorschriften. In der Türkei hat Erdoğan befohlen, alle Geschichtsbücher neu zu schreiben, mit einer ganz anderen Darstellung der Vergangenheit. Mit wissenschaftlicher Geschichtsschreibung hat das nichts zu tun. Ganz anders dagegen die gemeinsame Arbeit der französischen *Association des professeurs d'histoire et de géographie de l'enseignement public* und der Arbeitsgemeinschaft deutscher Lehrerverbände. Nach mehreren vorbereitenden Tagungen ab Juli 1950 haben sie 1952 einen langen, gemeinsamen Text veröffentlicht, der in vierzig Kapiteln (von vor 1789 bis nach 1945) die geschichtlichen Entwicklungen gemeinsam beschreibt, und es gab nur selten Punkte der Darstellung, über die Uneinigkeit herrschte. So bald nach Kriegsende? Ja, so bald nach Kriegsende!

Widersprüche in der Erinnerung an Persönlichkeiten

Wer war wer in der »kollektiven Erinnerung«, und wessen Identität könnte man auch anders darstellen? Das einfachste Beispiel ist wohl der Schweizer Held Wilhelm Tell, denn den hat es nie gegeben! Der vielgefeierte Freiheitskämpfer soll im Jahr 1307 erst auf den Apfel auf dem Kopf seines Sohnes, dann auf den bösen Landvogt Gessler geschossen haben. Heute sind sich die Historiker, auch die Schweizer, darüber einig, dass die Legende im XVI. Jahrhundert entstanden ist. Die Quelle des »Apfelschusses« ist die Sage vom Schützen Toko im Dienste des dänischen Königs, erzählt in den *Gesta Danorum* des Saxo Grammaticus, geschrieben Ende des XII. Jahrhunderts. Tell-Kapellen, Tell-Platten, die Hohle Gasse – sie sind Erfindungen späterer Jahrhunderte. Das verhinderte weder die Wirkung von Schillers *Wilhelm Tell* noch den heutigen Glauben der meisten Schweizer an ihren Nationalhelden.

Karl der Große war hingegen keine Legende. Die positive Erinnerung an ihn wird in Deutschland wie in Frankreich wach gehalten. Unter anderem deshalb, weil er die Verkörperung eines toleranten Europas gewesen sein soll. Wirklich? Wie viele Sachsen hat er köpfen lassen, weil sie sich nicht zum Katholizismus bekehren lassen wollten? Eine skandalöse Antwort: Viel mehr als der »Islamische Staat« heute.

Henry Kissinger ist viel gelobt und ausgezeichnet worden, sogar mit dem Friedensnobelpreis. Ich meinerseits habe mich an dem gescheiterten Versuch beteiligt, die Universität Düsseldorf daran zu hindern, einen Lehrstuhl nach ihm zu benennen. Denn

Kissinger war ein Kriegsverbrecher und verherrlichte eine mordende und folternde Diktatur. Er ließ Kambodscha ab März 1969 ohne jeden Grund bombardieren, was Hunderttausenden von Menschen den Tod brachte. Die Angriffswellen bekamen die zynischen Namen *breakfast, lunch, dinner* und *desert*. Am 11. September 2001 brach ein gerechtfertigter Sturm der Entrüstung los, als die New Yorker Twin Towers des World Trade Center zerstört wurden. Aber der 11. September 1973 hat durch und nach dem Putsch von General Pinochet noch viel mehr Tote verursacht. Kissinger hat nicht nur den Putsch gegen Salvador Allende unterstützt, er half Augusto Pinochet unablässig. Der Forscher Peter Kornbluh hat 2012 neue US-amerikanische Dokumente sichten können. Vor dem Staatsstreich warnte der Chef des *National Security Council:* »Was wir jetzt planen, ist eine Vergewaltigung unserer eigenen Grundwerte und der Grundlagen unserer Politik.« Kissinger fand aber, dass man einen marxistischen Präsidenten, auch wenn er demokratisch gewählt ist, nicht dulden könne. Also wird Allende gestürzt, und Pinochet erhält die volle Unterstützung der USA, egal was er tut. 1975, als Folter, Entführungen, Morde weitergehen, trifft Kissinger seinen chilenischen Kollegen, Admiral Patricio Carvajal. Kissinger beginnt die Begegnung mit einem Hinweis auf die vorbereitenden Papiere, die ihm seine Mitarbeiter vom *State Department* gegeben haben: »Sie sprechen von Menschenrechten. Das *State Department* ist aus Leuten zusammengesetzt, deren Berufung es war, Priester *(ministry)* zu werden. Da es nicht genügend Kirchen für sie gab, sind sie ins Auswärtige Amt eingetreten.«

Mindestens zwanzig Millionen Menschen tragen T-Shirts mit dem berühmten Bild von (Ernesto) Che Guevara, der im Oktober 1967 in Bolivien ermordet wurde. Seine Legende verleiht ihm eine Identität, die mit der Wirklichkeit nur begrenzt zu tun hat, denn er selbst hat auf Kuba Gefangene unbarmherzig ermordet und im Übrigen wenig Menschlichkeit gezeigt.

Als Franzose bewundere ich Winston Churchill restlos (außer wenn es um Europa geht). Ohne ihn hätte Hitler den Zweiten Weltkrieg vielleicht gewonnen. Die deutsche Bewunderung für ihn kann ich aber nur verstehen, wenn ich davon ausgehe, dass seine Rede vom 15. Dezember 1944 im britischen Parlament weitgehend unbekannt ist. Auch die Deutschen, die nicht einer schlesischen oder ostpreußischen Landsmannschaft angehören, müssten diesen Text mit einiger Empörung lesen:

Nötig sei die Umsiedlung von mehreren Millionen Menschen (Polen) sowie die Ausweisung der Deutschen – denn geplant war die totale, vollständige Vertreibung der Deutschen aus den von Polen zugewonnenen Gebieten nach Westen und Norden. »Die Vertreibung ist, soweit wir wissen, wirklich die befriedigendste und dauerhafteste Methode. (...) Ich sehe auch nicht, weshalb es für die Bevölkerung Ostpreußens und der anderen Gebiete in Deutschland keinen Platz geben sollte. Schließlich sind sechs oder sieben Millionen Deutsche schon getötet worden in diesem entsetzlichen Krieg, in den sie zum zweiten Mal innerhalb einer Generation bedenkenlos ganz Europa hineingerissen haben.

Als Franzose bewundere ich auch Charles de Gaulle. Ich störe mich nicht daran, dass der *Place de l'Etoile* auf seinen Namen umgetauft wurde und dass der große Flughafen seinen Namen trägt (während ich jedes Mal zusammenzucke, wenn ich in München auf »Franz Josef Strauß« lande). Für mich ist seine Identität viel widersprüchlicher als für die meisten meiner Landsleute, die Widersprüche bei de Gaulle oft nicht wahrhaben wollen. Daher der Titel und Text meines Beitrags zum dicken Sammelband des Institut Charles de Gaulle *De Gaulle en son siècle* –»Für die kritische Bewunderung. Gegen die mystifizierende Anbetung« (1991). In *Le Salut* (dem letzten Band seiner *Mémoires de Guerre*) schreibt er in Bezug auf die politische Lage 1945: »Ich hütete mich, Kandidat zu sein, und sagte nichts über mein mögliches Programm. Man sollte mich nehmen, wie ich war, oder man sollte mich nicht nehmen.« Nehmen wir ihn also, wie er war. Mit seinen Licht- wie seinen Schattenseiten. Mit seinen Erfolgen und Misserfolgen. Mit der Dankbarkeit, die Franzosen wieder stolz gemacht zu haben, aber auch mit dem Vorwurf, sie dazu gebracht zu haben, die Jagd nach Prestige mit schöpferischer Politik und Selbstverherrlichung mit Solidarität zu verwechseln. In meinen Büchern versuchte ich immer, die Balance zu wahren. Doch 1990 sah ich mich veranlasst, meinem Respekt vor der Wahrheit dem Respekt vor dem General den Vortritt zu geben.

Doch das alles sind Lappalien, wenn es um die Identität der vier großen Massenmörder des XX. Jahrhunderts geht. Eigentlich nur um drei: Denn Adolf Hitler steht gewissermaßen unangefochten als Verbrecher da. Bei den drei anderen, Pol Pot, Mao und Stalin sah es ganz anders aus. Für die ersten beiden ist die Bewunderung beinahe ganz geschwunden. Bei Stalin kann die Frage nach seiner Identität jedoch nicht von der Geschichte der kommunistischen Parteien, insbesondere der französischen KPF, und der DDR getrennt werden. Eine skandalöse Ausnahme gibt es in Frankreich. Hier nimmt der Philosoph Alain Badiou in der Politik wie der intellektuellen Gemeinde eine bevormundende Stellung ein. Er hat nie zurückgenommen, was er 2009 im Hinblick auf Pol Pot und den Selbstgenozid in Kambodscha schrieb, nämlich dass der Terror eine Vorbedingung der Freiheit und die Demokratie »das Werkzeug des Kapitalismus« sei. Andere, wie die bekannten Journalisten Jean Lacouture und Olivier Todd, haben sich dafür entschuldigt, von Pol Pot, den Nordvietnamesen und Mao getäuscht worden zu sein. Mao Zedong war der an den Opferzahlen gemessen größte Mörder des XX. Jahrhunderts. Zwischen 1958 und 1962 sind wahrscheinlich dreißig bis fünfzig Millionen seiner Landsleute durch die Agrarreform und den »Großen Sprung nach vorn« ums Leben gekommen. Tibeter und Mongolen wurden niedergemetzelt, entwürdigt, gefoltert. In Europa wurde er angebetet. *Das kleine Rote Buch,* die »Mao-Bibel« (427 Zitate Maos) wurde in Abermillionen Exemplaren verbreitet. Auch während der sogenannten Kulturrevolution. In Deutschland will heute kein Politiker je Maoist gewesen sein. Distanzierung und Scham sind nicht zu finden, auch wenn man sich als Vorsitzender des Kommunistischen Bundes Westdeutschland lobend über Pol Pot geäußert hat. War das nur »jugendlicher Idealismus«? Konnte man nicht wissen, dass Millionen Menschen von Maos jungen Rotgardisten deportiert, erniedrigt, getötet worden waren?

In Frankreich hat es eine ziemlich unwürdige Auseinandersetzung gegeben. Das intellektuelle Feld wurde beherrscht von Lobrednern der Kulturrevolution wie Roland Barthes und Alain Peyrefitte. 1971 war das Buch von Maria Antonietta Macciocchi *De la Chine* ein großer Erfolg. Als der Belgier Simon Leys (Pseudonym von Pierre Ryckmans) darzustellen versuchte, wie die chinesische Wirklichkeit aussah, wurde sein Buch *Les habits neufs du président Mao* (Des Präsidenten Maos neue Kleider) zunächst totgeschwiegen, vor allem von der wichtigen Zeitung *Le Monde,* die damals sehr freundlich über die Kulturrevolution berichtete, heute allerdings voll des warmen Lobs für Simon Leys ist.

Am 25. Februar 1956 hat Nikita Chruschtschow vor dem XX. Parteitag in Moskau viele der Verbrechen Stalins zum ersten Mal offen dargestellt. Die geheime Rede wurde schnell bekannt, auch wenn die kommunistischen Parteien den Inhalt nicht wahrhaben wollten. Aber schon lange vorher hätte man viel von dem, was Chruschtschow sagte, wissen können, insbesondere durch die Moskauer Schauprozesse 1936/38. In der Rezension eines Films über Sophie Scholl schrieb *Le Monde*, das Gebrüll des Richters sei doch unglaubhaft gewesen. Aber Roland Freisler hat die Angeklagten wirklich so angebrüllt, wie auch Stalins Generalankläger Andrej Wyschinski in Moskau. Nach dem Krieg wurde das Buch *Sonnenfinsternis* von Arthur Koestler, worin er die stalinistischen Säuberungen in der Figur des überzeugten Kommunisten Rubaschow zum Thema macht, ein Welterfolg. Er wie die übrigen Angeklagten hatten selbst die unwahrscheinlichsten Verbrechen gestanden, wurden zum Tode verurteilt und sofort hingerichtet – so wie Hunderttausende; Generäle, Beamte, gewöhnliche Bürger. Zuvor sind in der Ukraine und in Kasachstan mindestens drei Millionen Menschen durch Hunger systematisch getötet worden. Sogar die Samen hat man den Bauern weggenommen, die Grenzen wurden gesperrt, damit keine Lebensmittel hineingebracht werden und keine Bauern entfliehen konnten. Der Chruschtschow-Bericht hatte die Deportation ganzer Völker beschrieben. 1941 ist der deutsche Angriff zunächst gelungen, weil Stalin Abertausende Offiziere hatte ermorden lassen und weil er trotz aller Mahnungen nicht an Hitlers Kriegswillen nach Osten glauben wollte. Stalin bestrafte auch seine Bewunderer. 1994 wurde der ergreifende Film *Soleil trompeur* (Die Sonne, die uns täuscht) von Nikita Michalkow gespielt, der in Cannes den »Grand prix du Jury« erhielt. Ein Oberst der Roten Armee wird als Held gefeiert. Er ist in jeder Hinsicht ein glücklicher Mann, der Stalin verehrt. Doch gerade wegen seines Glücks wird er auf Stalins Befehl verhaftet, gefoltert und ermordet, während man seine Frau und seine Kinder deportiert.

Trotz allem wurde Stalin weiterhin verherrlicht, vor allem von den kommunistischen Parteien Westeuropas. Um hier die Unterschiede zwischen der Identität der Kommunistischen Parteien in Frankreich und in Deutschland zu verstehen, muss man sich die Chronologie der Schaukelstrategie Stalins vor Augen halten.

Stalin besaß vollkommene Macht in der Sowjetunion und in der Komintern ab 1928. Seine Befehle wurden überall widerspruchslos ausgeführt. Von 1928 bis 1934 ist der Feind die Sozialdemokratie, und die KPD sollte die Macht ergreifen. Alle anderen Parteien wurden ihr untergeordnet. Noch am 15. Januar 1933 hielt der Generalsekretär der französischen KPF eine Rede in Berlin, in der er die Rückkehr aller deutschsprachigen Gebiete an Deutschland fordert, mit Volksabstimmung in Elsass-Lothringen. Damals war die deutsche KPD ultranationalistisch. Dann verschwand sie, obwohl die Kommunisten bei der wirklich nicht mehr ganz freien Reichstagswahl am 5. März 1933 noch 12 Prozent der Stimmen erhalten hatte. Aus dem Untergrund tauchte sie erst 1945 wieder auf. 1934 entschied sich Stalin dann für die Volksfrontpolitik. In Frankreich unterstützte die KPF brüderlich die Regierung des Sozialdemokraten Léon Blum, also die französische Regierung, die im XX. Jahrhunderts den größten sozialen Fortschritt gebracht hat. Aber der Hitler-Stalin-Pakt zwang die KPF ab 1939, die kapitalistischen Staaten ins Visier zu nehmen, bis der Angriff auf die Sowjetunion sie 1941 zu einem der wichtigsten Protagonisten der Résistance machte. 1944 gab es unter Präsident de Gaulle und seinen Nachfolgern kommunistische Minister, die den Wiederaufbau Frankreichs tatkräftig unterstützen – bis Stalin 1947 wieder die Sozialdemokratie zum Hauptfeind erkor und die Kominform geboren wurde. Während sich in Frankreich also eine lichte Periode abzeichnete, kam es in der sowjetisch besetzten Zone in Ostdeutschland 1946 zur Zwangsvereinigung mit der SPD, schließlich zur Geburt der DDR.

Wer war wer in der KPF? Seit 1934 hieß ihr Generalsekretär Maurice Thorez. Einerseits hat er den Krieg in Moskau verbracht, nachdem er 1939 desertierte (ein Witz aus der Nachkriegszeit, wo die KP den größten Zulauf hatte, hieß: *le premier parti de France* – was man mit »die erste Partei« oder »der erste Weggelaufene« übersetzen kann). Heute weiß man, dass Thorez sich ständig dem Willen des Vertreters der Internationalen, dem Deutschen Eugen Fried, unterworfen hat. Hingegen ließ er 1944 die kommunistischen *milices patriotiques* (patriotische Milizen) entwaffnen und hat de Gaulles Regierung, dessen Mitglied er war, gestärkt. Als de Gaulle im Dezember 1944 Stalin traf, sagte ihm der sowjetische Herrscher, er schicke ihm Thorez zurück und hoffe, dass er nicht gleich ins Gefängnis kommt. Worauf der General antwortete: »Ich behandle die Franzosen je nach den Diensten, die ich von ihnen erwarte.« Nach dem Tode von Thorez im Juli 1964 schrieb de Gaulle an dessen Sohn: »Ich vergesse nicht, dass in einer für Frankreich entscheidenden Epoche der Präsident (der Partei) Maurice Thorez – was er auch davor und danach getan haben mag – auf meinen Ruf hin und als Mitglied meiner Regierung zur Einheit der Nation beigetragen hat.«

Es ist schwer, sich heute vorzustellen, was Stalin im französischen Kommunismus dargestellt hat. Vater des Friedens, Vater des Sozialismus: »Deswegen hängt in Millionen von Familien das Bild Stalins, deswegen bejubeln Millionen von Männern und Frauen aller Länder den Namen Stalins, deswegen beehren sich Millionen Kommunisten, den schönen Namen *Staliniens* zu tragen, deswegen wünschen alle Werktätigen Frankreichs, alle Patrioten, alle Freunde des Friedens aus der Tiefe ihres Herzen langes Leben und Gesundheit für Stalin, den Piloten, den Meister, den Freund.«

Wie groß war beim Einzelnen der Glaube? Wie groß nur die gespielte Überzeugung? Annie Besse (die nach ihrer Heirat Annie

Kriegel hieß) ist als Jugendliche im Widerstand gewesen, trat der KP bei und hat nach dem Krieg die Partei »gesäubert«. Sie forderte alle Frauen von als Verräter Ausgestoßenen auf, ihren Mann zu verlassen, denn man könne doch nicht weiter mit jemandem zusammenleben, den die Partei davongejagt hat. Sie wurde später eine große liberale Historikerin der Partei. In meinem Buch *Verbrechen und Erinnerung* griff ich sie an. In einer Fußnote ihrer Memoiren schreibt sie, sie verstände nicht, warum ich sie angegriffen habe. Sie habe ja nur gesagt, was die Partei ihr zu sagen befohlen hatte! Für Andere war das anders. 1948 saßen wir abends in der Thiers-Stiftung für zukünftige Professoren zu Tisch mit Maurice Mouillaud, seines Zeichens Philosoph und Sekretär der KP im Viertel. Wir hatten ihn ein Jahr zuvor als Tito-Verehrer kennengelernt. Wie Stalin, war auch er jetzt gegen Tito.

»Was hast du gegen ihn?«

»Er betreibt ein faschistisches Regime«

»Was ist denn das?«

C'est un régime policier qui liquide l'opposition par des purges« (... ein Polizei-Regime, das die Opposition durch Säuberungen liquidiert).

Schallendes Gelächter.

Eine Minute lang hat er gar nicht begriffen, warum wir lachten. Diese Minute ist mir bis heute ein Rätsel.

Andere sind bis 1956 der Partei treu geblieben; manche sogar noch nach Budapest und Prag – selbst als Stalin kaum noch hoffähig war und die Pariser KP den Antrag stellte, man solle doch die Metro-Station Stalingrad in Wolgograd umbenennen. Alle anderen Fraktionen verwarfen den Antrag, und sei es nur (was man in Deutschland ungern hört), weil Stalingrad für jeden Franzosen der Name eines Sieges, nicht der einer Niederlage ist. Am 17. Dezember 1956 hielt der Chefredakteur des KPF-Zentralorgans *L'Humanité*, André Stil, einen Vortrag mit dem Titel »Ich komme aus Budapest zurück«, der auch als Broschüre veröffentlicht wurde:

»Wer kämpft da? Zunächst einmal die Faschisten, die Konterrevolutionäre, die dafür vorbereitet, ausgebildet und organisiert sind; dann jenes besondere Lumpenproletariat – nach wie vor die Wunde der Hauptstädte der Volksdemokratien, die Schieber und die Müßiggänger (...) Hinzu kommen Tausende von Strafgefangenen, deren Freilassung ohne Unterschied eine der ersten Taten der Konterrevolution war (...) Die Sowjetarmee hat sich nicht als Feind verhalten, sondern sie hat wie immer das Volk unterstützt und verteidigt.«

Wie aufrichtig war André Stil damals? Dass er später ein geehrter Romancier geworden ist, ist keine befriedigende Antwort. Große Ehrlichkeit und echte Überzeugung hat es auch gegeben. Jacques Decour und der bekannte Philosoph Georges Politzer sind am 30. Mai 1942 auf dem Mont Valérien bei Paris von deutschen Soldaten erschossen worden. Sie waren 32 und 39 alt. Sie waren überzeugt, dass ihr Tod die Auslöschung ihrer Existenz bedeutete, im Gegensatz zu christlichen Todgeweihten. Sie hatten ihrer Partei im Widerstand gedient, war doch der Kampf für den Kommunismus damals ein Kampf für die Freiheit. Von daher muss man den Satz verstehen, den Politzer seinen Mördern entgegenschleuderte: *Imbéciles, je meurs pour vous!* (Ihr Dummköpfe, ich sterbe doch für Euch!) – für eure Befreiung vom Nazismus!

In Magdeburg hatte ich einmal ein ähnliches Erlebnis wie mit Maurice Mouillaud. Dank des Leiters des neugegründeten französischen Instituts in Ost-Berlin konnte ich zum ersten Mal in die DDR reisen (Bis dahin hieß es immer: »Ich spreche deutsch. Gebt mir ein Visum und lasst mich frei herumreisen.« – »Nur in einer Delegation mit Beteiligung von Professor Grosser, die die

DDR loben wird«). In Magdeburg sprach ich lange mit einem Geschichtsprofessor der dortigen Universität. Er redete mit mir, als denke er »westlich«. Wir unterhielten uns frei über die Bundesrepublik und die DDR. Zum Abschied schenkte er mir sein jüngstes Buch, so wie man es tut, um einem freundlichen Besucher eine Freude zu machen. Der Inhalt war durch und durch stalinistisch. Sah er den Widerspruch nicht? Ich weiß die Antwort nicht, anders als bei Otto Reinhold, Mitglied des Zentralkomitees der SED und Direktor des Instituts für Gesellschaftswissenschaften. Ich erlebte ihn als klugen, auch schlauen Intellektuellen, der offensichtlich bereit war, jede Parteilinie zu verteidigen, während der gute Erhard Eppler ihn bei den Verhandlungen zum SED-SPD-Papier als einen ebenbürtigen, offenen und, wie er, menschlichen Gesprächspartner empfunden hat. Wie und wann Herbert Wehner mit seiner Identität zurechtgekommen ist zwischen Moskau und Bonn und während der offiziellen und geheimen Verhandlungen mit der DDR, das wage ich noch nicht einmal zu mutmaßen. Im Fall von Stefan Heym empfinde ich Empörung. Nach der Wende wurde er zum würdigen alten Mann, der in Interviews sagte, er habe sich wegen seiner DDR-Vergangenheit nichts vorzuwerfen. Derselbe Stefan Heym hatte eine Woche nach dem 17. Juni in der *Berliner Zeitung* einen Artikel veröffentlicht, in dem es hieß: Die Aufständischen seien »keine Deutschen und keine Arbeiter, sondern etwas, das man aus dem Leibe des Volkes auspresst wie Eiter aus einem Furunkel«. Schrieb er das aus Überzeugung oder aus Untertänigkeit? Jedenfalls war in der Bundesrepublik niemand gezwungen, so zu sprechen wie der marxistische Studentenbund Spartakus in seinem langem Text von Februar 1982, der forderte: »Keine Solidarität mit Solidarnosc.«

»Solidarnosc‹ beruft sich ausdrücklich nicht auf sozialistische Traditionen, sondern auf die christliche Ethik als weltanschauliche Quelle. Diese muss in Polen unter anderem dazu herhalten, die Kollektivierung der Landwirtschaft zu verhindern (...) Glaubt denn wirklich jemand, dass es jenen Kräften um Solidarität mit dem polnischen Volk, um wirkliche Freiheit für die Masse der Bevölkerung geht, und nicht ausschließlich, um den Sozialismus zu schwächen und Positionsgewinne für den Imperialismus zu erzielen? Man muss einfach der Tatsache ins Auge blicken, dass es am konterrevolutionären Inhalt der Politik von ›Solidarnosc‹ liegt, wenn die Bewegung ›Solidarität mit Solidarnosc‹ nach rechts prinzipiell offen ist.« Die Verfasser dieses Textes schrieben aus tiefer Überzeugung, sie hatten keine aufgezwungene oder heuchlerische Identität.

Der DDR und ihren französischen Freunden gegenüber ging es uns vom *Comité français d'échanges avec l'Allemagne nouvelle* um eine nicht immer leichte Klarstellung. Im Januar 1961 veröffentlichte unsere Zeitschrift *Allemagne* einen Briefwechsel mit einer DDR-freundlichen Professorin für Germanistik. Sie warf dem Comité vor, sich nur mit der Bundesrepublik auszutauschen und einseitig nur über sie zu berichten. Und die DDR? Ich antwortete: »Keine DDR oder die ganze DDR. Wenn ich über Reden von Hans Mayer oder Georg Lukács berichten soll, dann auch mit Statistiken über die Flucht von Akademikern nach Westen und mit einem Hinweis auf die Verurteilung von Studenten aus politischen Gründen. Wir berichten über das Positive und das Negative in der Bundesrepublik. Ihr Verein bringt nur Lob für die DDR. Darf ich hinzufügen, dass unser Hauptgrund im Kampf gegen den Nazismus gewesen ist, die Grundfreiheiten in einer pluralistischen Gesellschaft wiederherzustellen?« Im März 1962 nahm die Dramatik zu. Mein Kollege, der Historiker Georges Castellan, hatte 1955 das ausgezeichnete Sammelwerk *D.D.R. – Allemagne de l'Est* herausgegeben. Nun veröffentlichte er in der kurzen und billigen Reihe »Que sais-je?« den Band *La République démocratique allemande*, der völlig einseitig war. In einem langen Beitrag in *Preuves* (die französische Version des deutschen *Monat* und des englischen *Encounter*) wies ich die Lücken auf, zum Beispiel über die Staatssicherheit oder über den Aufstand vom Juni 1953. Vor allem störte mich, dass jedes Mal, wenn wir etwas in der Bundesrepublik kritisierten, es immer gleich hieß: »Sogar die müssen zugeben, dass …«, während die DDR wacker verherrlicht wurde. Ich zitierte einen französischen Gewerkschaftler, der geschrieben hatte: »1956 haben wir behauptet, man könne sich nicht gegen die Repression in Budapest empören, wenn man nicht zugleich gegen unsere Methoden in Algerien protestiert. Heute kann man nicht den Gedanken der Selbstbestimmung in Algerien beklatschen und den Berlinern und den Ostdeutschen das Recht verweigern, über ihr politisches Regime frei zu entscheiden.«

Wie es heute in Deutschland und Frankreich um die Erinnerung an die DDR steht, ist schwer zu beurteilen. Ich darf auf das beeindruckende Sammelwerk *Die DDR als Chance. Neue Perspektiven auf ein altes Thema* verweisen, das Ulrich Mählert 2016 herausgegeben hat, besonders auf die Einführung des Herausgebers »Totgesagte leben länger – oder: Konjunkturen der DDR-Forschung vor und nach 1989«. Die 21 Autoren und Autorinnen sind von der Bundesstiftung zur Aufarbeitung der SED-Diktatur eingeladen worden, dessen Vorstandsvorsitzender der ehrliche und aufgeschlossene Rainer Eppelmann ist.

Auschwitz im Vergleich

Bevor vom Horror die Rede ist, darf die Frage gestellt werden, wie es um die Identitäten von Menschen steht, die bis zum Schluss an Wahnideen festgehalten haben. Ich möchte ein Beispiel nennen, dessen Bedeutung ich vielleicht überschätze. Es handelt sich um

Hans Filbinger, den Ministerpräsidenten von Baden-Württemberg von 1966 bis 1978. Wir führten eine harte Korrespondenz, die ich am 30. Januar 1979 in einem langen Brief beendete, den ich nun ausführlich zitiere. Ich erinnerte daran, dass der Rechtsstaat in Deutschland laut Urteil des Bundesverfassungsgerichts, spätestens am 23. März 1933 aufgehört hatte zu existieren, was seine Rechtfertigungen für sein Verhalten als Marinerichter im Zweiten Weltkrieg inakzeptabel machte. Ich schrieb:

»Ich lese in Ihrer Stellungnahme zum Feldurteil gegen Gröger: ›Der Matrose Gröger war unstreitig und rechtskräftig festgestellt fahnenflüchtig geworden. Mir ist keine Nation der Welt bekannt, in der Fahnenflucht im Krieg nicht mit der Höchststrafe bedroht wurde.‹ Aber was für ein Krieg? Wie begonnen? Wie auf Kosten der totalen Zerstörung Deutschlands nicht beendet? War der Matrose nach ›normalem‹ Recht hinzurichten?

Schlimmer ist für mich der Fall Petzold. In dem von Ihnen gezeichneten Urteil vom 19. Juni 1945 hieß es: ›Es ergibt sich, dass der Angeklagte bislang in der Batterie sich einwandfrei verhalten hat. Seit dem 1. Mai habe er sich jedoch aufsässig und undiszipliniert gezeigt, obwohl er ehemaliger HJ-Führer war. Demonstrativ habe er von den Hoheitsabzeichen seiner Mütze und seines Uniformrocks das Hakenkreuz entfernt. Bei seiner Vorbildung hätte der Angeklagte in den kritischen Tagen ein Vorbild für seine Kameraden sein sollen, stattdessen hat er zersetzend und aufwiegelnd für die Manneszucht gewirkt.‹ In Ihrem SWF-Interview vom 12. Juli 1978 heißt es dann: ›Das ist eine historische Tatsache, dass derjenige, der damals Urteile verhängt hat wegen Gehorsamsverweigerung, wegen Widerstand usw., dass er etwas objektiv Richtiges, Sinnvolles, ja Notwendiges getan hat.‹ Und das zum Fall Petzold! Anstatt damals im Gefangenenlager erst einmal alle Hakenkreuze entfernen zu lassen, die Unrechtsstaat, Mord und Elend des Vaterlandes symbolisierten. Im selben Interview heißt es: ›Fühlen Sie sich schuldig? – Unter keinen Umständen. Ich habe meine Pflichten erfüllt.‹

Darf ich Sie auf Ihre Rede von 1960 am Grabe der Opfer von Brettheim hinweisen, in der Sie nun eindringlich und überzeugend die gleiche These verteidigen, die seit je die Meinige ist? Die Sinnlosigkeit des Kampfes im letzten Monat, das Verschwinden des normalen Rechts im totalitären Staat und ›es fällt kein Schatten auf die Haltung dieser Männer (die nicht mehr unsinnig kämpfen wollten), deren Opfergang wir heute ehren‹. Fühlen Sie wirklich nicht die geringste Schuld, wenn Sie Ihre damalige Rede noch einmal lesen und auf den Satz stoßen: ›Die Hingerichteten haben ihre Verlassenheit überstanden und sind geläutert worden. Das bezeugen ihre letzten Gespräche mit den Männern, die ihre Richter und zugleich Henker geworden sind.‹ ›Zugleich Henker‹: Sie gebrauchen das Wort, nicht ich.«

Für mich ist der 2007 verstorbene Hans Filbinger zu identifizieren mit seiner Stellungnahme im Falle Petzold, während die Rede von 1960 eine Pflichtleistung war. Dass ein Würdenträger der Bundesrepublik noch 1979 den Unrechtstaat nicht als solchen anerkennen wollte und noch nicht einmal an die Massenmorde dachte, die doch damals vollständig bekannt waren, das übersteigt mein Einfühlungsvermögen.

Eine zweite Frage ist hier am Platze. Im April 1933, ein Monat nach dem Ermächtigungsgesetz, fand in Wiesbaden der Kongress der Deutschen Gesellschaft für innere Medizin statt. Der jüdische Vorsitzende Leopold Lichtwitz war bereits aus seinem Amt entfernt worden. Als was sahen sich die anwesenden Ärzte? Als Mediziner, die den Grundregeln ihres Berufes untreu waren? Als Untertanen, die sich durch den Finger der NS-Macht eine Identität zuschreiben ließen? Als Antisemiten? Der neue Vorsitzende Alfred Schittenhelm sagte in seiner Rede:

»Wir Ärzte können in ganz besonderem Masse übersehen, welche Gefahr dem deutschen Volke drohte (...) Die große nationale Sammlung und Einigung hat endlich auch im Ärztestand die Möglichkeit einer gründlichen Neuordnung geschaffen. Gerade vor dem Forum unserer Gesellschaft müssen erbbiologische Fragen eine besondere Berücksichtigung erfahren. (...) Ich begrüße mit besonderer Freude die Wiederherstellung des Hausarztes, der dazu berufen ist, die Gesundheitspflege und Rassenhygiene in der Familie im alten Sinne wieder aufzunehmen.«

Dann folgt ein Absatz, der zugleich lächerlich und fürchterlich ist: »Bei aller Schärfe der als notwendig erkannten Maßregeln zur Erhaltung der deutschen Rasse und Kultur dürfen wir aber nicht vergessen, dass gerade auf dem Gebiet der Medizin in Deutschland ansässig gewordene Fremdstämmige uns vieles gaben. Ich denke z. B. an Ehrlich, Neisser, Minkowski, von Wassermann. Man kann wohl annehmen, dass der lange Einfluss äußerer Verhältnisse, vor allem das Zusammenleben mit der deutschen Rasse und deren Lebens- und Denkart von erheblicher Bedeutung für die Entwicklung dieser Persönlichkeiten war. Wir werden die großen und bedeutenden Leistungen solcher Männer auch in der Zukunft achten.«

Ein wenig Mut am Ende? Jedenfalls wird das Wort Jude nicht ausgesprochen. Weil der Finger Hitlers auf alle Juden als Juden zeigte, sind später Millionen in Auschwitz und in anderen Vernichtungslagern ermordet worden. Nicht alle Juden konnten erfasst werden. 80 Prozent der 3,4 Millionen polnischen Juden, 70 Prozent der 3 Millionen sowjetrussischen Juden. Warum 91 Prozent der Niederländischen? Einerseits, weil die holländischen Beamten viel mithalfen, andererseits weil die katholischen Bischöfe mutig protestiert haben, was der Anlass war, die Deportationen zu verstärken. Insbesondere wurden zum Christentum konvertierte Ordensschwestern nach Auschwitz gebracht, unter ihnen Edith Stein. Von den Juden in Frankreich haben drei Viertel überlebt, weil so viele von der Bevölkerung – allen voran die beiden christlichen Kirchen – versteckt wurden. Von den Juden des Deutschen Reiches konnten zwei Drittel überleben, weil die Hitler-Regierung bis 1939 alles tat, um die Emigration zu erzwingen. Der Massenmord war also nicht von vornherein geplant. Warum wurden schließlich nur 2 Prozent der Juden Dänemarks ermordet? Weil das neutrale Schweden die Aufnahme der dänischen Juden akzeptiert hatte und weil die (ausnahmsweise schreibe ich DIE) Dänen es fertig gebracht haben, ihre jüdischen Landsleute mit allen möglichen Mitteln in einer Nacht nach Schweden zu bringen. Diese Aktion im Oktober 1943 wäre nie möglich gewesen ohne den jungen Angestellten der deutschen Botschaft Georg Ferdinand Duckwitz. Er konnte die dänischen Juden rechtzeitig warnen. 1945 bot ihm die Regierung Dänemarks die dänische Staatsbürgerschaft an, was er zwar ablehnte. Aber 1955 wurde er Botschafter in Kopenhagen.

Nicht in allen Lagern sind Juden ermordet worden. Zur Identifizierung aller Lager steht jetzt das dicke, wahrscheinlich endgültige Buch von Nikolaus Wachsmann zur Verfügung *KL – A history of the Nazi Concentration Camps* (Erstausgabe 2015, Deutsche Ausgabe *KL: Eine Geschichte der nationalsozialistischen Konzentrationslager* 2016). Einen Fall möchte ich aber herausgreifen, weil es da um Identitäten geht. Nicht nur, dass Buchenwald kein Vernichtungslager war. Die Häftlinge starben massenhaft an Hunger und Überarbeitung. Es war auch kein »Judenlager«. Noch im Oktober 1944 wurden 200 Juden nach Auschwitz gebracht, um dort vergast zu werden. Zu dieser Zeit litten im Außenlager Dora, einer der zahlreichen Nebenstellen von Buchenwald, 2.400 Franzosen, 4.000 Russen, 3.900 Polen, 1.200 Deutsche, darunter Eugen Kogon, Autor des Buchs *Der SS-Staat*. Ein weiteres beeindruckendes Buch über das Lager fehlt jedoch in der Bibliographie jenes Bandes, der dem Besucher übergeben wird. Es heißt *Les Jours de notre mort* von David Rousset. Der Historiker Volkhard Knigge, der heute die Gedenkstelle verwaltet, weiß, dass ich ihm den Vorwurf mache, Rousset ignoriert zu haben, weil er nach dem Krieg die Kommunistische Partei verlassen und den sowjetischen Gulag angeprangert hat. Die Macht der Kommunisten in Buchenwald, weitgehend durch den Franzosen Marcel Paul verkörpert, der später in Paris das Amt des Industrieministers bekleiden sollte, wird bemäntelt.

Nicht nur die Juden sollten total vernichtet werden. Auch die Sinti und Roma (Zigeuner im deutschen Volksmund, *Roms* auf Französisch) sind Opfer geworden. Von den 40.000 Sinti und Roma aus Deutschland und Österreich überlebten nur etwa 15.000. Für die gesamte Gruppe schwanken die Zahlen der Ermordeten zwischen 220.000 und 500.000. Wenn ihrer zu Recht gedacht wird, sollte nicht übersehen werden, dass Hitler noch viel größere Gruppen vernichten wollte, ganz im Sinne seiner Erklärung vom 3. Februar 1933, dass neue Gebiete im Osten erobert und rücksichtslos germanisiert werden sollten. Der Angriff vom 22. Juni 1941 war der gewollte Beginn eines Vernichtungskrieges. Geplant war auch die Vernichtung des polnischen Volkes. Sowjetische Kriegsgefangene wurden systematisch durch Hunger getötet. Und das alles im Namen der Ideologie des Herrenvolkes, das für die vermeintlich »minderwertigen Rassen« nur totale Verachtung übrig hatte.

Zwei Möglichkeiten bestehen, um die Shoah in Vergleichen gewissermaßen zu verniedlichen: eine Relativierung anderer Völkermorde und Grausamkeiten oder eine Verneinung der eigenen, geringeren Schuld. Für beides ist die offizielle Definition des Völkermordes wenig hilfreich. Die UNO-Konvention vom 9. Dezember 1948 sagt in Artikel II, Völkermord bedeute »eine der folgenden Handlungen, die in der Absicht begangen wird, eine nationale, ethnische, rassische oder religiöse Gruppe, als solche ganz oder teilweise zu zerstören:

a) Tötung von Mitgliedern der Gruppe.

b) Verursachung von schwerem körperlichem oder seelischem Schaden an Mitgliedern der Gruppe;

c) Vorsätzliche Auferlegung von Lebensbedingungen für die Gruppe, die geeignet sind, ihre körperliche Zerstörung ganz oder teilweise herbeizuführen;

d) Verhängung von Maßnahmen, die auf die Geburtenverhinderung innerhalb der Gruppe gerichtet sind;

e) Gewaltsame Überführung von Kindern der Gruppe in eine andere Gruppe.«

Die Definition ist so breit, dass vieles zum Völkermord wird, was den größten Verbrechen nicht einmal nahe kommt, auch wenn diese kleiner waren als die Shoah. Der Hang mancher Überlebender oder Nachfolger des Genozids an den Juden, alle anderen Verbrechen zu bagatellisieren, stößt auf berechtigte Empörung. Warum soll ein Armenier, ein Indianer, ein Kambodschaner das Schicksal der Seinen als bedeutungslos empfinden, obwohl auch er um Millionen oder »nur« Hunderttausende trauert? Natürlich darf und soll man nach Ursachen forschen. In Ruanda war der versuchte Genozid an den Tutsi nur möglich geworden, weil im XIX. Jahrhundert der belgische Kolonisator die Opposition zwischen Hutu und Tutsi organisiert hatte. Die heutigen Konsequenzen solcher Politik dürfen nicht übersehen werden. In Australien haben die britischen Neuankömmlinge versucht, die *Aborigines* auszurotten – die Bedeutung des Namens *ab origines,* »seit den Anfängen«, wird fast immer verkannt – unter anderem durch Verdursten, indem Quellen und Brunnen verstopft und zerstört wurden. 2016 erfährt man, dass Kinder in Anstalten schwer misshandelt worden sind – und dass fast alle diese Kinder der verachteten Minderheit der Aborigines angehörten.

Die Frage nach der eigenen Schuld wird manchmal nur gestellt, weil die Beschuldigung von außen kommt. Wahr ist zum Beispiel, dass das Schicksal der Herero manche deutschen Forscher, Intellektuellen und den Deutschen Bundestag schon in der Vergangenheit beschäftigt hat. Aber erst die türkische Anklage »Ihr doch auch« hat die Sache im Sommer 2016 aktualisiert. Die Bilanz steht fest. Die Volkszählung von 1911 in Südwestafrika ergab eine Herero-Bevölkerung von 15.130 Personen – ein Fünftel der Bevölkerung von vor dem Aufstand. Der berühmte Aufruf des Generalleutnants Lothar von Trotha vom 2. Oktober 1904 muss mit dem Anhang für die deutsche Truppe gelesen werden:

»Innerhalb der deutschen Grenze wird jeder Herero mit oder ohne Gewehr, mit oder ohne Vieh erschossen. Ich nehme keine Weiber und Kinder mehr auf, treibe sie zu ihrem Volk zurück oder lasse auf sie schießen. Das sind meine Worte an das Volk der Herero. Der große General des mächtigen deutschen Kaisers.«

»Dieser Erlass ist bei den Appells den Truppen mitzuteilen mit dem Hinzufügen, dass (…) Schießen auf Weiber und Kinder so zu verstehen ist, dass über sie hinweggeschossen wird, um sie zum Laufen zu zwingen. Ich nehme mit Bestimmtheit an, dass dieser Erlass dazu führen wird, keine männlichen Gefangenen zu machen, aber nicht zu Grausamkeit gegen Weiber und Kinder ausartet. Diese werden schon fortlaufen, wenn zweimal über sie hinweggeschossen wird. Die Truppe wird sich des guten Rufes des Deutschen Soldaten bewusst bleiben.«

Die Männer zu massakrieren schadet dem »guten Ruf« der Truppe offenbar nicht. Und dass die geflohenen Frauen und Kinder in der

Wüste wahrscheinlich sterben, so wie ein Jahrhundert später viele Armenier, auch nicht. Allerdings hatte es vorher einen blutigen, grausamen Aufstand der Hereros gegeben, während die Armenier ohne Aufstand sterben sollten. In den Vereinigten Staaten wird die Erinnerung an den Holocaust ständig wach gehalten und erneuert. Das größte Monument, mit Namensliste und der Nennung tragischer Einzelschicksale. steht in New York. Nicht erinnert wird an die Mitschuld Amerikas. Abertausende Juden sind umgekommen, weil die USA ihre Grenzen geschlossen haben. Bekannte jüdische Persönlichkeiten wurden aufgenommen und solche Antragsteller, die ein *Affidavit* hatten, das heißt die Bestätigung eines amerikanischen Bürgers, sie aufzunehmen und zu versorgen. Während des Kriegs waren auch die jüdischen amerikanischen Gemeinden sehr zögerlich mit konkreter Hilfe.

Nicht anders die Schweiz: 1995 sagte Bundespräsident Kaspar Villiger in einer Gedenkrede:»Es steht für mich außer Zweifel, dass wir mit unserer Politik gegenüber den verfolgten Juden Schuld auf uns geladen haben. Die Angst vor Deutschland, die Furcht vor Überfremdung durch Massenimmigration und die Sorge um politischen Auftrieb für einen auch hierzulande existierenden Antisemitismus wogen manchmal stärker als unsere Asyltradition, als unsere humanitären Ideale.«

Dies ist wirklich der kleinste Teil an der damaligen Schuld. Die Schweiz hat immer schon Schwierigkeiten mit ihrem Selbstbild während der Hitler-Zeit gehabt. War sie neutral? Man wünschte Hitlers Untergang, aber sterben sollten andere dafür. 80 Prozent der Waffen und Munition aus eidgenössischer Produktion gingen an die Achsenmächte. Jüdische Flüchtlinge durften nicht einreisen. Sie waren deshalb erkennbar, weil ihr Pass mit einem dicken J-Stempel versehen war. Dieser war übrigens keine deutsche Erfin-

dung, sondern entsprach einem Schweizer Vorschlag. Verantwortlich dafür war der Chef der Polizeiabteilung Heinrich Rothmund,
dessen tiefsitzender Antisemitismus durch viele Texte belegt ist.
Das »Nein« an der Schweizer Grenze bedeutete die Auslieferung
an die deutschen Behören oder (und) an die Gestapo. Manchmal
gelangte man in die Schweiz, wurde aber wieder ausgewiesen.
Saul Friedländer hat einen Brief seiner Eltern Elli und Hans an
eine französische Bekannte veröffentlich. Am 30. September 1942
heißt es darin:
> »Wir haben nach einer ermüdenden Reise die Schweiz erreicht
und wurden wieder ausgewiesen. Man hat uns nicht richtig informiert und wir warten nun auf unsere Überführung in das Lager
von Rivesaltes (in Frankreich), wo man über unser Schicksal auf
eine Weise entscheiden wird, die Sie gut kennen. Uns fehlen die
Worte, um Ihnen unser Unglück und unsere Verzweiflung zu beschreiben. Außerdem sind wir ohne Gepäck. Können Sie sich unsere physische und psychische Verfassung vorstellen? Vielleicht
kann eine Intervention in Vichy uns das Schlimmste ersparen.«

Das Schlimmste ist ihnen nicht erspart geblieben, denn Vichy lie-
ferte laut Artikel 19 des Waffenstillstandsabkommens von Juni
1940 jeden an Hitler aus, Juden oder Nichtjuden, die die deutschen Beamten weghaben wollten.

Dass die Schweiz lange gebraucht hat, um sich zu ihrer Vergangenheit zu bekennen, zeigt die Geschichte des Hauptmanns Paul
Grüninger, Leiter der Kantonspolizei des Kantons St. Gallen. Er
unterwarf sich nicht den Weisungen, hat falsche Zeugnisse ausge-
stellt und zwischen 2.000 und 3.000 Menschen das Leben gerettet, bis er im April 1939 »von seinen Pflichten entbunden«, seines
Amtes enthoben, ohne Anspruch auf Pension entlassen und später durch das Bezirksgericht St. Gallen verurteilt wurde. Er ist 1992
in Armut und Einsamkeit gestorben. Ende der sechziger Jahre war

seine Geschichte bekannt geworden. 1971 wurde er in Yad Vashem als »Gerechter unter den Völkern« geehrt. Doch die Regierung des Kantons St. Gallen lehnte eine Rehabilitierung jahrzehntelang ab. Nach neun erfolglosen Versuchen wurde Paul Grüninger 1995 endlich vom Bezirksgericht St. Gallen freigesprochen und somit rechtlich rehabilitiert. Einen finanziellen Ausgleich gewährte der Kanton erst nach drei weiteren Jahren. Die Entschädigungsgelder flossen in die »Paul Grüninger Stiftung«. Paul-Grüninger-Straßen, -Plätze und -Schulen gibt es heute in Israel, in Stuttgart, in Wien, auch in St Gallen. 2004 beschloss die Schweiz ein Gesetz zur Rehabilitierung von Schweizer Fluchthelfern. Grüninger sollte als prägnantes Beispiel dienen, denn andere Schweizer haben, zusammen mit Franzosen, vielen Verfolgten geholfen, ihrem geplanten tragischen Schicksal zu entgehen. Unter ihnen waren auch Beamte, das zeigt Limore Yail in ihrem Beitrag *Des Français et des Suisses qui désobéirent dans les Alpes pour sauver des Juifs* (Franzosen und Schweizer, die in den Alpen den Gehorsam verweigerten, um Juden zu retten) in dem Band *Le refuge et le piège. Les Juifs dans les Alpes* (Zuflucht und Falle: Die Juden in den Alpen) 2008 herausgegeben von J. W. Dereyniez.

Dass sich das Selbstverständnis der Schweiz im Rückblick verändert hat, kann ich mit einiger Eitelkeit beweisen. In Zürich wurde 1998 die Ausstellung *Die Erfindung der Schweiz 1848–1998* eröffnet. Mir wurde angeboten, für den dicken Katalog einen Beitrag zu schreiben »Vergangenheitsbewältigung. Die Schweiz im Vergleich«. Er war kritisch, wurde jedoch ohne Wenn und Aber veröffentlicht.

Warum ist Frankreich im Zusammenhang mit der Shoah ein Sonderfall? Nicht nur, weil es mein Land ist und es auch gut ist, dass der deutsche Leser einiges mehr über den befreundeten Nachbarn erfährt. Mehr als woanders verlängern sich hier ununterbrochen Erinnerungsdebatten. Alte Themen verschwinden nicht. Neue kommen hinzu. Monatlich erscheint ein halboffizielles Heft *Les chemins de la mémoire* (Die Wege der Erinnerung). Jedes Jahr entstehen neue Diskussionen über die vom Erziehungsministerium aufgelegten Programme im Geschichtsunterricht, für den dann immer wieder neue Schulbücher herausgegeben werden müssen. Die Begriffe *Le devoir de mémoire* und *Les lieux de mémoire* (Die Pflicht zur Erinnerung, Die Orte der Erinnerung) gehören beinahe zum alltäglichen Vokabular, und sei es nur, weil es ständig um Identitätsfragen geht. Wichtiges ist jedoch heute überholt, weil Einigkeit herrscht. 2014 und 2016 – der Beginn des Ersten Weltkriegs und Verdun – sind Erinnerungen an Jahre gemeinsamen Leidens. Der »Ring der Erinnerung«, das Mahnmal des Architekten Philippe Prost, nahe dem Schlachtfeld von Notre Dame de Lorette, ist ein guter Beweis dafür. Die 2014 eingeweihte Ellipse aus Beton mit 330 Meter Umfang macht keinen Unterschied zwischen Siegern und Verlierern, zwischen Freund und Feind. Mehr als 580.000 Soldaten, die hier in Flandern und im Artois fielen, sind hier namentlich aufgelistet, ungeachtet ihrer Herkunft. Auf der Innenseite des Ringes auf 500 Metallstelen von drei Metern Höhe sind Vor- und Familiennamen der Gefallenen eingraviert. In alphabetischer Reihenfolge, ohne Verweis auf Nationalität. Auf deutscher Seite konnte der Volksbund Deutsche Kriegsgräberfürsorge nach mühsamen Recherchen eine Liste von 173.876 deutschen Soldaten übermitteln, die in der Region gefallen waren.

Doch zwei Erinnerungsthemen sind seit Jahrzehnten im Vordergrund geblieben: Vichy und Algerien. Die deutsche Besatzung und das Leid, das Frankreich und seinen Bewohnern damals zugefügt worden ist, werden bei Prozessen oft gegenwärtig – manchmal in Verkennung der Hintergründe. Klaus Barbie stand im Mittelpunkt der in Frankreich begangenen Verbrechen, doch von seinen beiden Vorgesetzen, SS-Gruppenführer Carl Oberg und Standartenführer Helmut Knochen, war wenig die Rede. Wer wusste schon, dass sie 1954 zum Tode verurteilt worden waren und der Vollstreckung durch Präsident Coty entgangen sind, bevor de Gaulle sie 1962, um Adenauer einen Gefallen zu tun, freiließ und nach Deutschland zurückschickte, wo sie als normale Bürger weitergelebt haben? Am meisten steht die Identität der Vichy-Regierung im Mittelpunkt. Noch 1992 hatte ich einen freundlich-kritischen Briefwechsel mit dem von mir verehrten Robert Badinter, der es als Justizminister geschafft hatte, die Nationalversammlung davon zu überzeugen, die Todesstrafe abzuschaffen. Er sagte, Vichy sei nicht Frankreich gewesen, sondern nur eine Klammer in der Geschichte der Republik. Ich fragte:»Waren da nicht die Jahre 1933/1945 eine Klammer in der langen deutschen Geschichte?« Das sei nicht dasselbe. Und doch, antwortete ich, verkörperte Vichy sehr wohl Frankreich, wenn es Juden und Freimaurer verfolgte und Lagerinsassen an Hitler auslieferte. Auch sollte man nicht übersehen, dass Leute wie Staatsanwalt Mornet und Gerichtspräsident Mongibeaux dem Marschall Pétain die Treue geschworen hatten, bevor sie 1945 für ihn die Todesstrafe gefordert und diese über ihn verhängt haben. Heute ist diese Diskussion nicht mehr aktuell, denn niemand bestreitet noch, dass Vichy im Namen Frankreichs echte Macht ausübte. Es hat unter Franzosen regelrechte Identitätswellen gegeben: Alle waren im Widerstand gewesen. Alle waren Mitläufer, wenn nicht Kollaborateure. Bücher und Filme wurden ausgiebig diskutiert. Nach und nach sind die Verallgemeinerungen wieder verschwunden, bis zu der schon erwähnten Fernsehserie *Un Village français*.

In einem seiner Bücher hat Badinter ein schlimmes Dokument wiedergegeben, das ein schockierendes Identitätsproblem aufwirft. Im Oktober 1940, nach dem ersten, noch nicht von Hitler geforderten Gesetz gegen die Juden, schreibt der Präsident des

Israelitischen Konsistoriums, seines Zeichens Vize-Präsident des Obersten Verwaltungsgerichts, an Marschall Pétain. Trotz der Warnungen der französischen Juden haben die Regierungen nichts getan, um der Gefahr zu begegnen: Die Reaktion auf die Invasion von Fremden (aus dem Osten) habe einen normalen Antisemitismus *(un normal antisémitisme)* gezeitigt, dem heute die alten französischen Familien israelitischer Religion zu Opfer fallen. Sein Vorschlag: Anstatt vier jüdische Großeltern, sollte man vier französische vorweisen können, um Beamter, Arzt oder Anwalt zu werden. Fremdenfeindlichkeit soll Rassismus ersetzen!

Vichy und Algerien

Und Algerien? Was ist mit diesem Teil der französischen Geschichte? Es handelte sich zunächst um einen Krieg, der im November 1954 begann und im März 1962 ein Ende fand. Aber nicht nur. Die Frage »Wer ist Algerier?« hat bis heute nichts von ihrer Bedeutung verloren. Von wem war *L'Algérie française* bewohnt? Von neun Millionen arabischen und berberischen Moslems und von einer Million *Français d'Algérie,* die ihrerseits vielfältige Identitäten besaßen. Die meisten von ihnen waren noch nie in Frankreich gewesen. Sie stammten aus Spanien oder anderen Mittelmeerländern. Einige wenige hielten alle wirtschaftliche und politische Macht in Händen. Sie beeinflussten ständig die Entscheidungen in Paris. Ein Teil bestand aus wirklichen *colons,* die als Landwirte arbeiteten. Andere waren Beamte oder Lehrer. Manche verachteten die Araber, andere lebten mit ihnen freundschaftlich zusammen. Diese identifizierten sich als Algerier. Jean Pélégri (1920–2003) wurde in Algerien geboren. Er veröffentlichte 1959 das vielgelesene Buch *Les Oliviers de Justice* (Die Ölbäume der Gerechtigkeit), das auch verfilmt wurde. Nach Frankreich kehrte er als Gymnasiallehrer zurück und schrieb 1989 *Ma Mère l'Algérie* (Algerien, meine Mutter). Als Albert Camus den Literatur-Nobelpreis erhielt, war seine erste Reaktion Freude darüber, dass zum ersten Mal ein algerischer Schriftsteller so geehrt würde. Der Algerien-Krieg hat das etwas überschattet. Übrigens sind die Kämpfe erst ab 1999 als Krieg bezeichnet worden. Es sei ja nur um *pacification* gegangen und um Kampf gegen Aufständische. Für verdienstvolle Soldaten und Offiziere gab es keine *Croix de Guerre*, sondern eine *Croix de la valeur militaire*. Sehr schnell entstand eine Diskussion über die französische Kriegsführung. Man erinnerte an den 8. Mai 1945, wo ein Aufstand mit Tausenden von Opfern niedergeschlagen worden war. Bereits im November 1954 protestierte der katholische Bischof von Oran gegen Folter und Dorfniederbrennungen. Auf der Gegenseite wurden im Namen des *Front de Libération nationale* viele Familien von *colons* ermordet, Soldaten und Zivilisten verstümmelt. Dass gefoltert wurde (»Nein, es wird nicht gefoltert, aber die Folter ist unbedingt notwendig«) ließ sich immer weniger verbergen. Auch Erschießungen, Zerstörungen aus Rache wurden offiziell verneint, aber immer bekannter. Ein junger Schüler der *Ecole nationale d'administration* wurde nach Algerien geschickt, um in der französischen Verwaltung zu arbeiten. Er reiste herum und schrieb nach seiner Heimkehr einen nüchternen, aber furchtbaren Bericht. Vor allem beschrieb er die verzweifelte Lage in den *Centres de Regroupement,* in denen Abertausende Dorfbewohner zwangsinterniert waren, an Hunger und Elend litten, während ihre Ernte verdarb. Er hieß Michel Rocard, wurde später französischer Premierminister, und als er im Juli 2016 gestorben ist, sprachen alle Nachrufe von diesem mutigen Bericht – der damals nur kurzes und geringes Aufsehen erregte. Nach dem Krieg wurde klar, dass sich, nicht anders als in Deutschland, viele Kriegsteilnehmer in Schweigen hüllten und von dem, was sie gesehen oder mitgemacht hatten, nicht erzählen wollten.

Erst nach der Jahrtausendwende veröffentlichten viele Zeitungen »aufgeschobene« Berichte. Politisch stimmten im September 1958 rund 80 Prozent der französischen Wähler für die neue, fünfte, Verfassung, die sie nicht gelesen hatten. De Gaulle sollte das Algerien-Problem lösen. *Algérie française?* Sollten alle Algerier Franzosen sein, weil ganz Algerien ein Teil Frankreichs sei, und die 10 Millionen Moslems die gleichen politischen Rechte haben wie die 1 Million Nicht-Moslems? De Gaulle hat viel taktieren müssen. Das Wort Unabhängigkeit durfte lange nicht ausgesprochen werden – bis 1962 der unabhängige algerische Staat entstand, zur großen Erleichterung vieler Franzosen, weil man nun das Problem vom Hals hatte. Was in Algerien im Namen Frankreichs geschehen ist, hat bei nicht wenigen Franzosen einen Kratzer verursacht im Selbstbild dieses Frankreichs als Vaterland der Menschenrechte.

Manche glauben oder verkünden auch heute noch, dass es immer dieses Frankreich bleiben werde, was auch geschehen mag. Eine Kreuzung in Paris an der *Ecole Militaire,* nahe dem Eiffelturm und eine Bushaltestelle tragen seit kurzem den Namen von Général Pâris de Bollardière, *Compagnon de la Libération.* Es ist schön, dass er geehrt wird, aber nichts verrät dem Passanten, dass er während des Algerienkriegs bestraft wurde und in Haft kam, weil er Folter und andere Vergehen angeprangert hatte.

Noch andere negative Erinnerungen tauchen auf. Im XVIII. Jahrhundert florierte der Sklavenhandel. Nun wird in Bordeaux, und noch mehr in Nantes, feierlich bekannt, dass die Prosperität der Häfen den Gewinnen aus Sklaventransporten geschuldet war. Nachdem die Kolonialzeit in Afrika erst viel gelobt, dann einseitig verurteilt wurde, finden sich in den Schulbüchern heute nüchterne Darstellungen. Langsam wird auch die Ausbeutung der Nord- und Schwarzafrikaner in den französischen Armeen näher untersucht. Bei dem jährlichen Defilee auf den Champs-Elysées am 14. Juli wird immer noch das Lied *Nous sommes les*

Africains/qui revenons de loin/pour sauver la patrie (Wir sind die Afrikaner / die von weither kommen / um das Vaterland zu retten). Niemand scheint sich über den Schluss aufzuregen: *Nous retournerons dans nos gourbis / le coeur joyeux et l'âme fière: d'avoir libéré le pays«* (kehren wir in unsere Hütten zurück / mit frohem Herzen und stolzer Seele / das Vaterland befreit zu haben) – immer noch ungleich und in Not. In seinem posthum veröffentlichten Roman *Le dernier homme* (1994) erzählt Albert Camus die Geschichte seines Vaters.»Als mein Vater zum Militär verpflichtet wurde, hatte er Frankreich noch nie gesehen. Er sah es und wurde (an der Front) getötet.«

Erst am 11. April 1946, ein Jahr nach dem Sieg über den Rassismus, schaffte das französische Parlament die Zwangsarbeit in Afrika ab. Man war beeindruckt von der Rede des afrikanischen Abgeordneten Félix Houphouët-Boigny, dem späteren Präsidenten der Elfenbeinküste:

»Man muss diese Arbeiter gesehen haben, verbraucht, abgemagert, mit Wunden übersät. Man muss die Transitspediteure gesehen haben, moderne Sklavenhändler, die sie auf LKW verladen, in Waggons eingeschlossen haben wie Tiere. Als Chef muss man vor allem diese herzzerreißenden Szenen der Verzweiflung gesehen haben, alte Frauen, die ihren Sohn, ihre einzige Stütze zurückfordern, Frauen mit Kindern ihren Mann, um die menschliche Tragödie der Zwangarbeit zu verstehen.«

Nachher: »Historisieren«? Die schöpferische Erinnerung

In Deutschland hat es eine heftige, aber unklar geführte Debatte um den Begriff der »Historisierung« gegeben. Wenn mit »historisieren« gemeint ist, einen Gegenstand mit unmenschlicher Empfindungslosigkeit zu behandeln, so würde man die Historiker doch beleidigen. Meint »historisieren«, sich auf eine immer fernere Vergangenheit zu beziehen, dann wäre der Begriff noch einmal doppeldeutig. Ja, das furchtbare Ereignis rückt in die Ferne, weil immer weniger Henker und Opfer überleben, weil wir heute mehrere Generationen von damals entfernt sind, aber das vergangene Geschehen ist keineswegs in der Vergangenheit verschwunden, denn zum menschlichen Leben gehört auch das, was im Geiste gegenwärtig ist. Versteht man unter Historisierung schließlich, das der »historisierte« Sachverhalt der kritischen, methodischen Betrachtung der Historiker ausgesetzt wird, so ist nichts wünschenswerter, auch wenn dadurch Verletzungen bei den Opfern oder ihren Nachfahren entstehen.

Wobei Opfer zu sein nicht die einzige Identität sein muss. Französische Offiziere wurden in Buchenwald misshandelt. Später haben sie dann in Algerien gefoltert. Und ein Teil derjenigen, die in Algerien gefoltert wurden, haben dann, zur Macht gekommen, andere foltern lassen. Ja, die Kurden sind Opfer der Türken, aber am Massenmord an den Armeniern haben nicht wenige Kurden teilgenommen. Millionen Juden sind Opfer Hitlers gewesen, aber diese Opferrolle rechtfertigt keineswegs die Unterdrückung, die Misshandlung der Palästinenser. In seinem Buch *L'affaire du Carmel d'Auschwitz* (1991) schrieb Theo Klein, damals Präsident des *Conseil représentatif des institutions juives de France,* der ungefähr dem Zentralrat der Juden in Deutschland entspricht: »Eine Anzahl junger Leute findet, dass wir zu viele Nuancen in die Erinnerung bringen. Das Schlimmste ist, dass die ihre Identität, ihr Judesein durch die ausschließliche und unnachgiebige *(intransigeante)* Erinnerung an die Shoah rechtfertigen. Sie entwickeln da etwas, was ich eine *judéité mortifère,* ein todbringendes Judesein nennen möchte.«

Wie kann man die Erinnerung wach halten? Persönlich antworte ich zunächst: Nicht durch Gesetze, die Infragestellungen verbieten, wobei ich mir klar bin, dass die Frage sich in Deutschland anders stellt als in Frankreich. Dort habe ich beklagt, dass die *loi Gayssot* vom 13. Juli 1990 (ein Gesetz, benannt nach dem kommunistischen Abgeordneten, der den Text in der Nationalversammlung verteidigt hat) so formuliert ist, dass das strafbare Leugnungsverbot nur die nationalsozialistischen Verbrechen betrifft, weil es sich ausschließlich auf die Nürnberger Prozesse bezieht. Der versuchte Genozid an den Armeniern oder den Tutsi darf also weiter verneint werden. Mein Hauptargument gegen das Verbot war ein anderes. Die damaligen Leugner der Gaskammern konnten und können noch immer sagen: »Ich habe zwar Beweise für meine These. Ich darf sie aber nicht laut aussprechen, sonst werde ich bestraft!«

Erinnerung kann durch Monumente oder Zeichen weitergegeben werden, so wie das in Berlin zweimal gut und einmal schlecht geschieht. Die Architektur des Jüdischen Museums von Daniel Libeskind ist so ergreifend, dass es dort besser keine Ausstellung geben sollte. Ich habe es besucht, als der Bau noch leer war, und mir traten ständig die Tränen in die Augen. Sinnvoll finde ich auch die Stolpersteine, und ich kann nicht recht verstehen, warum Charlotte Knobloch, die ehemalige Vorsitzende des Zentralrats, sie in München nicht haben will. Das große Stelenfeld von Peter Eisenman ist mir hingegen, ich gestehe es, zuwider. Wie sind die Juden ermordet worden? Durch Gas und durch Massenerschießungen, bevor sie in Gräben verscharrt worden sind. Und hier legt man Grabsteine hin! Manche sagen, das seien gar keine Grabsteine, aber als solche werden die Stelen von allen Besuchern betrachtet. Man sei beim Durchgehen bewegt – aber nur, wenn man weiß, was sie bedeuten. Die Kinder, die dort spielen, die Unwissenden, die Vorbeikommenden – ihnen wird absichtlich nichts vom Massenmord gesagt. Es gibt keine Tafel, keine Erklärung. Das kleine, ausgezeichnete unterirdische Museum ist den Schöpfern des Mahnmals aufgezwungen worden. Die Hauptschöpferin, Lea Rosh, besitzt eine merkwürdige Identität: Sie hat alles versucht, um als Jüdin betrachtet zu werden, obwohl sie keine ist. Da könnte der Vergleich mit Erika Steinbach, der langjährigen Präsidentin des Bundes der Vertriebenen, naheliegen, die selbst keine Vertriebene war, so wenig wie ihr Vater, der als Beamter in der Besatzungsverwaltung Polens nach Westen fliehen musste.

Man kann noch weiter gehen. In Frankreich existieren freiwillige Sonderlehrgänge zu der Frage, wie die Shoah als Unterrichtsstoff zu behandeln sei. Das *Mémorial de la Shoah* bietet solche Kurse seit 17 Jahren an – in Paris, in Drancy, in Polen und in Israel. Im Sommer 2016 beteiligen sich 150 Lehrer an der Pariser Sommeruniversität.»Um als Wächter der Geschichte tätig zu sein, muss man wissenschaftlich unangreifbar sein« – und sei es nur, um die manchmal merkwürdigen Fragen von Schülern zu beantworten. Ob mich diese Form der Wissenschaftlichkeit allerdings befriedigen würde, kann ich nicht sagen.

Jede Trauer um Familienmitglieder ist berechtigt, aber es sollte stets die Frage gestellt werden, für was sie gestorben sind. Es gibt Tote, die ihr Leben absichtlich geopfert haben, um für etwas zu sterben, das uns noch heute als echter, hoher Wert erscheint. Nehmen wir als Beispiel die Geschwister Scholl, Christoph Probst, Alexander Schmorell, Willi Graf und Prof. Kurt Huber von der Weißen Rose oder Jan Pallach, der in Prag 1968 aus Protest Selbstmord beging und zu Recht ein Nationalheld geworden ist. Dann gibt es Tote, die sich aufgeopfert haben für eine Sache, von der heute wirklich niemand mehr sagen würde (oder wenigstens sollte), dass sie eine gute gewesen sei. Und es gibt eine Unmenge Toter, die geopfert worden sind, ohne den Willen zur Selbstaufopferung gehabt zu haben.

Zur ersten Kategorie gehört ohne Zweifel der Sozialist Julius Leber, der bereits 1933 zusammengeschlagen und am 5. Januar

1945 schließlich hingerichtet wurde. Deswegen war es eine schöne Geste der Erinnerung, als CDU-Verteidigungsminister Volker Rühe am 5. Januar 1995 die erste deutsche Nachkriegskaserne in Berlin (vor dem »2+4-Vertrag« durfte es keine deutschen Soldaten in Berlin geben) nach Julius Leber benannt hat. In einem Nebensatz erwähnte er, Leber sei Elsässer gewesen, »also auch französischer Kultur«. Leider würde kein französischer Minister sagen »er war Elsässer, also auch deutscher Kultur«! Rühe sagte auch, der Geist des Widerstandes gegen Hitler sei die geistige Grundlage der Bundeswehr. Um diese Bundeswehr zu identifizieren benutze er nicht die Worte Patriotismus oder Vaterlandsliebe. In seiner Erfurter Rede am 9. Oktober 1995 sagte er zu den Rekruten: »Junge Soldaten aus Thüringen dienen in Rheinland-Pfalz, Wehrpflichtige aus Niedersachsen in Mecklenburg. Sie alle stehen für unsere demokratische Verfassung ein und übernehmen Mitverantwortung für Freiheit und Menschenwürde anderer« – womit Auslandseinsätze gemeint waren, die Rühe rechtfertigen wollte.

Nicht alle Beispiele, wie Erinnerung von einer an die nächste Generation weitergegeben wird, sind so beeindruckend. Was soll man eigentlich heutigen Schülern sagen? Soll man ihren Blick erweitern und ihnen vom 27. Januar erzählen, dem Tag der Erinnerung an die Befreiung von Auschwitz und des Gedenkens an die Opfer des Nationalsozialismus, der vom Bundestag ausnahmsweise auch der Vernichtung von Sinti und Roma gewidmet wurde? Oder soll man ihnen zeigen, wie ein Mann wie der Staatsanwalt Fritz Bauer den Blick auf die Vergangenheit verändern konnte? Oder wäre es besser, in ihre Geschichtsbücher den Text der Gemeinsamen Resolution der ersten und letzten frei gewählten Volkskammer vom 13. April 1990 zu bringen, in dem um Entschuldigung gebeten wird für alle im deutschen oder DDR-deutschen Namen begangenen Verbrechen, von der Judenvernichtung bis zur Invasion der Tschechoslowakei 1968? Wem zu viel von den Geschwistern Scholl und allzu viel vom 20. Juli die Rede ist – der mag einfach das Buch *Der lautlose Aufstand* von Günther Weisenborn lesen. Am allerbesten wäre vielleicht ein Rückblick auf das Hambacher Fest von 1832. Was rief noch gleich Philipp Jakob Siebenpeiffer?»Es lebe das freie, das einige Deutschland! Hoch leben die Polen, der Deutschen Verbündeten! Hoch leben die Franken, der Deutschen Brüder (also bereits das Weimarer Dreieck!), die unsere Nationalität und unsere Selbständigkeit achten (was nicht immer der Fall ist). Hoch lebe jedes Volk, das seine Ketten bricht und mit uns den Bund der Freiheit schwört (wie die Europäische Union heute).« Die anwesenden Polen waren übrigens Flüchtlinge, die einer furchtbaren Repression entkommen waren. Damals zeigte man Sorge FÜR Asylsuchende, nicht VOR Asylsuchenden ...

Die Last der Vergangenheit kann viele Formen annehmen. Zwischen Serbien und Kroatien ist eine Annäherung wegen der gegenseitigen Verbrechen beinahe ausgeschlossen. Frankreich steckt noch tief in der Debatte um den Massenmord an den Tutsi. Inwieweit hat Frankreich ihn damals nicht nur geduldet, sondern den Mördern geholfen und die Opfer im Stich gelassen? Dieser Punkt führte zu Prozessen vor französischen Gerichten. Am 8. Juli 2016 sind zwei Bürgermeister aus Ruanda wegen »Genozid und Verbrechen gegen die Menschlichkeit« von dem Pariser Geschworenengericht zu lebenslänglicher Zuchthausstrafe verurteilt worden. Es wurde daran erinnert, dass die Verbrecher 800.000 Menschen während hundert Tagen getötet hatten. Warum in Paris? Weil für solche Verbrechen gilt, dass auch nationale Gerichte eine weltweite Zuständigkeit besitzen.

Kann man neue Verhältnisse aufbauen? Mir ist mehrmals die Frage gestellt worden: »Kann das deutsch-französische Beispiel auf unseren Fall übertragen werden? Die Frage kam aus dem Libanon, aus Tokyo und auch, mit Nachdruck, aus Ruanda. Meine

Antwort war stets sehr zögerlich. Nur in einem Fall war sie ganz klar. Das Pariser Institut für Internationale Beziehungen hatte eine Tagung den russisch-polnischen Beziehungen gewidmet, in Gegenwart der beiden Botschafter. Mir kam der einleitende Beitrag zu über die Frage:»Kann das deutsch-französische Modell hier ein Beispiel sein?« Meine Antwort war ein klares Nein. Zwischen Frankreich und der Bundesrepublik konnte es nur gut gehen, weil die BRD ein völlig anderes Deutschland geworden war als das Deutschland Hitlers. Man konnte die Vergangenheit gemeinsam verurteilen. Russland verehrte Stalin jeden Tag mehr, bekannte sich ein wenig zu dem Massaker von Katyn, nicht aber zu anderen Verbrechen an Polen. Also musste der Dialog fruchtlos sein.

Ein Höhepunkt der Aufarbeitung der Vergangenheit war der 27. Januar 1995. Bundespräsident Roman Herzog ging schlicht und bescheiden an das Tor des ehemaligen KZs Auschwitz-Birkenau, am 50. Jahrestag von dessen Befreiung, und wurde dort ebenso schlicht und einfach, aber freundschaftlich von Jean Kahn empfangen, dem Präsidenten des *Conseil Représentatif des Institutions juives de France* und der Europäischen Koordination der Jüdischen Vereinigungen. Allerdings ging es dabei nur um Ethik, nicht um Geld. Wer schuldet was wem seit wann und bis wann? In Israel erhalten die israelischen Shoah-Überlebenden so gut wie nichts. In Frankreich heißt es heute, der Staat soll nicht nur die frühere Sklaverei verurteilen und sich dafür entschuldigen, er sollte auch Entschädigung an die Nachkommen zahlen, was er (meiner Ansicht nach zu Recht) ablehnt. In der komplizierten Problematik der EU-Politik gegenüber Griechenland hat die Frage des Anspruchs auf deutsche Reparationen für die Besatzung während des Krieges eine große Rolle gespielt. War der Anspruch ernst gemeint oder weitgehend ein Druck- und Erpressungsmittel? Ein anderes Beispiel kam jüngst aus Santiago. Bundespräsident Joachim Gauck war im Juli 2016 zu Besuch in Chile. In seiner Rede zur Eröffnung eines deutsch-chilenischen Forums äußerte Gauck sein »großes Erschrecken« darüber, »dass deutsche Diplomaten jahrelang wegschauten, als in der deutschen Sekte ›Colonia Dignidad‹ Menschen entrechtet, brutal unterdrückt und gefoltert wurden und dann gar der chilenische Geheimdienst dort foltern und morden konnte.« Aber »wir akzeptieren keine Forderungen nach (finanzieller) Wiedergutmachung.« Ein deutsch-chilenischer Rechtsanwalt will jedoch, da es sich um eine deutsche Einrichtung handelte, durch eine Sammelklage von 120 Opfern rund 135 Millionen Euro erstreiten. Hier bin ich uneins mit mir!

Erinnern ist wichtig. Aber »schöpferische Erinnerung« ist schöner. Gerade, weil das Furchtbare nicht vergessen werden soll und nicht vergessen werden kann, gestaltet man die Zukunft auf schöpferische Art neu. Nicht weil das Verzeihen im Mittelpunkt stehen würde. In der ersten Nummer unserer kleinen Zeitschrift *Allemagne* schrieb einer der Präsidenten des *Comité français d'échanges avec l'Allemagne nouvelle,* der katholische Philosoph Emmanuel Mounier, in seinem Leitartikel, das Verzeihen stehe nur denen zu, die gelitten haben. Die Anderen sollten nicht von Verzeihung reden. Ich möchte in diesem Zusammenhang nur drei besondere Menschen erwähnen. Rémy Roure war vor und nach dem Krieg ein anerkannter Journalist bei *Le Temps,* dann *Le Monde.* Was wusste er von Deutschland? Er sprach kein Deutsch, war im Ersten Weltkrieg Kriegsgefangener gewesen; im Zweiten kam er aus dem Widerstand nach Buchenwald, während seine Frau nach Ravensbrück deportiert wurde und dort starb. Ihr Sohn explodierte auf einer Mine auf der Suche nach der Leiche der Mutter. Sein Neffe wurde erschossen. Und doch sagte Roure sofort ja, als Mounier und ich ihn baten, Mitglied des Präsidiums unseres *Comité* zu werden. Warum? Weil er eine französische Politik fordern und fördern wollte, die anders war als die von 1919. Damit ein neues, ein anderes Deutschland entstehen könne, brauchte es Vertrauen, das der Weimarer Republik nicht geschenkt worden war.

Der jüngst verstorbene Historiker Rudolf von Thadden, wie sein Vater ein großer Mann der Evangelischen Kirche, hieß eigentlich von Thadden und Trieglaff. Trieglaff in Pommern heißt heute Trzyglow. Rudolf hat alle vertriebenen Trieglaffer, die er hatte ausfindig machen können, in das polnisch gewordene Städtchen eingeladen, um zusammen an der dortigen Kirche folgende Tafel anzubringen:

»Zur Erinnerung an viele Generationen deutscher Trieglaffer, die hier lebten und glücklich waren, und mit guten Wünschen für das Wohlergehen derer, die heute hier ihre Heimat gefunden haben.« Ein schönes Zeichen schöpferischer Erinnerung! (Wobei die heutigen Bewohner auch als Vertriebene in Trzyglow angekommen sind.)

Im Oktober 1997 wurde in Nantes eine Veranstaltungsreihe mit dem Namen »Verbrechen und Erinnerung« organisiert. Die dritte Debatte hatte als Thema »Die Überlieferung der Erinnerung«. Da entdeckte ich einen der Menschen, die ich bis heute am meisten verehre: den anglikanischen Pastor Michael Lapsley. Er wurde 1973 nach Südafrika geschickt, 1976 von dort ausgewiesen. Er lebte in Lesotho, wurde Mitglied der Südfrikanischen Befreiungsbewegung, dann ihr Seelsorger. 1982 ging er ins Exil nach Zimbabwe. 1990 erhielt er ein Paket, in dem der südafrikanische Geheimdienst eine Bombe versteckt hatte. Er verlor beide Hände und ein Auge. In Nantes konnten wir die Metallgriffe sehen, die seine Hände ersetzten. Nach der Unabhängigkeit wurde er Vizepräsident der Versöhnungskommission von Desmond Tutu. Nichts lag ihm ferner als der Gedanke an Rache, aber die Kommission sollte nicht versöhnen um jeden Preis. Sie sollte die Wahrheit erforschen und die Versöhnung im Geist der Wahrheit vollziehen.

KAPITEL 3

Politik

Politik ist überall

Das Wort Politik hat oft einen schlechten Klang. »Die Politik« wird vielfach verachtet. »Die Politiker« noch mehr. Und doch sollte man hier eine doppelte Wirklichkeit nicht übersehen: Zunächst ist die Politik das Edelste, das Höchste, das es in einer Gesellschaft gibt. Sie ist die Summe der Ziele und Mittel, für die sich eine Gesellschaft als Gemeinschaft entscheidet, um zu versuchen, ihre Gegenwart und ihre Zukunft zu meistern. Sodann entdeckt man den Wert des Politischen am besten, wenn man unterscheidet zwischen ihm als einem Gebiet innerhalb der Gesamtgesellschaft und als einem Attribut, als eine Färbung jedes gesellschaftlichen Phänomens. Was das Gebiet betrifft: Natürlich gibt es keine scharfe Trennung zwischen verschiedenen Gebieten, aber man weiß im Allgemeinen, auf welchem man sich befindet. Wenn das Baby seine Flasche Milch nicht trinken will, so ist das auch eine wirtschaftliche Frage, denn der Milchkonsum ist an diesem Tag geringer. Aber wer würde einem Arzt oder Psychologen bestreiten, sich auf dem Gebieten der Medizin oder Psychologie zu bewegen? Man könnte zum Beispiel der Ansicht sein, dass die Autorität eines Kanzlers davon abhängt, wie gut er seinen Ödipuskomplex überwunden hat, was ins Gebiet der Psychoanalyse gehört. Oder auch, dass die Art, wie sich das Kabinett verhält, eine klassische Frage der Soziologie kleiner Gruppen ist. Aber wer würde nicht sagen, dass sich Kanzler und Kabinett auf dem Gebiet des Politischen bewegen, eben dort, wo die Entscheidungen getroffen (oder nicht getroffen) werden, die das Schicksal der Bürger verändern oder nicht verändern?

Nicht alles ist politisch, aber jede gesellschaftliche Gegebenheit hat eine politische Dimension. Die junge schlecht bezahlte Sekretärin sieht eine Fernsehserie, in der eine junge schlecht bezahlte Sekretärin eine Liebesaffäre mit dem Sohn des Chefs hat und ihn schließlich heiratet. Ist das völlig unpolitisch? Keineswegs, denn während sie sich mit der Serienheldin identifiziert, ist sie nicht gewerkschaftlich tätig, und das heißt, sie verzichtet darauf, sich für die Verbesserung ihrer Lage einzusetzen. Die Serie hat die politische Funktion, sie vom Politischen fernzuhalten.

In Amerika gab es einen bekannten Witz. Mr. Smith wird gefragt, wer in seiner Familie zu entscheiden habe.»Wir verfahren arbeitsteilig. Meine Frau entscheidet in den kleinen Fragen, ich in den großen. Sie bestimmt unseren Ferienort, die Schule der Kinder usw. Ich unsere Haltung zur Anerkennung Rotchinas.« Man lacht, weil man denkt, dass die Macht der Frau über das Privatleben die größere ist und weil die Einstellung des Paars zu einer weltpolitischen Frage als völlig belanglos gilt. Dabei werden zwei Gegebenheiten übersehen. Mr. Smith ist ein Teil der öffentlichen Meinung, die von Demoskopen untersucht wird, ohne die wiederum der Präsident der USA keine weltpolitische Entscheidung trifft. Der Zweite Golfkrieg 1990 gegen den Irak kam erst zustande, als der Präsident bei seinen Landsleuten Empörung vermerkte. Und die schulische Erziehung beeinflusst sehr stark die zukünftigen gesellschaftlichen und politischen Einstellungen und Emotionen der heutigen Kinder. Aber halt: Wird da nicht das Private künstlich politisiert? Die Antwort ist zugleich einfach und kompliziert. Einfach, weil die Abgrenzung zwischen privat und öffentlich seit mehr als zwei Jahrhunderten ein Wesenselement der politischen und philosophischen Auseinandersetzung ist – auf der

Ebene der Ideologien wie auf jener der politischen Entscheidungen. Kompliziert, weil gerade in unserer Zeit der Einfluss des Politischen auf das Gesellschaftliche stetig wächst, wobei es immer um die Legitimität der Instanz geht, die die Entscheidung trifft.

Die Legitimität als vermeintliches Instrument der Identifikation

War Königin Marie Antoinette eine Hochverräterin und ist sie zu Recht zum Tode verurteilt worden? In ihren eigenen Augen konnte sie keine Verräterin sein, selbst als sie die Österreichische Armee zu Hilfe gerufen hatte, denn der König und sie verkörperten die Legitimität der Macht. Die Quelle dieser Legitimität war die Salbung in der Kathedrale von Reims. Und die Legitimität kann nicht Verrat an sich selbst begehen. Die Revolution hatte ihrerseits das Volk zur Quelle der Legitimität gemacht. Legitimität kann von einem Glauben, einer ideologischen Einstellung gestiftet werden. Vom Wiener Kongress 1814 bis zu den Revolutionen von 1848 hat Metternich den Europäern seine Definition von Marie Antoinette politisch auferlegt.

Ein Sonderfall ist die Frage nach der Legitimität der Bundesrepublik Deutschland. 1945 ist etwas einzigartiges geschehen. Nach einem Krieg wird entweder der besiegte Staat abgeschafft oder es wird ein Friedenvertrag mit seiner Regierung ausgehandelt. Nach dem Zusammenbruch Hitler-Deutschlands beschlagnahmen die vier Siegermächte die deutsche Souveränität. Sie bilden zusammen eine Art Erbengemeinschaft. Nicht die vier Besatzungszonen verkörpern sie, sondern der gemeinsame Rat der Alliierten in Berlin. Ob nun drei oder einer diese Gemeinschaft verlässt – das ist für die Frage der Illegitimität völlig unerheblich. Bundesrepublik und DDR sind 1948/49 beide gleich legitim oder illegitim. In wessen Namen sollte nun die Bundesrepublik legitim sein und die DDR nicht? Nur im Namen der Freiheit! 1989/90 war es der Freiheitsbegriff, der das Verschwinden der DDR legitimieren sollte. Die Wirklichkeit der Wiedervereinigung ist wohl am besten von Christa Wolf in ihrer Dresdner Rede vom Februar 1994 beschrieben worden:

»Es gibt eine Tendenz zur Kolonisierung der ostdeutschen Gebiete durch westdeutsche Verwalter, die für ihre löbliche Tätigkeit in einem unterentwickelten Land eine ›Buschzulage‹ bekommen, aber irgendwann sollte jemand auch mal ein Loblied singen auf die vielen Westdeutschen auf allen Ebenen von Wirtschaft, Verwaltung, Kultur, die, selbstlos und ohne Überheblichkeit, die Probleme nicht beschönigen und mit Takt und Sachverstand mit ihren ostdeutschen Kollegen zusammenarbeiten.«

Die Legitimität dieses Vorgehens fand hingegen nicht die Zustimmung eines kleinen Plakats, das in Berlin an vielen Hauswänden klebte: »23: kein Anschluss unter dieser Nummer!« Die Anwendung des Grundgesetzartikels 23 hat aber sehr wohl zu einem Anschluss geführt. Doch die Frage, welche Stadt die legitime Hauptstadt des vereinten Deutschlands sein sollte, blieb weiter ungelöst. »Berlin, Hauptstadt der DDR« – das war eine glatte Lüge, denn Berlin war Sitz der vier Alliierten Großmächte. Am 20. Juni 1991 debattierte der Bundestag über die Hauptstadtfrage. Von allen Leistungen Wolfgang Schäubles – neben dem Einheitsvertrag – hatte seine Rede an diesem Tag wohl mit die größte Wirkung. Er sagte:

»In diesen 40 Jahren – auch das ist wahr – stand das Grundgesetz, stand die alte Bundesrepublik Deutschland mit ihrer provisorischen Hauptstadt Bonn für Freiheit, Demokratie und Rechtsstaat. Aber sie stand immer für das ganze Deutschland. Und das Symbol für Einheit und Freiheit, für Demokratie und Rechtsstaatlichkeit war wie keine andere Stadt immer Berlin. (...) Die Einbindung in die Einigung Europas und in das Bündnis des freien Westens hat uns Frieden und Freiheit bewahrt und die Einheit ermöglicht. (...) Deutsche Einheit und europäische Einheit bedingen sich gegenseitig. (...) Meine Heimat (...) liegt in der Nachbarschaft von Straßburg. Aber Europa ist mehr als Westeuropa. Deutschland, die Deutschen, wir haben unsere Einheit gewonnen, weil Europa seine Teilung überwinden wollte. (...) Deswegen bitte ich Sie herzlich: Stimmen Sie mit mir für Berlin.«

Nach der Rede notiert das Protokoll etwas, das im Bundestag selten passiert: »Langanhaltender Beifall bei Abgeordneten der CDU/CSU, der FDP, der SPD und des Bündnisses 90/Grüne. Abgeordnete der CDU/CSU und der SPD erheben sich. Abg. Willy Brandt (SPD) gratuliert Abg. Dr. Wolfgang Schäuble (CDU/CSU).« Damit war die Frage nach der Legitimität Berlins als Hauptstadt der Bundesrepublik – also die Frage nach Berlins Identität – gelöst.

Das Volk als Quelle der Legitimität? Das haben die christlichen Kirchen jahrhundertelang anders gesehen. Römerbrief 13,1 wurde sehr ernst genommen: »Jedermann sei Untertan der Obrigkeit, die Gewalt über ihn hat. Denn es ist keine Obrigkeit ohne von Gott. Wo aber Obrigkeit ist, die ist von Gott verordnet. Wer sich nun der Obrigkeit widersetzt, der widerstrebt Gottes Ordnung.« Hier ist zwischen *potestas* und *potentia* zu unterscheiden. Der erste Begriff meint die institutionelle Macht, sei es die des Königs oder der parlamentarischen Demokratie; der zweite die Ausübung von Macht, mit oder ohne Legitimation. Der Unterschied zwischen beiden wird zum Beispiel durch das berühmte Urteil des Bundesverfassungsgerichts vom 17. Dezember 1953 gut veranschaulicht. Der Grundgesetzartikel 131 legte dem Bundesgesetzgeber die Verpflichtung auf, die Rechtsverhältnisse von Personen,

»die am 8. Mai 1945 im öffentlichen Dienste standen, aus anderen als beamten- oder tarifrechtlichen Gründen ausgeschieden sind« durch Bundesgesetz zu regeln. Das Gesetz vom 11. Mai 1951, »131er-Gesetz« genannt, hatte Klagen von ehemaligen (oft entnazifizierten) Beamten in Karlsruhe zur Folge, die sich in ihren Grundrechten verletzt fühlten. Das Gericht wies die Klagen ab mit der Begründung, die Natur der Beziehungen zwischen Staat und Beamten sei seit dem Ermächtigungsgesetz eine völlig andere geworden, so dass der Begriff der erworbenen Rechte nicht mehr denselben Sinn haben konnte wie im legitimen Rechtsstaat. Das Bundesverfassungsgericht hat mit diesem Urteil den Bruch markiert, den der Hitler-Staat bedeutete: *potentia* war da, *potestas* nicht mehr. Allerdings wäre Hitler nicht zur Macht gelangt, wenn nicht so viele Deutsche der Weimarer Republik von Anfang an die *potestas,* ihre Legitimität, abgesprochen hätten.

Ist eine Obrigkeit anerkannt, wann darf man sich ihr widersetzen? Schlimm wäre vor allem, wenn man gegen eine illegitime Obrigkeit keinen Widerstand leisten dürfte. Ich bin immer wieder erstaunt über das Argument mancher zögerlicher Verschwörer des 20. Juli: Sie hätten doch als Offiziere dem Obersten Führer der Wehrmacht Adolf Hitler die Treue geschworen, und ein solcher Eid behalte ja seine Gültigkeit! Noch schwerer wiegt in meinen Augen die Unterwerfung eines anerkannten Juristen wie Carl Schmitt, der im Juli 1934 nach dem sogenannten Röhm-Putsch und der »Nacht der langen Messer«, in der Hitler vor allem innerparteiliche Rivalen umbringen ließ, schreibt:

»Der wahre Führer ist immer auch Richter. Aus dem Führertum fließt das Richtertum. Wer beide voneinander trennen oder gar entgegensetzen will, macht den Richter entweder zum Gegenführer oder zum Werkzeug eines Gegenführers (...) In Wahrheit war die Tat des Führers echte Gerichtsbarkeit. Sie untersteht nicht der Justiz, sondern war selbst höchste Justiz.«

Zum Widerstand gegen eine legitimierte Obrigkeit sollte nur in Grenzsituationen aufgerufen werden. Allzu oft kann man hören, man dürfe ein Gesetz oder eine normal entstandene Entscheidung nicht anerkennen und Widerstand leisten, einfach, weil man sie nicht als legitim betrachtet. Als Beispiel ehrenhafter Verweigerung in einer Grenzsituation zitiere ich gern den Brief, den der Gouverneur der Provinz Auvergne anlässlich der Bartholomäusnacht – eines landesweiten Massakers an den Hugenotten im Jahre 1572 – an den König von Frankreich schrieb:

»Sire, ich habe von Ew. Majestät Order erhalten, alle Protestanten in meiner Provinz töten zu lassen. Ich achte Ew. Majestät zu hoch, um nicht zu glauben, dass diese Briefe Ihr untergeschoben worden sind, und, was Gott verhüten möge, dieser Befehl wirklich von Ihr kommt, achte ich Sie zu hoch, um ihn zu befolgen.«

Soll die Legitimität hingegen nicht von einer Majestät, sondern vom Volk ausgehen, sind viele Abwandlungen, auch hässliche, von dieser Ableitungsfigur möglich. »Du bist nichts, dein Volk ist alles«, sagte zum Beispiel Joseph Goebbels – was ihm erlaubte, den »Führer« als Verkörperung des Volkes zu betrachten. »Ihr seid das Volk«, sagte Erdoğan jüngst in einer (spontanen!) Großkundgebung. »Ihr ruft mir zu, die Todesstrafe muss wieder eingeführt werden. Euer Wille soll geschehen. Die Todesstrafe kommt wieder!« Wann, wo, wie spricht »das Volk« in aller Legitimität, um Entscheidungen zu treffen?

Auf lokaler Ebene siegen oft die Starken, die Etablierten. Eine psychiatrische Anstalt in der Nachbarschaft oder eine Einrichtung für behinderte Kinder? Das würde Unannehmlichkeiten nach sich ziehen und den Wert der Wohnungen in der Umgebung mindern. Woanders – ja, schön und richtig. Aber bitte NIMBY – *not in my backyard!* Sollte das überall um sich greifen, käme es zu BANANA – *build absolutely nothing anywhere nor anytime!* Auf höherer Ebene gilt dies zum Beispiel für die Lagerung von Atommüll. Gorleben? Nein. Heute auch Bure (zwischen Meuse und Haute Marne). Woanders, gewiss, aber bei uns ist die Entscheidung nicht legitim – und wir dürfen zu Gewalt greifen, um unser gerechtes Anliegen durchzusetzen. Ist es besser, wenn das Volk abstimmt? Im Falle des Flughafens bei Nantes hieß es sofort, die geografische Weite des Referendums sei nicht korrekt, also dürfe man das Resultat ignorieren und mit der Besetzung des Geländes fortfahren. Der Fall »Stuttgart 21« ist komplizierter. Nach vielen Streitigkeiten hat eine Abstimmung auf Landesebene stattgefunden, die, zur allgemeinen Überraschung, das Projekt bejahte. Dann kam jedoch heraus, dass der Abstimmung falsche Zahlen zugrunde gelegt worden waren, sowohl mit Blick auf die gigantischen Kosten als auch auf das Datum der Fertigstellung. Immerhin war der Versuch gemacht worden, den Volkswillen durch Abstimmung festzustellen und dadurch zu legitimieren.

Referenden auf nationaler Ebene haben manchmal wirklich legitimierende Kraft. Am 27. November 1969 ließ Charles de Gaulle das Wahlvolk in einem Referendum über ein Reformgesetz entscheiden, das Senat und Regionen betraf. Zugleich stellte er dabei die Vertrauensfrage. Die Mehrheit sagte nein. In derselben Nacht trat de Gaulle von seinem Amt als Präsident der Republik zurück. Anders Jacques Chirac 2005: Er kämpfte nur mäßig für den Europa-Vertrag und blieb nach dem Nein im Amt, als sei nichts geschehen. Ich möchte behaupten, dass in einer parlamentarischen Demokratie der parlamentarische Weg ein besserer ist als der der direkten Demokratie. Kann eine komplizierte Frage einfach mit ja oder nein beantwortet werden? In der Vorbereitung zu solchen Entscheidungen spielen Demoskopen und Medien eine große, meist negative Rolle: »Sind Sie ganz dafür, etwas dafür, etwas dagegen, ganz dagegen?« Anstatt zu sagen, »es gibt eine große zögerliche Mitte« werden die, die mit »etwas« geantwortet haben, der »ganz«-Fraktion zugerechnet, so dass man eine Dichotomie erreicht, die die Entscheidung vereinfacht und jeden Kompromiss unmöglich macht, wo doch Kompromisse zu den legitimen Entscheidungen einer Demokratie gehören. Beim »BREXIT-Referendum« war die Simplizität der Propaganda extrem, während im Parlament vernünftige Argumente ausgetauscht wurden. Die Frage, ob die ungeschriebene britische Verfassung, die nur dem Parlament legitime Macht gibt, dabei respektiert worden ist, hat nun das höchste britische Gericht im Januar 2017 verneint.

Ja, aber was ist mit der Schweiz? Seit 1848 haben die Schweizer Hunderte Male Volksabstimmungen auf Bundesebene durchgeführt. 80 waren es allein zwischen 2001 und 2010. 51 seitdem. Am 5. Juni 2016 wurde über fünf komplizierte Themen abgestimmt wie ein bedingungsloses Grundeinkommen (nein: 76,9 Prozent) oder die Veränderung eines Gesetzes zur Lebensversicherung. Am 25. September 2016 standen drei weitere komplizierte Fragen zur Entscheidung an. Die Regel ist klar: Erhält eine direktdemokratische Initiative mindestens 50.000 Unterschriften, dann muss ein Referendum organisiert werden. Heißt die Antwort ja, muss das Parlament über eine Gesetzesänderung beraten. Wenn 100.000 Wahlberechtigte für die Einführung eines neuen Gesetzes stimmen, muss der Text dem Parlament vorgelegt werden. Auf kantonaler Ebene sind auch lokale Volksabstimmungen möglich, und sei es nur, weil der Kanton darüber entscheidet, wer Schweizer Bürger wird – im Allgemeinen eher reiche Ausländer – und wer nicht. Die Legitimität der Volksentscheide wäre größer, wenn der Prozentsatz der Stimmenthaltungen nicht, wie oft, so groß wäre. Persönlich bin ich immer noch im Zweifel, ob ich dieses System mehr bewundern als kritisieren soll, weil Demagogen wie der Milliardär Christoph Blocher sich leichter durchsetzen können als andere. Dazu kommt mein Zweifel an einer parlamentarischen Demokratie mit Allparteienregierung.

Solche Multi-Entscheidungen am selben Wahltag sind auch in einem Staat wie Kalifornien möglich, weil der amerikanische Föderalismus das erlaubt. Zugleich mit der Wahl zum Präsidenten hat Kalifornien am 8. November 2016 nein gesagt zur Abschaffung der Todesstrafe. Die Schweiz vertritt eine maximale Art des Föderalismus – die Schwäche des amerikanischen ist die legitime Macht des Senats. Nicht, weil er das Sagen hat bei der Ernennung von Botschaftern, Ministern oder Verfassungsrichtern (wie interessant wäre es in Frankreich und in Deutschland, wenn es im Vorfeld einer Ernennung solche Kreuzverhöre geben würden wie dort), sondern weil das Prinzip »zwei Senatoren für jeden Staat« enorme Ungleichheiten in dieser Kammer schafft. Kalifornien hat 37 Millionen Einwohner, Alaska nur 700.000. Ein kalifornischer Senator vertritt 18,5 Millionen Amerikaner, der aus Alaska 350.000, fast ein Verhältnis von 1:53. Ist es in der Bundesrepublik Deutschland sehr viel anders? Der Bundesrat hat deutlich weniger Macht als der Senat in Washington. Der Vergleich zwischen Bremen und Nordrhein-Westfalen ist trotzdem erstaunlich (oder sollte uns erstaunen lassen, was kaum der Fall ist). Beide Länder sind künstlich entstanden, aber Bremens Identität als Land ist nur aus dem amerikanischen Wunsch geboren, über einen Hafen in der britischen Besatzungszone zu verfügen. Bremen hat 660.000 Einwohner und drei Stimmen im Bundesrat, also »wiegt« jede Bremer Stimme 220.000 Menschen. Nordrhein-Westfalen hat sechs Stimmen bei 18 Millionen Einwohnern, also »wiegt« jede nordrhein-westfälische Stimme drei Millionen Menschen. Der Föderalismus schafft also eine enorme Ungleichheit, aber sie wird als legitim hingenommen, was die Identität Bremens als gleichberechtigtes Land sichert. Dabei hat der Bremer wirklich eine Identität als solcher, während sich doch kaum jemand als »Nordrhein-Westfale« bezeichnen würde. Eher als Rheinländer oder als Westfale. Auch Rheinland-Pfalz ist aus Sieger-Willkür entstanden. Frankreich wollte eine Besatzungszone haben. Man nahm ein Stück von der britischen Zone im Norden, von der amerikanischem im Süden und pferchte beide Stücke zusammen. Aber ein halbes Jahrhundert gemeinsamer Institutionen hat tatsächlich so etwas wie eine rheinland-pfälzische Identität geschaffen. In Frankreich wird regelmäßig beklagt, dass der Senat durch ein merkwürdiges Wahlsystem die Städte benachteilige und die ländlichen Gegenden bevorzuge. Aber nichts geschieht. Separatistische Probleme wie in Katalonien, Belgien oder Korsika sind indessen von anderer Natur.

Das Gesetz und seine Hüter

Gesetze verleihen der politischen Gemeinschaft weitgehend ihre Identität. Es glauben aber nicht alle an die Notwendigkeit von Gesetzen. Das Buch von Claus Müller-Thurau (dessen Titel die jüngeren Leser vielleicht nicht mehr verstehen werden) »*Lass uns mal 'ne Schnecke angraben* – Sprache und Sprüche aus der Jugendszene« (1983) ist nicht nur amüsant. Eine Formel wie »Legal, illegal, scheißegal« hat Gründe, die ernst genommen werden sollten. »Was ist der Unterschied zwischen Ordnung und Unordnung? Unordnung: wo nichts am rechten Platz ist. Ordnung: wo am rechten Platz nichts ist.«

Ein Gesetz ist nicht nur, wie es in liberalen Lehrbüchern stand und steht, eine Regelung, die die Schwachen vor den Starken schützt. Es ist auch ein Mittel, das die gesellschaftlich Mächtigen benutzen, um die Schwächeren zu gängeln und kurz zu halten, ohne ihnen einen anderen Zwang aufzuerlegen als den Glauben an die Legitimität gesetzlicher Regeln. Man braucht nur einmal die Strafmaße für Ladendiebstahl und schwere Wirtschaftskriminalität zu vergleichen und ins Verhältnis zu setzen. Trotzdem behält das Strafgesetzbuch seine alte Legitimität. Auch wenn die Gewerkschaften sich stets zum Ziel gesetzt haben, Gesetze zu erkämpfen, die soziale Fortschritte festschreiben. Für die Juristen sieht das hingegen ganz anders aus. Monatelanger Streit – im Parlament, in den Parteien und Medien. Ständig gibt es neue Vorlagen, die wieder verändert werden müssen, bis endlich eine knappe Mehrheit ein Gesetz annimmt. Und nun geschieht etwas, das man eine Transsubstantiation nennen könnte: eine heilige Wandlung. Der »Wille des Gesetzgebers« *(La volonté du législateur)* wird von Richtern und Professoren analysiert und bewertet. Es kann auch des Guten zu viel geben. Um sich dem Gesetz zu unterwerfen, sollte jeder Bürger die Gesetze kennen. In Frankreich müsste zu diesem Zweck jeder Bürger 9.000 Gesetze und 120.000 Verordnungen kennen. Zwischen 1986 und 2006 ist der Jahresumfang des *Journal officiel* – des französischen Bundesanzeigers und Bundesgesetzblattes – von 7.000 auf 17.000 Seiten angewachsen!

Gesetze werden innerhalb einer Verfassung erlassen, und diese wird oft von einem Verfassungsgericht gehütet. Was ist aber eine Verfassung? Eine ihrer möglichen negativen Identitäten ist die eines gewollten Trugbilds, das die Wirklichkeit verschleiern soll. Stalin war zum Beispiel gerade dabei, die lange Repressions- und Terrorwelle der dreißiger Jahre vorzubereiten, als die sowjetische Verfassung von 1936 erlassen wurde – mit liberalen Zügen wie zum Beispiel dem Schutz von persönlichem Eigentum sowie Erbschaften im Artikel 10: Verfassung als Schleier der Wirklichkeit.

In Großbritannien existiert keine geschriebene Verfassung. Doch auch das Ungeschriebene kann vergewaltigt werden. Das Parlament ist von jeher die höchste Instanz im Vereinigten Königreich. Doch das BREXIT-Referendum hat eine andere Verfassungswirklichkeit geschaffen und das Parlament weitgehend entmachtet. In den Vereinigten Staaten ist der Text der Verfassung von 1787 heilig. Sie kann nur durch *Amendments* (Zusatzartikel) verändert werden. Der berühmteste von ihnen ist der zweite Verfassungszusatz vom 15. Dezember 1791: »Da eine gut organisierte Miliz für die Sicherheit eines freien Staates notwendig ist, darf das Recht des Volkes, Waffen zu besitzen und zu tragen, nicht beeinträchtigt werden.« Damals ging es um Pistolen und Ein-Schuss-Gewehre. Heute ist eine schwere Schusswaffe, mit der ein Irrer Dutzende Menschen ermordet hat, achtmillionenfach in den USA verbreitet. Noch 2010 hat das Oberste Gericht der Vereinigten Staaten eine Entscheidung der Stadt Chicago, die Waffen verbot, für verfassungswidrig erklärt. Die *National Rifle Association,* kurz NRA, ist kein Verfassungsorgan, aber sie scheint mehr Macht zu besitzen als alle Verfassungsorgane zusammen!

Die Bundesrepublik hat seit dem 23. Mai 1949 ein Grundgesetz. Nach der Wiedervereinigung entstand eine neue Fassung des letzten Artikels (146):

»Dieses Grundgesetz, das nach Vollendung der Einheit und Freiheit Deutschlands für das gesamte deutsche Volk gilt, verliert seine Gültigkeit an dem Tage, an dem eine Verfassung in Kraft tritt, die von dem deutschen Volke in freier Entscheidung beschlossen worden ist.«

Da so etwas nie geschehen ist und voraussichtlich auch nie geschehen wird, bleibt das Grundgesetz die Verfassung der Bundesrepublik Deutschland. Seit 1949 sind jedoch ständig Veränderungen mit der notwendigen Zweidrittel-Mehrheit vorgenommen worden, wobei nicht sicher ist, ob das Gebot in Artikel 19, »In keinem Fall darf ein Grundrecht in seinem Wesensgehalt angetastet werden«, in der heutigen Fassung des Asylrechtsartikels 16 gewahrt ist.

Seit dem 4. Oktober 1958 hat Frankreichs V. Republik eine Verfassung. Nur dass sie in einem wesentlichen Punkt einfach völlig verändert worden ist, ohne dass sich jemand daran stört. Wer soll die Macht ausüben? Der Text ist klar: Artikel 20: »Die Regierung bestimmt und führt die Politik der Nation; sie verfügt über die Verwaltung und die Streitkräfte. Sie ist gegenüber dem Parlament (...) verantwortlich. Und Artikel 21 verfügt: »Der Premierminister führt die Geschäfte der Regierung. Er ist für die Landesverteidigung verantwortlich. Er gewährleistet die Ausführung der Gesetze...«

Schon de Gaulle hatte als Präsident die Macht immer mehr an sich gerissen, aber doch dem Premierminister viel Spielraum gelassen. Allerdings ist Artikel 8 auch von ihm nie respektiert worden: »Der Präsident der Republik ernennt den Premierminister. Er entlässt ihn aus seinem Amt, wenn dieser ihm den Rücktritt der Regierung anbietet. Auf Vorschlag des Premierministers ernennt und entlässt er die weiteren Mitglieder der Regierung.« De Gaulle entließ den Premier, der ihm auf Befehl schrieb: »Monsieur le Président! Sie haben den Wunsch geäußert, eine andere Regierung zu bestellen. Also biete ich Ihnen meinen Rücktritt an!« Seit der Direktwahl des Präsidenten (1963) hat sich die Entwicklung noch verstärkt. 1982, unter François Mitterrand, konnte Premierminister Pierre Mauroy verfassungswidrig schreiben: »Der Premierminister ist doppelt verantwortlich. Selbstverständlich vor dem Präsidenten und auch vor dem Parlament«! Allerdings ist die Lage eine andere, wenn der Präsident und der Premier von unterschiedlichen Mehrheiten gewählt wurden. Dann hat auch der Premier Macht, und es kommt zu einer immer recht schwierigen *cohabitation* (Zusammenleben) wie sie Mitterrand und Chirac 1986/1988, Mitterrand und Balladur 1993/1995 und Chirac und Jospin 1997/2002 eingehen mussten. Sei der Präsident nun Nicolas Sarkozy oder François

Hollande, so bleibt der Premierminister stets eine Art Assistent. Jener bestimmt alles. In der Kampagne für die Präsidentschaftswahlen 2017 findet man es ganz natürlich, dass jeder Kandidat ausführlich darüber spricht, was er im Elysée-Palast alles tun, verändern und entscheiden will.

Sollte der Gesetzgeber, das heißt das Parlament, von einem Verfassungsgericht überwacht und kontrolliert werden? Großbritannien hat diese Notwendigkeit nie gesehen. Woanders ist nicht immer klar, wie es um die Identität des Gerichts und der Richter bestellt ist. In den USA und in Deutschland wird klar gesagt, wie eine Entscheidung zustande gekommen ist, auch personell. Ein Minderheitenvotum des Gerichts mag für Laien ebenso überzeugend sein wie die Betrachtung der Mehrheit. In den USA weiß man sogar bei normalen Gerichten, welcher Richter wann welche Urteile gefällt hat. In Frankreich nicht. Da geht alles nach dem Prinzip, dass ein Gericht als solches entschieden hat. Die Identität der einzelnen Richter spielt keine Rolle. Das gilt auch für den Verfassungsrat. In Washington ist es sogar klar, welche Grundeinstellung jeder der Richter des *Supreme Court* hat. Sie werden vom Präsidenten auf Lebenszeit ernannt. Wenn Senat und Präsident parteipolitisch auf derselben Linie liegen, ist die Wahl eines Richters auf eine vakante Stelle klar. Am 13. Februar 2016 starb Richter Antonin Scalia. Den Kampf um seine Nachfolge hat Präsident Obama nicht gewonnen. Das Gericht setzt sich zusammen aus je zwei Richtern, die Clinton und Obama ernannt haben, einem, den Reagan, einem, den George Bush und zwei, die George W. Bush ernannt hat. Also ist Scalias Nachfolge wirklich von großer Bedeutung. Manchmal, wenn auch selten, kommt es vor, dass ein »konservativer« Richter zusammen mit den »liberalen« stimmt oder umgekehrt. Normalerweise übt sich das Gericht in *self restraint*, in einer begründeten Zurückhaltung, wenn die Grundprinzipien, nach denen entschieden werden kann, zu mehrdeutig sind. Das war im Urteil zur Abtreibung vom 22. Januar 1973 der Fall. Da hieß es: »Bei diesem Thema sind tiefgehende und absolute Überzeugungen im Spiel (...) Es steht uns nicht zu, die schwierige Frage, zu welchem Zeitpunkt das Leben beginnt, zu beantworten.« Seitdem hat sich das Gericht sehr verändert, bis zu seinem Urteil vom 27. Juni 2016, das jede Form der Behinderung von Abtreibungen verbietet. Es ging um ein – nunmehr – verfassungswidriges Gesetz des Staates Texas, das für eine Abtreibung Bedingungen formulierte.

Das erste Prinzip, das für die Identität der Bundesverfassungsrichter insgesamt prägend ist, ist die Garantie, dass die Richter nicht ohne Mitwirkung der Opposition gewählt werden. Das zweite besteht darin, dass sie alle entweder Bundesrichter waren oder eine hohe juristische Kompetenz besitzen, was in Frankreich für die Mitglieder des *Conseil constitutionnel* keineswegs gilt. In meinen Deutschland-Büchern der fünfziger, sechziger und siebziger Jahre war viel Lob zu lesen für die Karlsruher Richter, doch mit einiger Ironie, wenn sie sich nicht zu einem klaren Urteil durchringen konnten, so zum Beispiel zur Gültigkeit des von Franz von Papen im Namen Hitlers unterschriebenen Konkordats von 1933. In den jüngst vergangenen Jahrzehnten störte mich manches. Bereits zur Zeit meiner Friedenspreisrede 1975 bemängelte ich die Verwechslung zweier völlig verschiedener Begriffe. Das Bundesverfassungsgericht entscheidet über Verfassungs*widrigkeit.* Und es gab der Regierung das Recht, über Verfassungs*feindlichkeit* zu entscheiden. Zur Zeit der »Berufsverbote« im Zuge des sogenannten Radikalenerlasses wurden junge Leute als Verfassungsfeinde abgestempelt, die rein moralisch motivierte Rebellen waren. An die Stelle des *self restraint* ist mehr und mehr eine gewisse Überheblichkeit getreten. Ein Aspekt dieser Entwicklung ist die große Zahl von langen Zeitungsartikeln, in denen Richter zu Fragen Stellung nehmen, über die sie als Mitglieder des Verfassungsgerichts entscheiden sollen. Auch beansprucht man als ehemaliger Verfassungsrichter eine Autorität, deren Legitimität nicht evident ist. Das ist zum Beispiel der Fall bei Paul Kirchhof. Die BVG-Präsidenten fühlen sich immer mehr als legitimierte höchste Autorität der Bundesrepublik. Von 2002 bis 2010 erlag Hans-Jürgen Papier dieser Versuchung, seitdem anscheinend auch Andreas Vosskuhle. Das Ganze hat eine juristische Konsequenz: Das Gericht sagt nicht nur, warum ein Gesetz nicht verfassungskonform ist, es schreibt vor, wie das neue Gesetz sein sollte. Das Bundesverfassungsgericht als Gesetzgeber? Das gehört nicht zu seiner legitimen Identität! (Randbemerkung: Zweierlei Dokumente sind lang und nicht leicht zu lesen: die päpstlichen Enzykliken und die Urteile des Bundesverfassungsgerichts, wobei erstere doch leichter zu verstehen sind, weil die Fußnoten gesammelt am Ende stehen, während sich die Richter auf Professorenmeinungen und andere Quellen berufen, die in Klammern mitten im Text stehen.) Das Gericht bleibt außerdem die höchste Instanz, um das Funktionieren des Bundesstaats zu regeln – auch wenn es Schwierigkeit hat, sich mit der Europäischen Union abzufinden und in sie einzuordnen.

Am 17. Januar 2017 hat das Gericht ein in meinen Augen skandalöses Urteil gefällt. Die Klage des Bundesrats gegen die NPD ist als »unbegründet« zurückgewiesen worden. Dabei hat das Gericht die Beweise der Verfassungsfeindlichkeit dieser Partei angehäuft, aber ein Wort, ein einziges Wort des Artikels 21 Grundgesetz, merkwürdig gedeutet.

§ 2: »Parteien, die nach ihren Zielen oder nach dem Verhalten ihrer Anhänger darauf ausgehen, die freiheitliche demokratische Grundordnung zu beeinträchtigen oder zu beseitigen oder den Bestand der Bundesrepublik Deutschland zu gefährden, sind verfassungswidrig. Über die Frage der Verfassungswidrigkeit entscheidet das Bundesverfassungsgericht.«

Das Gericht gibt zu, dass im KPD-Verbot von 1956 das Wort »ausgehen« anders gedeutet wurde. Nun heißt es, dass »ausgehen« sich nicht auf eine kleine Partei bezieht, die zurzeit keine Macht hat, die Bundesrepublik in Gefahr zu bringen. Jede Übersetzung, jedes Wörterbuch deutet »auf etwas ausgehen« als eine Zielsetzung, nicht als Machtlosigkeit. Die NSADAP ist übrigens auch einmal klein und machtlos gewesen!

In Frankreich heißt es in Artikel 3 der Verfassung: »Der Präsident der Republik wacht über die Einhaltung der Verfassung.« Das macht von vorneherein aus dem Verfassungsrat eine Art Nebeninstanz, und es garantiert keineswegs, dass der Präsident sich selber überwacht! In Deutschland haben die Bundespräsidenten keine einfache Stellung. Was ist ihre Identität? Sie sollen sich nicht ins politische Geschehen einmischen. Nach außen dürfen sie nur mit viel Zurückhaltung und Umsicht sprechen. Auf Französisch heißt es: »*C'est une magistrature morale*« – ein moralisches Amt. Das galt sicher für die zehn Jahre Theodor Heuss, noch mehr für die zehn Jahre Richard von Weizsäcker. Für Joachim Gauck auch. Sogar die Kanzlerin hat seine Weigerung, ein zweites Mandat anzustreben, bedauert, nachdem sie vorher alles versucht hatte, seine Wahl zu verhindern. Die besten, die wichtigsten Reden der Präsidenten finden leider nicht immer das richtige Gehör. So Roman Herzogs Laudatio auf die Orientalistin Annemarie Schimmel, Friedenspreisträgerin des Jahres 1995. In der heutigen Debatte über den Islam sollte diese Rede ständig zitiert werden. (Roman Herzog hat übrigens die lustigste aller Reden gehalten: Als Bundespräsident musste er den Präsidenten des Verfassungsgerichts – sich selbst – verabschieden!) Auch bei den letzten Fragen dieses Buches werde ich mich auf Roman Herzog berufen. Nun, da Walter Scheel gestorben ist, sind die Nachrufe voller Bewunderung für ihn. 1974/79 war ihm diese Bewunderung jedoch nicht gezollt worden. Und nirgends wird auf den besten Text hingewiesen, den er je geschrieben und vorgetragen hat. Vor dem Hintergrund der anhaltenden Begeisterung über die Rede Richard von Weizsäckers zum 8. Mai 1985 ist die in mancher Hinsicht viel ergreifendere Rede Walter Scheels zehn Jahre früher völlig untergegangen. Er sagte:

»Aber wir vergessen nicht, dass die Befreiung von außen kam, dass wir, die Deutschen, nicht fähig waren, selbst dieses Joch abzuschütteln, dass erst die halbe Welt zerstört werden musste, bevor Adolf Hitler von der Bühne der Geschichte gestoßen wurde (...) Warum geschah das alles? Warum diese furchtbaren Opfer? Die Antwort ist: Hitler wollte den Krieg (...) Er verwandelte unser Land in eine riesige Kriegsmaschine und jeder von uns war ein Rädchen darin. Das war erkennbar. Wir haben aber die Augen und Ohren geschlossen, hoffend, es möge anders sein ...«

Der – im doppelten Sinne – Fall Christian Wulffs hat mich persönlich sehr berührt. Zu den Vorwürfen, die ihm von Anfang an gemacht wurden, zählte die Tatsache, dass er einer Partei angehörte – wie übrigens alle seine Vorgänger. Ohne Helmut Kohl wäre Richard von Weizsäcker nicht Präsident geworden. Ununterbrochen beklagte man in der Bundesrepublik, dass so wenige junge Leute Mitglied einer Partei werden wollen. Nun kam einer, der bereits in der Schülerunion gewesen und einer der Chefs der Jungen Union geworden war und dann treu bei der CDU blieb. Da ich ganz viel mit der Jungen Union zusammengearbeitet habe (weniger mit den Jusos, für die ich nicht genügend Theoretiker war), hatte ich Wulff als aufgeschlossenen, lernfreudigen Menschen kennengelernt. Schon bevor er ins Präsidialamt einzog, hatte eine merkwürdige Kampagne gegen ihn begonnen. Mir sagte er mal: »Wenn ich auf dem Wasser laufen würde, würde die FAZ schreiben: ›Er kann nicht schwimmen!‹« Dann kam dieser niedersächsische Staatsanwalt mit seinen Anklagepunkten – von denen schließlich nichts übrig blieb, als eine Hotelrechnung über 450 Euro. »Für eine so geringe Summe kann man also einen Bundespräsidenten kaufen«, sagte ich da in Frankreich. Sicher hat er sich bei den Vorwürfen ungeschickt verhalten, aber als Mensch und Politiker stand er doch auf einem ganz anderen Niveau als Heinrich Lübke, der 1964 wiedergewählt worden ist!

Soll ein Gericht den Gesetzgeber kontrollieren? In Frankreich schien die Frage lange Zeit sinnlos zu sein. Kann doch nichts über dem Willen der parlamentarischen Mehrheit stehen! Die IV. Republik (1947/1948) hatte in ihrer Verfassung einen Verfassungsausschuss vorgesehen, der nur zu prüfen hatte, »ob die von der Nationalversammlung angenommenen Gesetze eine Verfassungsänderung voraussetzten«. Also, wenn es Widersprüche gab, dann bitte die Verfassung ändern! Der Ausschuss hatte nie etwas zu tun. 1958 taucht nun plötzlich ein *Conseil constitutionnel* auf. Seine neun Mitglieder werden für neun Jahre eingesetzt, nicht gewählt: Drei bestimmt der Präsident der Republik, drei der Präsident der Nationalversammlung und drei der Präsident des Senats. Wenn zwei der drei Präsidenten derselben politischen Richtung angehören, besteht die Gefahr der Einseitigkeit. Dem ist von Beginn an doppelt entgegengewirkt worden. Alle Vorsitzende, auch solche, die vorher politisch besonders einseitig waren, haben unparteiisch gewirkt, und die drei Präsidenten beraten untereinander über die geplanten Nominierungen. Der beste Beweis für ihre Unabhängigkeit ist jedoch die Klage aller Regierungen und Regierungsparteien darüber, dass der Conseil parteiisch gegen sie entscheide. Es stimmt, was ein sozialistischer Politiker nach einem Urteil gesagt hat: »Diese Institution gehört nicht zur französischen Tradition.« Die Tradition hat sich eben verändert. Der *Conseil constitutionnel* spielt eine immer größere Rolle, und sei es nur durch die Furcht, die er anderen einflößt. Die Frage: »Können wir das tun, ohne dass uns dann der Conseil zensiert?«, ist gang und gäbe geworden. Man kann auch beim Bundesverfassungsgericht fragen: Mit allen Gefahren die es kannte und kennt – wird diese legitimierte Institution nicht zu einer Berufungsinstanz der Minderheit gegen die parlamentarische Mehrheit, was nicht zu ihren Aufgaben gehören sollte? Mischt man sich nicht zu sehr in die Frage ein, wie ein Gesetz oder eine Verordnung aussehen soll, nachdem ihr alter Text verworfen wurde? Jedenfalls wächst die Macht auch des Conseil ständig, besonders nun, da die sogenannten *Questions prioritaires de constutionnalité* (QPC – dringende Verfassungsfragen) eingeführt worden sind. Theoretisch kann jeder Bürger durch den Conseil prüfen lassen, ob dieses oder jenes Gesetz, diese oder jene Verordnung verfassungskonform ist. Aber man darf seine QPC nicht direkt an den Conseil schicken. Ob es so weit kommt, muss entweder der Kassationshof oder der *Conseil d'Etat* entscheiden. Der Oberste Gerichtshof geht hier nur sehr zögerlich zu Werke, aus Furcht, der *Conseil constitutionnel* könnte seine Rechtsprechung missbilligen. Der *Conseil d'Etat* zögert weniger.

Diese von Napoleon Bonaparte geschaffene Institution ist so einmalig, dass sie sogar für ein französisches Publikum erklärt werden muss. Einerseits ist der Conseil d'Etat die höchste Instanz der Verwaltungsgerichte (und pflegt enge und freundschaftliche Beziehungen zum deutschen Oberverwaltungsgericht). Andererseits berät er die Regierung. Die meisten Verordnungen sind *décrets en Conseil d'Etat.* Diese zwingen die Regierung nicht, dem Rat zu folgen. Beschlüsse, die für die Regierung zwingend sind, gibt es nur wenige. Aber die Autorität des *Conseil d'Etat* ist unbestritten. Im August 2016 hat er den Klägern gegen eine Stadt Recht gegeben, die das Verbot des *Burkini* an ihrem Strand aufheben lassen wollten. Obwohl die Klage durch das Verwaltungsgericht in erster Instanz zurückgewiesen wurde, ist die liberale

Entscheidung des Conseils nun für alle Verwaltungsgerichte, die sich in dieser Frage mit anderen Stränden befassen müssen, zwingend.

Der Staat, seine Diener und seine Richter

Im Rechtsstaat hat der Staat zwar Grundwerte, aber als Institution waltet er gewissermaßen neutral. Für einen Staat, der alle Meinungen respektieren will, wie es der französische tut, ist der Beginn der Präambel des deutschen Grundgesetzes schon fragwürdig:»Im Bewusstsein seiner Verantwortung vor Gott und den Menschen...« Warum sollte ein atheistischer Staatsbürger sich vor einem Gott verantwortlich fühlen? Ganz anders ist es um die Natur des Staates bestellt, wenn nur eine Partei ihn beherrscht. Am klarsten kam dies am 1. Dezember 1933 zum Ausdruck mit dem »Gesetz zur Sicherung der Einheit von Partei und Staat«. Als Zeichen dieser Einheit wurden Rudolf Hess, Stellvertreter des Führers, und Ernst Röhm, Chef des Stabes der SA, Mitglieder der Reichsregierung. Alle anderen Parteien waren durch Verbot oder Selbstauflösung verschwunden. So geht es überall, wo alle Staatsmacht in den Händen einer einzigen Partei und diese in den Händen eines einzigen Mannes liegt. Das war der Fall bei Mustafa Kemal Atatürk in der Türkei ab 1923. Es gab zwar noch eine Opposition. Aber ein Attentat 1926 verschaffte ihm die Gelegenheit, alle Kritiker zum Schweigen zu bringen. Manche wurden hingerichtet, andere durch willige Richter hart verurteilt. Der Vergleich mit Erdoğans Rache nach dem versuchten Staatsstreich von 2016 liegt auf der Hand. Mustafa Kemal Atatürk herrschte dann bis zu seinem Tod 1938 allein. In Algerien war der Aufstand von 1954 gegen die Weigerung Frankreichs ausgebrochen, die Rechtsstaatlichkeit zuzulassen. Nach der Unabhängigkeit wurde zwar eine Verfassung eingeführt, aber der gewählte Präsident Ahmed Ben Bella stützte sich auf die Einheitspartei FLN und übte die Macht im Lande allein aus. Er wurde 1964 von Oberst Houari Boumediene gestürzt, im Namen der unvollendeten Revolution. Bis 1976 war Boumediene Präsident des *Conseil de la Révolution,* wurde 1976 Präsident der Republik und blieb bis zu seinem Tod 1978 zugleich Chef der Einheitspartei FLN. Hier ist der Verfassungsstaat bedeutungslos. Er herrscht mit Brutalität. In Ungarn stützt sich Viktor Orbán auf seine Fidesz-Partei. Der Staat gehört ihr (im Europäischen Parlament sitzt sie übrigens in derselben Gruppe wie die CDU). In Polen benötigt Jarosław Kaczyński keine andere Funktion als die des Chefs der Partei »Recht und Gerechtigkeit« (PiS), um die staatliche Macht auszuüben. Das Verfassungsgericht widersteht noch, aber dessen mutiger Vorsitzender Andrzej Rzepliński ist am Ende seiner Amtszeit. Über seine Nachfolge liegt die Regierung mit der Brüsseler Kommission im Streit. Diese droht, Artikel 7 des Europa-Vertrags anzuwenden und Polen das Stimmrecht zu entziehen, sollte das Gericht entmachtet werden.

Der »normale« Rechtsstaat behandelt alle seine Bürger gleich, auch wenn sie und ihre Region erst nach der Staatsgründung hinzugestoßen sind, so wie Nizza und Savoyen erst 1860 französisch und die meisten Staaten der USA zu sehr verschiedenen Zeitpunkten Mitglieder des Gesamtstaates geworden sind. Heute allerdings verursachen Katalonien oder Korsika Probleme anderer Art. Die Diener des Staates sollten neutral sein, das heißt einfache Werkzeuge der legitimen Regierung. Das beste Beispiel hierfür ist einmal in London gegeben worden. Die Stahlindustrie wurde 1945 sozialisiert, dann rückprivatisiert, dann noch einmal sozialisiert. Dieselben Beamten haben die verschiedenen Verwandlungen effizient durchgeführt. In den USA mehr als in Deutschland, und in Deutschland noch mehr als in Frankreich, ist vom »Parteibuch« die Rede. Nicht nur in Amerika werden unzählige

Beamte nach einem Mehrheitswechsel in Parlament und Regierung durch andere ausgetauscht. Eine ganze Reihe von staatlichen Ämtern, auch unter Richtern, werden in Europa durch eine Wahl besetzt, sie haben also von vornherein eine politische Färbung. Ihre legitime Identität entsteht also durch eine Wahl, nicht durch ihre Zugehörigkeit zum Staate. Für Staatssekretäre ist das Parteibuch in der Bundesrepublik eine Normalität. Aber sogar bei hohen Diplomaten, die doch als Staatsdiener dem Parteiwesen nicht angehören sollten, weiß man, zu welchem politischen Lager sie zählen.

In Frankreich ist die Lage voller Widersprüche. Die *Ecole nationale d'administration,* die *Ecole polytechnique* und die *Ecole normale supérieure* bilden zukünftige Staatsdiener aus. Die Schüler der beiden Letzteren verpflichten sich, dem Staat zehn Jahre lang zu dienen. Dem neutralen Staat. Aber die Absolventen der ENA, besonders die, die am Ende des Studiums die besten Abschlussnoten haben, wissen schon bald, in welcher Richtung, bei welchen Ministern sie sich auf Anfrage engagieren werden, um eine schöne Karriere hinzulegen, oft in hohen Posten der Staatsverwaltung und noch öfters durch *pantouflage,* den Übergang in einen hohen Posten in der Privatwirtschaft. Zugleich spricht man immer von einer besonderen Kategorie, den *grands serviteurs de l'Etat* – den großen Staatsdienern.

Am 3. Juli 2016 ist Marceau Long im Alter von 90 Jahren gestorben. Lange Nachrufe betonten, dass er ein solcher großer Staatsdiener gewesen sei. Er war von 1975 bis 1982 *secrétaire général du gouvernement* gewesen, was nur ungefähr dem Staatsminister im Kanzleramt entspricht. Er wurde von Valéry Giscard eingesetzt, und nach der Machtübernahme der Sozialisten bat ihn Premierminister Pierre Mauroy, im Namen der staatlichen Kontinuität seine Funktion weiterhin auszuüben. Der secrétaire général ist das Gedächtnis des Ministerrats und der Koordinator der Regierungsarbeit, nicht weniger, aber auch nicht mehr. Dann wurde er acht Jahre lang *vice-président du Conseil d'Etat* (der Präsident ist theoretisch der Justizminister, der aber praktisch keinen Einfluss ausübt). Als solcher hat Long viele Aspekte des öffentlichen Rechts geprägt, die Verwaltungsjustiz umgebaut und anderes mehr. Immer als Staatsdiener, nie mit Parteibuch.

Frankreich kennt auch eine andere besondere Kategorie von Staatsdienern, nämlich die Bürgermeister. Sie sind im Allgemeinen volksnäher und populärer als alle anderen Politiker oder Beamten, sie sind nämlich beides, Gewählte und Staatsdiener, was ihnen das Leben erschwert und von den Bürgern oft nicht verstanden wird. In allen Ländern ärgert man sich über »die Behörden«, die einen mitunter schlecht behandeln oder in unverständlicher Sprache Regeln erlassen und vorschreiben. Eine vereinfachende Betrachtung ist hier nicht möglich. Der Bürger wird als Untertan behandelt, obwohl er »Mitverbraucher« der Staatsgewalt ist. Als Flüchtling mag er unmenschlich oder menschlich empfangen worden sein.

Präsident Nicolas Sarkozy hat einmal alle Richter zusammen als kleine Erbsen bezeichnet. Da er von Richtern aus verschiedenen Gründen stets mehrerer Vergehen gleichzeitig bezichtigt wurde und wird, ist seine Verachtung verständlich. Die Richter (und immer mehr die Richterinnen) werden in der *Ecole nationale de la magistrature* (ENM) ausgebildet. Mit bestandenem erstem Staatsexamen darf man kandidieren. Pierre Truche, ein angesehener großer Richter, sagte seinen Schülern einmal: »Bevor ihr ins Amt kommt, seid euch darüber im Klaren, dass ihr einen gefährlichen Beruf ausüben werdet. Gefährlich für die anderen!«

In Deutschland stand der Staatsanwalt Frank Lüttig im Verdacht, in sieben Einzelheiten des Falles Wulff Geheimnisverrat begangen zu haben. In Frankreich herrscht ständig Streit um das *secret de l'instruction,* das Geheimnis der Untersuchung. Was verraten die Richter heimlich, was die Anwälte? Was sickert zu den Medien durch? Das Durcheinander ist groß und schadet dem Ruf der unabhängigen Justiz, die neutral sein sollte. Dazu kommt, dass viele Richter gewerkschaftlich organisiert sind, mit einer konservativen Mehrheitsgewerkschaft und einem linken, sehr streitbaren *Syndicat de la magistrature.* Am 23. November 2010 ist der französischen Justiz der Himmel auf den Kopf gefallen. Der Europäische Gerichtshof für Menschenrechte hat in einem Urteil festgestellt, dass die französischen Staatsanwälte weder Richter noch durch das Gesetz befugt sind, Gerichtsfunktionen auszuüben. Sie sind der Regierung untergeordnet, an deren Weisungen gebunden und dürfen Vergehen und Verbrechen verfolgen oder nicht. Derselbe Gerichtshof hat aber auch »kleinen« französischen Richtern die Möglichkeit eingeräumt, französische Gesetze verändern zu lassen. Das war ein Segen, insbesondere auf dem Gebiet des Verbraucherschutzes.

Kein Wahlsystem ist gerecht

Ein Grund, die Verhältniswahl einzuführen oder zu behalten, könnte sein, die Identität einer Wählerschaft zu respektieren. Oder, wie 1945, um zu verhindern, dass eine Partei eine Mehrheit erreicht, weil lange nicht gewählt worden und die Unsicherheit groß ist. In Frankreich fürchtete man nach dem Krieg einen Sieg der stark gewordenen Kommunistischen Partei durch das Mehrheitswahlrecht. Leider verschafft man mit ihm kleinen Parteien die Möglichkeit eines mathematisch unverdienten Einflusses. In Holland sitzen acht Parteien im Parlament. Wenn sich allerdings die beiden Großen verbünden, bleibt die Rolle der übrigen begrenzt. Ganz anders in Israel. Um in die Knesset zu kommen, braucht man seit 2014 3,25 Prozent der Stimmen. Vorher waren es

2 Prozent. Elf Parteien vertreten die Identität des Volkes. Benjamin Netanjahu kommt ohne die Stimmen von extremen Gruppierungen nicht aus, die jeweils über einen bis acht Sitze verfügen und gegen die er nicht regieren könnte, selbst wenn er es wollte. Der gemäßigte Wähler wird so zur Randnotiz bei der Festlegung der Regierungspolitik.

In Großbritannien wird in jedem Wahlbezirk einmal gewählt. Sieger ist, wer die meisten Stimmen erhält. Die Konsequenz aus diesem System ist, dass seit 1945 keine Partei 50 Prozent der Wählerstimmen erreicht hat und dass der Sieger eine Anzahl von Sitzen erhält, die das reine Stimmengewicht geradezu entstellt. 1945 ergatterte Labour mit 48 Prozent der Stimmen 62 Prozent der Sitze im House of Commons. 1983 erhielt Margaret Thatcher 61 Prozent der Sitze mit 42 Prozent der Stimmen. Es kann auch geschehen, dass man nur eine Minderheit an Stimmen erreicht und doch mit einer parlamentarischen Mehrheit regieren darf. So geschehen 1951. Churchill eroberte mit 48 Prozent der Stimmen 321 Sitze, Attlee mit 48,8 Prozent nur 295. 1974 regierte Wilson mit 301 Wahlkreissiegen und 37,2 Prozent der Stimmen, während Heath mit 37,8 Prozent nur über 296 Sitze verfügte. Die kleinen Parteien werden in den Wahlkreisen erdrückt, so dass 1974 die »Liberals« mit 19,3 Prozent aller Stimmen nur 2,2 Prozent der Sitze erringen konnten. Eine Art Revolution kam 2010 mit der Bildung einer Koalitionsregierung, deren Schicksal noch erwähnt werden soll. David Cameron erhielt 47 Prozent der Sitze mit 36 Prozent der Stimmen, die Liberalen triumphal 23 Prozent der Stimmen mit 8,8 Prozent der Abgeordneten, während Labour mit 29 Prozent immerhin noch auf 39,8 Prozent der Sitze kam. In den USA hat, dank des Wahlsystems, Donald Trump gewonnen, obwohl Hillary Clinton fast 2,9 Millionen Stimmen mehr als er bekommen hat. Ein paar mehr Wählerstimmen in kleinen US-Staaten haben Trump genügend Delegierten-Stimmen gebracht, um als Präsident gekürt zu werden.

In Frankreich ist nur gewählt, wer die Hälfte aller Wähler im Wahlkreis hinter sich gebracht hat. Sonst wird nach zwei Wochen eine Stichwahl organisiert, bei welcher der- oder diejenige mit den meisten Stimmen die Wahl gewonnen hat. Zwischen beiden Runden darf verhandelt werden. Wer wird wen unterstützen? Allerdings darf an der Stichwahl nur teilnehmen, wer in der ersten Runde 12,5 Prozent der *eingeschriebenen* Wähler erreicht hat – eine hohe Hürde. Wie auch in Großbritannien gewinnen üblicherweise die großen Parteien die meisten Wahlkreise. Das System hat erlaubt, dass der Front National von Jean Marie Le Pen und seiner Tochter mit 3,5 Millionen Wählerstimmen in ganz Frankreich nur zwei Sitze in der *Assemblée nationale* erringen konnte.

Jahrzehnte lang habe ich meinen Studenten erzählt, dass das beste Wahlsystem dasjenige der Bundesrepublik Deutschland sei. Es kombiniere die Vorteile der persönlichen Mehrheitswahl in den Wahlkreisen und stellte, durch die Wahllisten, dank des Verhältniswahlrechts eine mathematische Gleichheit her. Mit Mühe konnte ich erklären, was es mit Überhangmandaten auf sich hat. Nun soll ein neues Wahlgesetz gelten, das das Prinzip der Überhangmandate ad absurdum führt. Anstatt das Prinzip zu bewahren, dass große Parteien mehr Sitze haben dürfen, was der Regierungsstabilität zu gute kommt, sollen alle Parteien zusätzliche Sitze bekommen im Namen der Gleichheit, was die Zahl der Bundestagsabgeordneten unwahrscheinlich erhöhen würde. Bis September bleibt noch etwas Zeit, um das Gesetz zu verändern.

Im Weimarer Reichstag war die Verhältniswahl die Regel. So erhielt die NSDAP 1928 2,6 Millionen Stimmen und 12 Abgeordnete. Am 14. September 1930 18,3 Millionen Stimmen und 107 Sitze; am 31. Juli 1932 36,9 Millionen Stimmen und 230 Sitze, am 6. November 1932 35,1 Millionen Stimmen und 196 Sitze, schließlich am 5. März 1933, schon an der Macht, 39,3 Millionen Stimmen und 288 Sitze. Die Wahl des Reichspräsidenten hingegen sah eine Stichwahl vor, wenn kein Kandidat in der ersten Runde 50 Prozent der Wähler hinter sich bringen konnte. Die Wahl von 1925 war besonders bedeutsam wegen der Vorstellung, die die Wähler von der Identität der Kandidaten hatten.

Das Wahlgesetz erlaubte neue Kandidaturen in der Stichwahl. Die konservative Rechte überzeugte den greisen Generalfeldmarschall von Hindenburg, ins Rennen zu gehen. Sozialdemokraten und Liberale hatten sich auf die Kandidatur des katholischen Zentrumspolitikers Wilhelm Marx geeinigt. Blieb noch der Kommunist Ernst Thälmann. Der monarchistisch-protestantische »Sieger von Tannenberg«, der 1919 auch den Satz »Die deutsche Armee ist von hinten erdolcht worden« prägte, erhielt die ausdrückliche Unterstützung der sehr katholischen Bayerischen Volkspartei: Lieber dieser protestantische Marschall als ein Katholik, der von bösen Sozialdemokraten unterstützt wird. Und in Thüringen, auch im Württembergischen, wollten Demokraten nicht für einen katholischen »Römling« stimmen. In der Stichwahl erhielt Hindenburg 14,1 Millionen Stimmen (48,3 Prozent), Marx 13,8 Millionen (45 Prozent). Die 1,9 Millionen (6,4 Prozent) für Thälmann hätten Wilhelm Marx zugutekommen können (das erklärt auch, warum in Frankreich bei der Stichwahl nur noch zwei Personen kandidieren dürfen).

Die Identitäten der Wähler sind schwerer festzustellen. Vertraut man den demoskopischen Instituten, erfährt man, nach Geschlecht, Altersgruppen oder beruflicher Identität gegliedert, welche Wähler wem ihre Stimme gegeben haben. Und auch, wie die »Wählerwanderung« gewesen ist, wie viele SPD-, CDU-, Linke- und Grünen-Wähler zur AfD abgewandert sind ...

Parteien und Regierungen

Partei kommt von lateinisch *pars* – *Teil* eines Ganzen, nämlich der Politik schlechthin. Der Teil ist für alle, die das Politische insgesamt verachten, wohl nicht wesentlich. »Wem die Deutschen vertrauen?« hieß eine Umfrage im August 2016: An der Spitze standen Feuerwehrleute, Sanitäter, Krankenschwestern/-pfleger, Apotheker, Ärzte und Bus-/Bahnführer (über 90 Prozent). Ganz unten Banker (43 Prozent), Profifußballer (42 Prozent), Journalisten (36 Prozent), Werbefachleute (27 Prozent) Versicherungsvertreter (22 Prozent) und zum Schluss Politiker (14 Prozent), gewiss, die jeder politischen Couleur. Parteien sind auch unwichtig für Untertanennaturen wie jenen Diederich Hessling aus Heinrich Manns Roman *Der Untertan*. »Die Macht, die über uns hingeht und deren Hufe wir küssen! Die über Hunger, Trotz und Hohn hingeht! Gegen die wir nichts können, weil wir alle sie lieben!« Im Gegensatz dazu stehen die Bescheidenen, die Bewussten, wie Willy Brandt mit seinem »Wir sind Gewählte, nicht Erwählte«. Oder Joachim Gauck in seiner vielleicht schönsten Rede bevor er Bundespräsident wurde, gehalten 1997, wo er anlässlich des 50. Jubiläums der Evangelischen Akademiearbeit in Thüringen sagte: »Sie wissen nach der Diktatur, dass das weniger Schlechte in der Politik ein hoher Wert ist.«

Dieses weniger Schlechte wird in der freiheitlichen Demokratie von den Parteien entschieden. Die Zugehörigkeit zu einer Partei bildet oft eine der Identitäten eines Politikers. So definierte sich Helmut Schmidt in seiner weitgreifenden Abschiedsrede in und vom Bundestag im Oktober 1986. Die SPD sei für ihn eine Heimat gewesen. Für de Gaulle verkörperte, im Gegensatz dazu, nur der Präsident die Legitimität der Nation. Die Parteien verkörperten die Nation für ihn nur in ihrer Gespaltenheit. Um das »Deutsche Volk«, wie es am Reichstagsgebäude geschrieben steht, geht es eher als um die »deutsche Bevölkerung«, wie es im Hinter-hof heißt, deren ausländische Mitglieder nicht am Parteienleben teilhaben. Es gibt auch die Masse derer, die am politischen Leben gar nicht teilnehmen und manchmal eine »schweigende Mehr-heit« bilden wie in der Schweiz und den USA.

Parteien sind Bestandteil der Politik, besonders dann, wenn die Verfassung, die sie beschreibt, nach einer Diktatur entstanden ist. Dies ist in der Bundesrepublik Deutschland der Fall. Artikel 21 des Grundgesetzes sagt noch mit einiger Zurückhaltung:
»Die Parteien wirken bei der politischen Willensbildung des Volkes mit. Ihre Gründung ist frei. Ihre innere Ordnung muss de-mokratischen Grundsätzen entsprechen!«

Aber das Parteiengesetz von 1967 geht in meinen Augen zu weit darin, Demokratie und Parteien miteinander zu identifi-zieren:
»Die Parteien sind ein verfassungsrechtlich notweniger Be-standteil der freiheitlichen demokratischen Grundordnung.«

Dann wird die Mitwirkung an der politischen Bildung des Volkes wirklich sehr breit definiert: »Sie tun dies, indem sie u. a.
• die politische Bildung anregen und vertiefen
• auf die politische Entwicklung in Parlament und Regierung Ein-fluss nehmen
• die von ihnen erarbeiteten Ziele in den Prozess der staatlichen Willensbildung einführen
• für eine ständig lebendige Verbindung zwischen dem Volk und den Staatsorganen sorgen.«

In Frankreich tauchen die Parteien zum ersten Mal in der Verfas-sung der V. Republik auf, weil die Verfassungsväter beweisen woll-ten, dass de Gaulle die Parteien nicht abschaffen werde. Sie stehen im 1. Teil »Die Souveränität«. Der Artikel 4 ist eine sehr begrenzte Anlehnung an den deutschen Artikel 21:

»Die politischen Parteien und Gruppen wirken bei der Wahlentscheidung mit. Ihre Bildung und die Ausübung ihrer Tätigkeit sind frei. Sie haben die Grundsätze der Volkssouveränität und der Demokratie zu achten.«

Schlichter und begrenzter geht es kaum! Und warum »Gruppen«? Weil man das Vorkriegsfrankreich, von 1945 aus betrachtet, gerne abfällig als *République des partis* (Parteienrepublik) bezeichnete und neue Parteien sich seitdem deshalb lieber *Mouvement* nennen. Auch gab es in Frankreich eine Partei, die keine war, aber großen Einfluss ausgeübt hat – auch auf viele der heutigen Politiker –, nämlich die untereinander stets gespaltenen Trotzkisten. Dawidowitsch Bronstein, der nicht so heißen wollte, um nicht als Jude identifiziert zu werden, ist als Leo Trotzki auch nach seiner Ermordung im August 1940, die Stalin befohlen hatte, sehr einflussreich geblieben in Frankreich, obwohl seine Vierte Internationale nie wirklich funktioniert hat.

Was nun, wenn ein Parteimitglied Abgeordneter in einem Parlament wird? Das Prinzip ist klar – die Realität etwas anderes.

Grundgesetz Artikel 38: »Die Abgeordneten des Deutschen Bundestages werden in allgemeiner, unmittelbarer, freier, gleicher und geheimer Wahl gewählt. Sie sind Vertreter des ganzen Volkes, an Aufträge und Weisungen nicht gebunden und nur ihrem Gewissen unterworfen.«

Französische Verfassung Artikel 27: »Jedes imperative Mandat ist nichtig. Die Mitglieder des Parlaments dürfen ihr Stimmrecht nur persönlich ausüben.«

Aber in Deutschland gibt es den Fraktionszwang, in Frankreich die *discipline de vote,* in London wird der Abgeordnete durch den

whip »eingepeitscht«. Wo bleibt da die individuelle Identität des Abgeordneten? Vor Jahrzehnten war ich in Bombay und besuchte das Parlament. Man sagte mir, drei Sprachen seien offiziell.
»Verstehen die Abgeordneten diese Sprachen?«
»Nein, jeder hat die seine.«
»Wird übersetzt?«
»Nein.«
»Wie können sie sich da verständigen?«
»Wozu? Jeder stimmt mit seiner Fraktion, ohne sich von den Rednern der anderen Parteien beeinflussen zu lassen!«
Es ist klar, dass ein Politiker ohne die Partei nicht ins Parlament gekommen wäre. Er sollte die Partei nicht kränken, sonst kann er bestraft werden. 1953 wäre Carlo Schmid beinahe nicht mehr MdB geworden, obwohl er ein Schwergewicht in der SPD war, Vizepräsident des Bundestags und einer der Väter des Grundgesetzes. Nach einer Rundfunksendung hatte er nicht bemerkt, dass das Band noch lief und kritisierte Parteiprominenz auf Bundes- und Regionalebene. Die strich ihn von der Landesliste, und er konnte gerade noch seinen Wahlkreis in Mannheim behalten. (1957 war dann die Lage wieder völlig klar. Er erhielt 76.000 Stimmen, sein CDU-Konkurrent 73.000 – Zweitstimmen: CDU 75.000, SPD nur 70.000.) In Großbritannien wird in den Wahlkreisen meistens nach Parteizugehörigkeit gewählt. Ist ein Abgeordneter widerspenstig, so wird er nicht mehr aufgestellt und bekommt einen Konkurrenten aus seiner Partei vor die Nase gesetzt – der dann im Allgemeinen gewählt wird. Die BREXIT-Problematik hat Labour allerdings so umgepflügt, dass der Fraktionszwang praktisch nicht mehr existierte.

Innerhalb von Parteien werden viele Kämpfe ausgetragen. Für die Entscheidungen wie auch für die Identität der Partei in den Augen der anderen repräsentieren die Sieger innerhalb der Partei die Partei schlechthin. Das soll nicht heißen, dass alles Parteiinterne mit Zynismus betrachtet werden sollte. Parteien veröffentlichen viele Stellungnahmen, Äußerungen. Es gibt zumindest eine, die so schön und bewunderungswürdig ist, dass sie im Ethikunterrichtet jeder Schule verwendet werden sollte. 1984 erschienen *Die Texte der Grundwerte-Kommission der SPD* unter dem Vorsitz von Erhard Eppler und Richard Löwenthal. Die ersten Absätze der »Schlussbemerkungen« lauteten:

»Die Kommission hat die Erfahrung gemacht, dass die Diskussion von Grundsatzfragen nicht zu neuen Polarisierungen führt, sondern eher geeignet ist, bestehende abzubauen. In der Kommission sind die wichtigsten geistig-politischen Strömungen, die heute in der SPD wirksam sind, zu Wort gekommen.

Dabei sind Differenzen präzisiert, aber auch auf ihren Kern reduziert worden. Die Mitglieder der Kommission haben ständig voneinander gelernt und Auseinandersetzungen, die auf einem falschen Bild des jeweils andern beruhten, zu den Akten gelegt. (...)

Unsere Arbeit über das Godesberger Programm hat eher integrierend als polarisierend gewirkt.«

So ruhig und ausgeglichen geht es allerdings selten zu, wenn es sich um Finanzen dreht. In den USA darf jeder Kandidat so viel Geld anhäufen, wie er kann. In Frankreich und Deutschland gibt es Grenzen. Die unerhörte Überschreitung solch einer Grenze hat Nicolas Sarkozy eine Anklage gegen sich und seinen Wahlkampf um die Präsidentschaft beschert. In Deutschland existiert die Besonderheit der gut dotierten politischen Stiftungen – Konrad Adenauer, Friedrich Ebert, Friedrich Naumann, Heinrich Böll und Hanns Seidel, die im Inland und Ausland viel leisten. Sie stehen völlig im Einklang mit dem Parteiengesetz. Ob in Zukunft die AfD als normale Partei behandelt werden soll mit einer politischen Stiftung, ist ungewiss!

Die Parteienlandschaft ist nicht festgefügt. In Italien sind die beiden ehemals größten Parteien der Nachkriegszeit, die Kommunistische Partei und die Democrazia Cristiana, verschwunden. Frankreichs Parteienlandschaft hat sich ständig verändert (aber eine christliche Partei hat es im Lande der *laïcité* nie gegeben. 1945 entstand, als Gefährte der christlichen Parteien der anderen Länder, lediglich das *Mouvement Républicain Populaire*). Das deutsche C ist seit dem Krieg parteipolitisch fest verankert. Als Gustav Heinemann die Gesamtdeutsche Volkspartei gründete, hatte diese ein Wahlplakat: »C (durchgestrichen) DU sollst den Namen des Herren nicht ohne Grund anrufen.« Ob CDU und besonders CSU das Christliche immer in ihre Stellungnahmen einfließen lassen, ist nicht sicher.

Auch in Deutschland geht es mit den großen »Volksparteien« bergab. 1976 war der Höhepunkt: 91,2 Prozent der Zweitstimmen für CDU/CSU und SPD zusammen. 2009 kam ein Tiefpunkt mit 56,8 Prozent. 2013 ging es wieder besser mit 67,2 Prozent – aber der Mitgliederschwund war nicht aufzuhalten. Seit den besten Zeiten haben sich die Zahlen halbiert. Allerdings: Von den je rund 440.000 Mitgliedern der beiden Großen in Deutschland können die französischen Parteien nur träumen!

In einer parlamentarischen Demokratie sollte das Parlament Ausdruck und Verkörperung der nationalen Identität sein. In der Bundesrepublik trifft das mehr zu als woanders, insbesondere auf militärischem Gebiet, sei es bei Auslandseinsätzen oder der Funktion des Wehrbeauftragten. Auch hier ist das Verhältnis zwischen Parteien und Regierung fundamental. Das soll jedoch nicht heißen, dass sich »das Volk« durch Parteien und Regierung legitim repräsentiert fühlte. Ein anderes Wahlzettelsystem würden die Volksvertreter sicher nachdenklicher stimmen: Grüner Wahlzettel, wenn man die Wunschpartei wählt, gelber, wenn man nur alle anderen ablehnen will! Im Falle der Einheitsparteien (Sowjetunion, China heute, auch in der DDR) bildet die Identifizierung mit dem Volk eine Art Pyramide. Die Partei ist das Volk, der Parteikongress ist die Partei, das Zentralkomitee ist mit dem Kongress identisch, das Politbüro mit dem ZK, der Chef des Politbüros mit dem Politbüro – also ist der Herrscher mit dem Volk identisch.

Sollte eine Partei die Mehrheit im Parlament haben, so fordert die Regierung diese ständig auf, sie in ihrer Arbeit nicht zu stören. Was aber, wenn die Partei uneinig ist und ein Teil der »Regierungsabgeordneten« zur Rebellion neigt? Die französische Verfassung hat da ein oft angewendetes »Zähmungsmittel« vorgesehen. Absatz 3 des Artikels 49 sagt:

»Der Premierminister kann auf Beschluss des Ministerrats in der Nationalversammlung die Vertrauensfrage mit der Abstimmung über eine Vorlage verbinden. In diesem Fall gilt die Vorlage als angenommen, wenn innerhalb der darauf folgenden 24 Stunden kein Misstrauensvotum eingebracht und (...) angenommen wird.«

Mit anderen Worten: Ein Gesetz ist auch ohne Zustimmung gültig, wenn die Opposition (die Minderheit) die Regierung nicht zusammen mit einem rebellischen Teil der Mehrheit durch ein Misstrauensvotum stürzt!

Die Bundesrepublik gilt als »Parteienstaat« und »Kanzlerdemokratie« zugleich. Lange standen die Wahlkämpfe unter dem Motto »Auf den Kanzler kommt es an«. Und doch hat nur 1957 ein Kanzler mehr als 50 Prozent der Wähler hinter sich bringen können. Sei es in Deutschland oder in Großbritannien – die Natur von Koalitionsregierungen konnte und kann sehr unterschiedlich sein. Wenn Adenauer einen Koalitionsvertrag unterschrieb, legte er ihn danach in die Schublade und sah ihn nie wieder an. Die Wahlkämpfe waren ja auf ihn gemünzt, und er führte sie mit Freude und Witz:

>>Ist das Leben dir zu sauer
Wähl' den ollen, wähl' den ollen, wähl' den ollen Adenauer.<<
(Und nicht den Sozialisten Ollenhauer.)

Die kleineren Koalitionsparteien haben die Regierungspolitik zumindest mitbestimmen können. Es heißt dann gern: >>Der Schwanz wedelt mit dem Hund.<< So tat es manchmal die FDP von Scheel oder Genscher. Eine kleine Partei kann sich in einer Koalition aber auch selbst verraten. Als 2010 zum ersten Mal eine Koalition in London entstand, schöpften alle Europafreunde in und außerhalb Großbritanniens große Hoffnungen, waren doch die Liberalen die einzigen britischen >>Europäer<<. Plötzlich unterschrieben sie ein Koalitionsabkommen, in dem sie sich verpflichteten, keine weitere Entwicklung der EU vorzuschlagen oder mitzutragen! 2016 ist die Lage von Theresa May noch schwieriger, denn ihre konservative Regierung ist gespalten. Sie selbst war gegen den BREXIT. Sie machte Boris Johnson zum Außenminister, der ein beinahe fanatischer Befürworter des britischen Austritts war.

Koalitionen können manchmal eine Orientierung und eine Identität erhalten, die von Partnern und Gegnern gar nicht vorgesehen war, weil man mit dem falschen Finger auf sie gezeigt hat: Der >>rote<< Bodo Ramelow und der >>grüne<< Winfried Kretschmann haben gar nicht so rot und grün regiert.

Nach Österreich, aber anders als in Österreich, lebt die Bundesrepublik wieder in einer Großen Koalition. Die Formel >>Auf den Kanzler kommt es an<< – die Kanzlerin – ist wieder gültig. Deshalb wird – vielleicht – die SPD diese Koalition nicht weiterführen. Andrea Nahles war und ist eine gute Arbeits- und Sozialministerin. Aber alle Maßnahmen und Gesetze, die sie durchbringt, werden der »Regierung Merkel« zugeschrieben, nicht der koalierten SPD. Inwieweit ist nun Angela Merkel die »mächtigste Frau der Welt«, wie es so oft in der amerikanischen Presse heißt? Innerhalb der EU oder gegenüber der Türkei ist ihre Macht begrenzt. Innerhalb der Bundesrepublik sollte es neben der Frage, wie es 2017 für sie steht, noch eine andere geben, nämlich: »Welchen Raum hat sie für eigene, persönliche Entscheidungen als Kanzlerin gehabt?« Es sieht so aus, dass im Vorfeld weder Partei noch Fraktion noch Verbündete in SPD und CSU richtig gefragt worden sind, als am 4. September ihre Entscheidung klar wurde, die deutsche Grenze für Flüchtlinge zu öffnen. Wenn dies der Wirklichkeit entspricht, so hat sie damit echte Regierungsmacht innerhalb einer parlamentarischen Demokratie ausgeübt.

2017 wird Angela Merkel zwölf Jahre Kanzlerin gewesen sein. Weniger als Adenauer, der 1963 nach vierzehn Jahren »gegangen wurde«. Noch weniger als Helmut Kohl, der nach sechzehn Jahren stürzte. Aber mehr als de Gaulle, der sich 1969 wegen der Referendumsniederlage nach noch nicht einmal elf Jahren zurückzog. Reicht das nicht, um die Identität von Angela Merkel näher zu definieren? Fast alles ist über sie schon einmal gesagt worden: die Prägung durch das evangelische Elternhaus; die Prägung durch das Leben in der DDR; der Einfluss der CDU; die Beeinflussung durch die Politik schlechthin. Ihre gute Ehe und die Diskretion des eigenständigen Gatten. Das Schlichte im Alltag. Leider auch die Wagner-Verehrung in Bayreuth! Ihre Zurückhaltung. Das Bei-sich-behalten-können der eigenen Gefühle. Die Standfestigkeit. Das Geschick, Konkurrenten lautlos zu besiegen. All dies und noch viel mehr. Ihre Zugehörigkeiten sind leicht zu erkennen. Kann man aber ihre Identität auf einen Nenner reduzieren? Viele Grundsatzfragen zu Angela Merkel müssen erst noch gestellt und können – vielleicht – beantwortet werden.

KAPITEL 4

Europa ohne und mit Flüchtinge

Wenn das Wort »Europa« fällt – was meint man? Nehmen wir PEGIDA, die »Patriotischen Europäer gegen die Islamisierung des Abendlands«. Wahrscheinlich sind für deren Anhänger Europa und Abendland identisch. Das ist jenes Europa, das 1914/1918 und 1939/1945 nach innen Abermillionen Tote verursacht hat, Massenmord an Juden und anderen Gruppen verübte, das außerhalb die Sklaverei förderte, im XVI. Jahrhundert den Völkermord in Mittelamerika zuließ und später die beinahe vollständige Vernichtung der Indianer Nordamerikas durch europäische Immigranten. Erzählt man das PEGIDA-Leuten, so sind sie erstaunt und empört. Also soll hier mit etwas anderem begonnen werden!

Grenzen

Grenzen, sagt man, gibt es dort, wo Polizei- und Zollbeamte stehen. So einfach ist das aber nicht. Grenzen können auch etwas sein, das durch einen Glauben markiert wird. *Google maps* versucht neutral zu sein, indem es die Grenzziehungen der UNO für seine Karten verwendet. Aber die Schulkinder in Indien und China bekommen ganz andere Landkarten vorgelegt, auf denen dasselbe Gebiet einmal als indisch und einmal als chinesisch dargestellt wird. Sobald sie erwachsen sind, werden sie bereit sein, »ihr« Gebiet mit Waffengewalt zu verteidigen. Wie sieht es nun mit Europa aus? Nach außen und nach innen?

Die Europäer haben anderen Weltregionen oft Grenzen auferlegt. Das gilt nicht nur für Afrika. Der IS beruft sich ständig auf ein Abkommen, das am 16. Mai 1916 heimlich zwischen Frankreich und Großbritannien unterschrieben wurde – die *Accords Sykes-Picot* – worin sich beide den Nahen Osten teilen. Auch lässt sich ein Land wie Frankreich nicht als rein europäisch definieren. Guadeloupe, Martinique, Guyane, La Réunion: Die *départements d'outre-mer* gehören zur Französischen Republik. Geht man von der Geographie aus, gehört nur ein winziger Teil der Türkei zu Europa, dafür aber ein riesiger Teil Russlands. Doch bis wohin? De Gaulles Formulierung lautete: »L'Europe de l'Atlantique à l'Oural« – vom Atlantik bis zum Ural. Jedoch als er das nicht sehr hohe Ural-Gebirge einmal selbst überflog, musste er feststellen, dass auf der anderen Seite zwar Sibirien, aber immer noch Russland war. Innerhalb des Kontinents liegen Staaten. Innerhalb mancher Staaten liegen Einheiten, die sich nicht als echter Teil des Staatsvolkes betrachten.

Ein Staat sollte hier besonders betrachtet werden: Polen. Nicht nur, weil es im Laufe der Geschichte mehrmals von der Landkarte verschwand und das polnische Volk in der Unterdrückung weiter existierte, ist die Zugehörigkeit zur Nation dort heute stärker als anderswo. Auch weil zwischen 1939 und 1945 enorme Grenzveränderungen stattgefunden haben, mit Verlusten im Osten und Gebietsgewinnen im Westen, und beides verbunden mit Vertreibungen. In der Präambel des deutsch-polnischen Grenzvertrags vom 14. November 1990 heißt es, dass die Vereinigung Deutschlands als Staat mit endgültigen Grenzen ein bedeutsamer Beitrag zu der Friedensordnung in Europa sei, »eingedenk dessen, dass seit Ende des Zweiten Weltkriegs 45 Jahre vergangen sind, und im Bewusstsein, dass das schwere Leid, das dieser Krieg mit sich gebracht hat, insbesondere auch der von zahlreichen Deutschen und Polen erlittene Verlust ihrer Heimat durch Vertreibung oder

Aussiedlung, eine Mahnung und Herausforderung zur Gestaltung friedlicher Beziehungen zwischen den beiden Völkern und Staaten darstellt...«

Wer weiß heute in Deutschland, dass die Polen, die sich in Schlesien niedergelassen haben, meist selbst Vertriebene aus dem ukrainisch oder russisch gewordenen Teil des Vorkriegspolen waren? Wer weiß in Polen, dass die Siegermächte sich nicht genau darüber im Klaren waren, dass es eine östliche und eine westliche Neiße gibt? Zwischen beiden lag Schlesien mit Breslau, dem heutigen Wrocław. Die Identifikation von Volk und Nation mit dem neuen Gebiet ist nicht allzu schwierig verlaufen. Doch Polen besaß noch drei andere Identitäten. Die erste ist kaum ins Bewusstsein der Menschen gedrungen, weder in Polen selbst noch in den Nachbarstaaten. In Polen sind drei Millionen Juden vernichtet worden, polnische und solche, die aus anderen Ländern nach Treblinka, Sobibór, Majdanek, Chełmno und Auschwitz-Birkenau gebracht worden sind.

Um 1980 verwandelte sich die polnische Identität in die eines Landes, das im Bereich der Sowjetunion als erstes den Sieg einer Freiheitsbewegung erlebte. Der Pole Lech Wałęsa verkörperte damals die Nation. Heute ist das nicht mehr so. Die Macht, die in Polen die Freiheit unterdrückt und somit die Grundwerte der Europa-Union verletzt, trägt jetzt das Gesicht von Jarosław Kaczyński. Dieser wird nicht mehr zusammen mit Lech Wałęsa genannt, sondern mit Viktor Orbán, Wladimir Putin und Recep Tayyip Erdoğan.

Das Gewicht der Geschichte prägt noch immer die Geister von heute. In Belgien lag das gesellschaftliche und wirtschaftliche Übergewicht lange bei den Wallonen. Der Wille, inzwischen die Überlegenheit Flanderns herauszustellen, ist auch einem gewissen Rachegefühl geschuldet. In Irland zählt die große, Londons

Verantwortung zugeschriebene Hungersnot im XIX. Jahrhundert – mit zahllosen Toten und Emigranten, die nach Amerika gingen – zu den Wesenselementen der irischen Selbstidentifikation.

Ob es überhaupt noch ein Belgien gibt, mag bezweifelt werden. Zwei politische Gemeinschaften mit zwei verschiedenen Sprachen leben nebeneinander. Brüssel ist noch ein drittes Gebiet, wo eine ziemlich machtlose Regierung angesiedelt ist, die versuchen soll, die nationale Devise »Einigkeit macht stark« irgendwie zu rechtfertigen. Spanien ist ein föderaler Staat. Inwiefern zählt Katalonien noch dazu? Die Reformen von 1979 und 2016 haben die regionale Autonomie einer Unabhängigkeit immer näher gebracht. Noch wird Letztere im Namen der Verfassung Spaniens von Madrid strikt abgelehnt. Was kann aber getan werden, wenn in Barcelona der Beschluss fällt, ohne Rücksicht auf die Verfassung weitere Schritte zur Unabhängigkeit zu unternehmen? Katalanisch wird auch auf der anderen Seite der Grenze mit Frankreich gesprochen. Nicht diese Grenze spielt eine Rolle in Frankreich. Die spanisch-französische Grenze, die eine Region spaltet, liegt im Baskenland. Die dortige oft gewaltsame Autonomiebewegung findet so manchen Unterstützer im französischen Teil.

Ein echtes Problem für die Einheitsnation Frankreich ist dies nicht, ebenso wenig wie der Drang vieler Bretonen, mehr Anerkennung für die Besonderheiten der Bretagne zu erreichen. Eine dieser Besonderheiten ist die transnationale keltische Zusammengehörigkeit. Jedes Jahr strömen Hunderttausende nach Lorient zum *Festival interceltique*.

Die echten Fragen heißen Korsika und Elsass. Bei den Regionalwahlen 2015 haben auf der Insel, die 1768, ein Jahr vor der Geburt Napoleons, ein Teil Frankreichs geworden war, die korsischen Nationalisten gesiegt. In seiner auf Korsisch gehaltenen Rede hat der Präsident des Regionalrates Frankreich als »befreundete Nation« bezeichnet. Natürlich sollen alle – unzähligen – Privilegien

Korsikas erhalten bleiben (keine Erbschaftssteuer, fiskalische Geschenke, Zuschüsse, kaum Bestrafung von Gewalttaten gegen Hausbesitzer und andere Menschen aus dem »kontinentalen Frankreich« und anderes mehr). Der korsisch-französische Widerspruch ist in etwa vergleichbar mit einem Polen, das immer weniger EU mit den immer gleichbleibenden Zuschüssen aus Brüssel haben will.

Seit der jüngsten Regionalreform ist das Elsass ein Teil der *Région Grand Est,* zusammen mit der Champagne. Straßburg ist zwar die Hauptstadt der Region, aber niemand hat eine Antwort auf die Frage: »Was wird von den elsässischen Besonderheiten erhalten bleiben?« Da die Trennung von Staat und Kirche in Frankreich 1905 vollzogen wurde, zu einer Zeit, als das Elsass dem deutschen Reich angehörte, gilt bis jetzt das Konkordat, das Bonaparte 1801 unterschrieben hatte: Priester, Pastoren, Rabbiner werden vom Staat bezahlt, und die Universität Straßburg und Metz sind die einzigen in Frankreich, wo man einen staatlich anerkannten Doktortitel in Theologie erwerben kann. Auch das System der Sozialversicherung ist hier ein anderes als die *Sécurité nationale* (»la Sécu«) im Rest des Landes. Es blieb sogar eine Reihe von Gesetzen gültig, die noch von Bismarck eingeführt worden sind. Wie sind solche Sonderrechte innerhalb des französischen Einheitsstaats zu rechtfertigen? Der Verfassungsrat hat ein ziemlich merkwürdiges Argument in dieser Richtung gefunden: Die Lage darf so bleiben, weil sie nie beanstandet wurde! Aber soll nun auch die Champagne an den elsässischen Besonderheiten teilhaben? Oder sollen innerhalb derselben Region zwei verschiedene Regime herrschen? Zugleich vertiefen sich die transnationalen Beziehungen. Die Gegend um Straßburg und der deutsche Ortenaukreis wachsen immer mehr zusammen. Lothringen ist gewissermaßen zweigeteilt. Metz geht zusammen mit Luxemburg und dem Saarland, Nancy mit Freiburg und Basel.

Ein jährliches Rugby-Turnier heißt *le tournoi des Six Nations* – das Turnier der sechs Nationen. Die Sechs sind England, Schottland, Wales, Nordirland, Frankreich und Italien. *The United Kingdom of Great Britain and Northern Island* ist nicht in jeder Hinsicht *united*. Das gilt vor allem für den Sport: Wales hätte beinahe England in der Fußball-Europameisterschaft geschlagen. Das gilt auch beim BREXIT: Die Mehrheit der Schotten wollte in der EU bleiben. Die Drohung, man würde eine neue Abstimmung organisieren, um die Unabhängigkeit Schottlands zu erreichen, steht im Raum. In den 51,3 Prozent, die für den Austritt stimmten, sind auch die relativ wenigen schottischen Wähler enthalten. Das vereinigte Königreich besitzt 65 Millionen Einwohner, Schottland nur 5,3 Millionen und das »keltische« Wales knapp 3 Millionen. Eine Grenze zwischen England und Schottland wäre denkbar, mit Blick auf die Geschichte und in Anbetracht der Ölressourcen in der Nordsee – die allerdings immer weniger werden und immer weniger echten Reichtum bedeuten.

Die Bundesrepublik Deutschland hat keine solchen Probleme. Der Begriff »Freistaat« ist für Sachsen und Bayern bedeutungslos. Die bayerische Vergangenheit spielt keine große Rolle mehr, sonst würde man stets Napoleon dafür danken müssen, dass er das Königreich Bayern geschaffen hat, und sich nie auf das Grundgesetz berufen, das Bayern ja abgelehnt hatte. Niemand will mehr die Pfalz annektieren, und leicht wird vergessen, dass auch das protestantische Franken ein Teil von Bayern ist. Nur ein bayerisches Gesetz ist unvergessen und in ganz Deutschland gegenwärtig: Am 17. September 2016 wurde das Münchner Oktoberfest im Zeichen des »Reinheitsgebots« zum Brauen von Bier eröffnet, das vor 500 Jahren, am 23. April 1516, erlassen wurde. Die bayerische Identität bleibt in dieser Weise gesichert. Nur die CSU scheint zu glauben, dass Bayern heute ein Sonderweg beschieden sei, jenseits der Gemeinschaft der anderen Bundesländer.

Jean Monnet und die Identität des organisierten Europas

»Die Idee eines gemeinschaftlichen Europa, inzwischen mehr als fünfundzwanzig Jahre alt, ist heute zu einem beträchtlichen Teil verwirklicht (...) Jean Monnet hat eine Hauptrolle gespielt, sei es als *inspirateur* des Schuman-Plans, als erster Präsident der Hohen Behörde oder als Begründer des Aktionskomitees für die Vereinigten Staaten von Europa. (...) Er verdient es, dass Europa ihm eine besondere Geste der Dankbarkeit und der Bewunderung zollt. Darum haben die in Luxemburg zum Europarat versammelten Staats- und Regierungschefs der Gemeinschaft beschlossen, ihm den Titel ›Ehrenbürger Europas‹ zu verleihen.«

Wahrscheinlich verwendete diese Resolution vom 1. April 1976 bewusst das Wort *inspirateur,* das General de Gaulle auf Monnet einmal in verächtlicher Weise bezogen hatte. Mir hat de Gaulle im Januar 1962 gesagt:»Ich habe ihn benutzt. Aber er ist ein Vaterlandsloser *(apatride).* Er hat keinen Sinn für die Nation *(Il n'a pas le sens national).*« De Gaulle seinerseits hatte kaum ein Sinn für die Losung von Jean Monnet *Rien ne se crée sans les hommes. Rien ne dure sans les institutions* (Nichts wird geschaffen ohne die Menschen. Nichts ist von Dauer ohne die Institutionen.)

Die Identität Europas wäre eine andere, hätte es nicht Jean Monnet gegeben – mit drei weiteren Männern vor ihm, drei Männern neben ihm, einer historischen Gegebenheit und einer menschlichen Einflussnahme. 1947 entstand die Union der Europäischen Föderalisten. Die drei Mitbegründer hatten alle gegen Hitler und Mussolini gekämpft. Zwei waren deswegen hart bestraft worden. Der Franzose Henri Frenay, geboren 1905, war der Chef der großen Widerstandsbewegung *Combat* gewesen. Der Italiener Altero Spinelli, geboren 1907, war 1927 zu zwölf Jahren Gefängnis verurteilt worden. Er hat bis zu seinem Tod 1986 eine große Rolle in Europa gespielt, insbesondere im Straßburger Europa-Parlament. Der Deutsche Eugen Kogon, geboren 1903, war von September 1939 bis zur Befreiung des Lagers 1945 Häftling im KZ Buchenwald gewesen. Die drei waren der lebendige Beweis dafür, dass das Nachkriegseuropa das Gegenteil von Hitlers Europa sein würde, mit einer radikal anderen Identität. Drei ältere Männer aus denselben Ländern haben Monnet so etwas wie Beihilfe geleistet. Es heißt immer noch, ihre Identität als Katholiken hätte sie vereint. Doch das war weniger wichtig als ihre Identität des An-der-Grenze-Geboren-Seins, weshalb sie entschlossen waren, Grenzen zu überwinden. Der Deutsche Konrad Adenauer wurde 1876 in Köln geboren, hat vieles erlebt und überlebt, ohne je das Rheinland zu verlassen. Der Italiener Altiero de Gasperi kam 1881 in Pieve Tesino, damals k.u.k.-Österreich, heute autonome Provinz Bolzano des Alto Adige – Südtirol! –, zur Welt. Der Franzose Robert Schuman wurde 1886 in Luxemburg als Sohn eines Vaters geboren, der durch Annexion Deutscher geworden war. Sein Studium hat ihn nach Bonn, Berlin, München und Straßburg geführt. 1919 wurde er Franzose. Auf dem Katholikentag 1913 in Metz hatte er bereits eine politische Rolle gespielt und war Sprecher der frankophonen Teilnehmer. Dass diese drei die ersten Staatsmänner wurden, die ein transnationales Europa förderten, war also kein Wunder. Natürlich wäre dies nicht möglich gewesen ohne die Tatsache, dass nach 1945 ein völlig anderes Deutschland oder Westdeutschland entstand. Und dessen Eingliederung in den Kreis der freiheitlich-demokratischen Völker wurde erleichtert durch private Initiativen auf französischer Seite wie das *Bureau international de Liaison et de Documentation* (BILD) des Jesuiten Jean Du Rivau oder unser *Comité français d'échanges avec l'Allemagne nouvelle.*

Jean Monnet war wie kein anderer berufen, transnational zu wirken. Während des Ersten Weltkriegs und nachdem er in Ausrüstungsfragen mit den Briten zusammengearbeitet hatte, wurde er 1916, als hoher interalliierter Beamter, Koordinator des alliierten Nachschubs. Von 1920 bis 1923 war er stellvertretender Generalsekretär des Völkerbundes. Im Juni 1940 verfasste er den Text eines Vorschlags, den der Brigadegeneral Charles de Gaulle nach London brachte. Es sollte eine französisch-britische Nation geschaffen werden, mit einem gemeinsamen Parlament und einer gemeinsamen Armee. (Diesen Vorschlag hat de Gaulle später nur spärlich erwähnt.) Er wird dann von Churchill nach Washington geschickt, um Roosevelt davon zu überzeugen, dass man noch zu Zeiten der amerikanischen Neutralität ein gemeinsames Aufrüstungsprogramm auf die Beine stellen müsse, um im Falle einer amerikanischen Kriegsteilnahme kampfbereit zu sein. 1945 bis 1952 war Monnet dann von de Gaulle ernannter *Commissaire du Plan*. Mit wenigen Mitteln, aber mit der Unterstützung aller Gewerkschaften, des Arbeitgeber- und des Landwirtschaftsverbandes, ist Frankreich wiederaufgebaut worden, ganz im Sinne der Planungen der ehemaligen Résistance, das heißt mit vielen Sozialisierungen und der willkommenen Unterstützung des Marshall-Plans.

Die innerfranzösische Aufgabe hinderte nicht das Zusammengehen mit den amerikanischen Freunden. In meinem Buch *Das Bündnis. Die westeuropäischen Länder und die USA seit dem Krieg* (1978) heißt ein Kapitel »Das Europa von Jean Monnet im Kalten Krieg«. In Washington waren Dean Acheson, Dwight D. Eisenhower, John Foster Dulles, der Unterstaatssekretär George Ball und manche anderen seine persönlichen Freunde. Bei Dulles Beisetzung war Monnet sogar der einzige Ausländer unter den zeremoniellen Trägern des Katafalks. Monnet befürwortete die NATO, aber nicht so, dass die USA ihn beeinflusst hätten, sondern umgekehrt. Ein niederländischer Teilnehmer von damals schilderte Monnets Europabemühungen so:

»Er hat amerikanische Staatsmänner und Behörden beeinflusst und diesen Einfluss bei europäischen Staatsmännern und Politikern ausgenutzt. Es ist einmalig in der Art, wie hier ein einzelner aus einem anderen Land die führenden Kreise einer sehr mächtigen Nation zu beeinflussen mag. (...) Die Geschichte der US-Politik gegenüber dem europäischen Einigungsprozess lässt sich nur erklären, wenn man den Einfluss Monnets in Rechnung stellt.«

Auch George Ball, der für einige Jahre Monnets juristischer Berater in der Plankommission und dann in Luxemburg wurde, war ein extremer Fall. Ein englischer Journalist erzählte:
»Im Kapitol hatte man Balls Auslandsverbindungen nicht vergessen. Als er einmal bei einer geheimen Ministerbesprechung einen europäischen Standpunkt verteidigte, forderte ihn ein Senator mit schroffen Worten auf, er möge sich daran erinnern, dass er nun den Vereinigten Staaten diente und nicht mehr dem Monsieur Monnet.«

Jean Monnet und Robert Schuman hatten sich 1947 kennen gelernt, als der eine *Commissaire au Plan* und der andere Finanzminister war. Den Plan, den Monnet für die Montan-Union vorbereitet hatte, legte er Anfang Mai 1950 dem frisch gebackenen Außenminister vor. Der sagte knapp, dass er den Plan mittragen würde. Der Text der Erklärung vom 9. Mai stammte aus der Feder Monnets, aber Robert Schuman übernahm die politische Verantwortung. Im Ministerrat, in dem nur der Justizminister René Mayer, ein Freund von Monnet, wusste, um was es ging, kündigte er die Sache mit tonloser Stimme an. Die Pressekonferenz wurde zum eigentlichen Ereignis. Konrad Adenauer war vorher informiert worden. Er konnte sich freuen, denn der Schuman-Plan veränderte die Identität der jungen Bundesrepublik zum Positiven. Der komplizierte Vertrag zur Gründung der Europäischen Gemeinschaft für Kohle und Stahl wurde am 15. April 1951 unterschrieben. Damit es aber auch eine deutsche Unterschrift darunter geben konnte, musste einen Monat zuvor, am 15. März, schnell noch ein Außenministerium in Bonn eröffnet werden. Die drei Hohen Kommissare hatten, auf Befehl ihrer Regierungen, eingewilligt, einen Teil ihrer Souveränität über die deutsche Außenpolitik aufzugeben, und Kanzler Adenauer wurde sein erster eigener Außenminister.

Trotz des heftigen Widerstands der Kommunisten, der Gaulisten und der Metallindustrie erlaubte die französische Nationalversammlung am 13. Dezember 1951 die Ratifizierung des Vertrags mit 337 gegen 233 Stimmen. Die ersten Gemeinschaftsinstitutionen konnten eingerichtet werden, und Jean Monnet stand als Präsident der ersten und letzten Hohen Behörde vor, die dem organisierten Europa eine supranationale Identität gab – auch wenn ein großer Irrtum Monnets diese wieder zerstört hat.

Im Kalten Krieg wollte Amerika die Bewaffnung der Bundesrepublik – wie Adenauer auch. Monnet wusste, wie unpopulär diese Idee war. Er glaubte, die Aufrüstung unter dem Mantel der Popularität des Europa-Gedankens verhüllen zu können und schlug Verteidigungsminister René Pleven vor, eine Europäische Verteidigungsgemeinschaft gründen zu lassen, die nach vielen Auseinandersetzungen am 30. August 1954 von der Französischen Nationalversammlung abgelehnt werden sollte. Warum? Heftiger Widerstand kam aus der Bundesrepublik, wo die meisten Bürger, vor allem die Jugendlichen, keine Waffen mehr tragen wollten. In Frankreich war die Mehrheit für die Gemeinschaft für Kohle und Stahl, aber die Wiederbewaffnung betraf eine andere deutsche Identität, auch in ihren Augen. Außenminister Robert Schuman hatte noch am 25. Juli 1949, in der Ratifizierungsdebatte zum Atlantischen Bündnis, mit Nachdruck erklärt:

»Deutschland hat noch keinen Friedensvertrag. Es hat keine Bewaffnung und wird keine haben.« (Das Protokoll vermerkt anhaltenden Applaus in der Mitte, rechts und links.) »Es ist undenkbar für Frankreich und seine Verbündeten, dass Deutschland befugt wird, dem Atlantischen Bündnis beizutreten als eine Nation, die fähig wäre, sich zu verteidigen oder an der Verteidigung anderer Nationen teilzunehmen.«

Obwohl mit den meisten Befürwortern befreundet und mit den Gründen der meisten Gegner nicht einverstanden, schrieb und sprach auch ich damals gegen die EVG, und zwar aus zwei Hauptgründen. Meine Deutschlandbesuche hatten mich zum einen von der Aufrichtigkeit der jugendlichen Kriegsdienstverweigerer überzeugt. Adenauers Argument zur Verfassungstreue der Aufrüstung war ja, dass die Verweigerung des Dienstes mit der Waffe im Grundgesetz stand und es keine Kriegsdienstverweigerung geben konnte ohne Militär! Zum anderen konnte ich nicht verstehen, was eine gemeinsame Armee sein sollte, die keine politische Institution über sich hatte, die sie legitim einsetzen könnte.

Jean Monnet hat 1955 den Vorsitz der Hohen Behörde der Montanunion niedergelegt, um Europa auf eine originelle Weise als Gemeinschaft vorwärts zu bringen. Das Aktionskomitee für die Vereinigten Staaten von Europa war keine Organisation mit Statuten. Jean Monnet brachte verantwortliche Partei- und Gewerkschaftsführer der sechs Gründer-Länder zusammen, bis 1968 auch die drei großen britischen Parteien, mit George Brown, Denis Jealy, Roy Jenkins und Edward Heath, die Einladung des Komitees annahmen. Der bedeutendste Erfolg des Einflusses von Jean Monnet war die Bekehrung der SPD zu Adenauers Europa-Politik. Der DGB brauchte nicht mehr bekehrt zu werden. Walter Freitag, Hans Oskar Vetter, Otto Brenner waren im Komitee, dem auch Erich Ollenhauer, Willy Brandt und Herbert Wehner angehörten, zusammen mit Kurt-Georg Kiesinger, Helmut Kohl, Franz

Josef Strauß und Walter Scheel. Die römischen Verträge von 1957 sind in diesem inoffiziellen Gremium diskutiert und vorbereitet worden. Das Europa von Jean Monnet wurde zwar nicht verwirklicht, aber sein Einfluss hat auch die neue, begrenzte Identität Europas mitgeprägt. Darüber hinaus sollte der deutsche Leser die vielleicht schönste Rede lesen, die Willy Brandt jemals gehalten hat – als Alterspräsident in der ersten Sitzung des Bundestags des vereinten Deutschlands am 20. Dezember 1990:

»Wir wissen auch: Unsere Freiheit hätten wir nicht bewahren können, wäre sie nicht durch die Atlantische Allianz und im wachsenden Maße durch die Prosperität und die Solidarität der Europäischen Gemeinschaft geschützt worden. Zu den Gründervätern des vereinten Deutschlands zählen in diesem Sinn – wir sollten es nicht vergessen – die Urheber des Marshallplans und Männer wie Jean Monnet...«

Identität durch Institutionen?

Wie so oft, weist der Finger auf eine falsche Identität. Auf die eigene zum Beispiel: Wie viele Europäer wissen, dass sie *Unionsbürger* sind? Die Verträge sagen es:»Es wird eine Unionsbürgerschaft eingeführt. Unionsbürger ist, wer die Staatsangehörigkeit eines Mitgliedstaates besitzt.« (Auf Wunsch Frankreichs ist hinzugefügt worden:»Die Unionsbürgerschaft tritt zur nationalen Staatsbürgerschaft hinzu, ersetzt sie aber nicht.« Und:»Die Unionsbürgerinnen und Unionsbürger haben die in den Verträgen vorgesehenen Rechte und Pflichten.«) Wer hat sich schon je selbst als Bürger Europas bezeichnet und gefühlt? Ein Teil der sich immer weiter ausbreitenden ablehnenden Haltung der EU gegenüber stammt vom Unwissen über die europäischen Institutionen. Der Begriff *Brüssel* ist negativ belastet. Dort leben unwissende und schädliche Funktionäre. Es sind in der Tat 33.000, von denen 22.000 in Brüssel wirken. Doch sei ein gewagter Vergleich erlaubt: Die Stadt Hamburg beschäftigt und bezahlt 70.000 Menschen. Welche Befugnisse haben Rat, Kommission, Parlament, Gerichtshof? Wie üben sie diese aus?»Brüssel« ist übrigens nicht immer böse. Es ist gut, wenn es die Regeln zur Milchproduktion abschafft. Wenn das dann aber schiefgeht, ist Brüssel nur gut, wenn es wieder Regelungen einführt! Natürlich darf man vom Normalverbraucher nicht erwarten, dass er die 358 Artikel des Vertrags von Lissabon liest und versteht, aber er könnte von vereinfachten Informationen Kenntnis nehmen, vor allem, wenn er löblicherweise an der Wahl zum Europaparlament teilnimmt. Würde das jedoch genügen, um der Europäischen Union eine klare Identität zu verleihen – und sei es nur in den Augen der Wähler? Gewiss sieht er sie als ein Ganzes, an das die Bundesrepublik nicht angeschlossen ist, sondern von dem sie eingeschlossen ist. In den Schulbüchern sollte man deshalb Artikel 10 des dicken Vertrags zur deutschen Einheit wiedergeben, mit seinen zwei grundlegenden Feststellungen:

1. Das gesamte Europarecht gilt für das erweiterte Deutschland.
2. Das Recht der Europäischen Gemeinschaft, seine Umsetzung oder Ausführung fällt in die Zuständigkeit der Länder, es ist von diesen durch landesrechtliche Vorschriften umzusetzen oder auszuführen.

Das organisierte Europa hat Institutionen. Aber welche davon verschaffen ihm eine Identität? Sicher nicht der schwer verständliche Unterschied zwischen dem Europäischen Rat und dem Rat der Europäischen Union, der auch Ministerrat oder schlicht »Rat« genannt wird! Ersterer »ist nicht gesetzgeberisch tätig«. Der andere ist »gemeinsam mit dem Europäischen Parlament als Gesetzgeber tätig«. Der Europäische Rat »gibt der Union die für ihre Entwicklung erforderlichen Impulse und legt die allgemeinen politischen Zielvorstellungen und Prioritäten hierfür fest«. Zu den Aufgaben des Rates der Europäischen Union hingegen »gehört die Festlegung der Politik«. Der eine setzt sich zusammen aus den Staats- und Regierungschefs der Mitgliedstaaten. Er entscheidet »im Konsens«. Sein Präsident – der machtlos ist – wird für zweieinhalb Jahren gewählt und darf einmal wiedergewählt werden. Herman Van Rompuy, Belgischer Ministerpräsident, wurde es 2010, der polnische Ministerpräsident Donald Tusk ist es seit 2015. Der an sich mächtige Vorsitzende des Rates der Europäischen Union ist gesichtslos, denn der Ratsvorsitz wird jedes halbe Jahr von einem anderen Staat geführt. Malta wird es von Januar bis Juni 2017 sein, dann kommt Estland, dann Bulgarien, im zweiten Halbjahr 2018 ist Österreich an der Reihe. Deutschland kommt im zweiten Halbjahr 2020 wieder dran. Die echte Macht in der Union liegt beim Rat der Europäischen Union in seinen verschiedenen Ministerratszusammensetzungen. Er entscheidet mit qualifizierter Mehrheit – das heißt mit 55 Prozent der Mitglieder, mindestens aber 15 Ländern, wenn sie zusammen 65 Prozent der Bevölkerung der Union ausmachen. In Wirklichkeit entscheidet der Rat auf Vorschlag der vielleicht wichtigsten Einrichtung der gesamten Union, des COREPER (Ausschuss der ständigen Vertreter der Mitgliedstaaten, AstV). Dass in der EU die Regierungen das Sagen haben, wird noch erläutert werden.

Ein Sagen, das auf wichtigen Gebieten merkwürdig aussieht und die gemeinsame Identität tatsächlich schwächt. Das gilt vor allem für die Gemeinsame Außen- und Sicherheitspolitik (GASP). Mit der Sicherheit ist es jedoch nicht weit her. Bereits in der Präambel des Lissabon-Vertrags heißt es: Man sei entschlossen, »eine gemeinsame Außen- und Sicherheitspolitik zu verfolgen, wozu auch die schrittweise Festlegung einer gemeinsamen Verteidigungspolitik gehört, die zu einer gemeinsamen Verteidigung führen könnte...«.

Also, der Vertrag entscheidet auf diesem Gebiet nichts und weist in eine doppelte Zukunft! Mit der Außenpolitik ist es anders, aber nicht viel besser. Sicher, das Amt des Hohen Vertreters der EU für die Außen- und Sicherheitspolitik wurde geschaffen, mit einem Sitz als Vize-Präsident der Kommission und einem großen Verwaltungsapparat. Von 2009 bis 2014 war dies Lady Catherine Ashton, eine Engländerin ohne Sinn für das Transnationale, ohne jede vorherige internationale Erfahrung und ohne Sprachkenntnisse. Am 30. August 2014 ernannte der Rat für fünf Jahre die Italienerin Federica Mogherini, die seit Februar Außenministerin der Regierung Matteo Renzi war. Sie hat sich schneller eingearbeitet und ist »sichtbarer« als ihre Vorgängerin, aber wer glaubt, dass man sich in Berlin oder Paris oder auch in Rom irgendwie vorschreiben ließe, wie die eigene nationale Außenpolitik auszusehen hat – zum Beispiel die Beziehungen zu Russland oder den USA –, täuscht sich gewaltig.

Die Institution der EU, die das größte identitätsstiftende Potenzial besitzt, sollte eigentlich das Parlament sein. Es ist auf der Welt das einzige, das wirklich transnational genannt werden darf. Zwar werden die Abgeordneten in den verschiedenen Staaten gewählt, aber sie sitzen und wirken nicht in nationalen Fraktionen, sondern in internationalen politischen Gruppierungen. Die Tatsache, dass Sozialdemokraten und bürgerliche Volksparteien mit je 191 beziehungsweise 221 Sitzen zusammen 55 Prozent der 751 Abgeordneten stellen, wirkt sich auf die ganze Arbeit des Parlaments aus. Die Bevölkerungszahlen bestimmen dabei weitgehend die Zahl der Abgeordneten der verschieden Länder (96 für Deutschland, 74 für Frankreich, 70 für Italien und für Großbritannien, 54 für Spanien, 51 für Polen bis zu je 6 für Estland, Zypern, Luxemburg und Malta). Die Befugnisse des Parlaments sind von Vertrag zu Vertrag erweitert worden. Mit seiner 8. Wahlperiode (2014/2019) ist es zu einem der Eckpfeiler des »Institutionellen Dreiecks« geworden, der bei der Gesetzgebung mitwirkt. Es hört die designierten Kommissare der Brüsseler Kommission und kann mit einem

Veto gegen einen einzigen von ihnen die ganze Kommission stürzen. Das Parlament wählt den Kommissionspräsidenten. Sein sozialdemokratischer Präsident, der Deutsche Martin Schulz, seit Januar 2012 im Amt, hat viel dazu beigetragen, das Parlament und seine Rechte bekannt zu machen und ihm Geltung zu verschaffen. Nachdem Schulz nun in der deutschen Politik gelandet ist, steht es schlecht um das Parlament. Seine Nachfolge ist nach einer unwürdigen Kulissenschieberei so entschieden worden, dass der neue Präsident kein Prestige hat und gar keine Macht mehr ausüben will. Es handelt sich um den Italiener Antonio Tajani, mit Silvio Berlusconi Begründer der nicht gerade gemäßigten Partei Forza Italia, dann Sprecher von Berlusconi, bevor er Mitglied der Brüsseler Kommission, später Vizepräsident des Parlaments wurde. Es bleibt indessen bei der stärkeren Rolle der Kommission, weil sie allein die Macht hat, neue Regelungen vorzuschlagen und weil diese Regelungen, auch wenn sie von Rat und Parlament gebilligt werden, das tägliche Leben von Bürgern, Organisationen und Staaten in vielfältiger Weise bestimmen.

Dabei gibt es drei Hierarchieebenen von wirkungsmächtigen Vorschriften:

Die *Verordnung* hat allgemeine Geltung. Sie ist in allen ihren Teilen verbindlich und gilt unmittelbar in jedem Mitgliedstaat. Die *Richtlinie* ist für jeden Mitgliedstaat, an den sie gerichtet wird, hinsichtlich der zu erreichenden Ziele verbindlich, überlässt jedoch den innerstaatlichen Stellen die Wahl der Form und der Mittel. Die *Beschlüsse* sind in allen ihrer Teilen verbindlich. Sind sie an bestimmte Adressaten gerichtet und somit nur für diese verbindlich.

So formuliert, scheint ein Rechtstext der EU ein veritabler Ausdruck supranationaler Autorität zu sein, die den Namen »Brüssel«

als Teil für das Ganze rechtfertigt und der EU eine Identität verschafft. Zwei Einschränkungen sollen dennoch gemacht werden. Die Verordnungen und Richtlinien sind im Allgemeinen der Zustimmung der Staaten unterworfen. Wie oft hat nicht dieser oder jener Vertreter einen Text bejaht, der dann in seinem Land als Ausdruck der bösen Brüsseler Gewalt gebrandmarkt wurde. In einem besonderen schweren Fall hat sich der Vertreter Frankreichs sogar einmal mit einer *Absence* herausgeredet (auf Kohldeutsch: *Blackout*). Die Kommission ist auch nicht ein stets zusammenwirkendes Ganzes. Leider schickt jedes Land der Union einen Kommissar, der – jedenfalls in der Theorie – jenseits seiner nationalen Zughörigkeit arbeiten sollte. Sein Ressort wird ihm vom Präsidenten der Kommission zugeordnet – nach manchmal langen und zähen Verhandlungen hinter den Kulissen. Seit 1995 hat es keinen Präsidenten mit echtem Prestige und großen Leistungen mehr gegeben. Santer, Prodi, zweimal Barroso: Ihre Namen und ihr Wirken waren keine Ruhmesblätter. Seit 2014 ist Jean-Claude Juncker Kommissionspräsident, der von 1995 bis 2001 als luxemburgischer Premierminister mit dafür verantwortlich war, dass etliche internationale Großunternehmen praktisch kaum noch Steuern zahlen mussten. (In einem Interview im November 2015 empörte er sich:»Ich antworte nicht auf widerliche Fragen. Es waren keine Fragen, es waren Attacken.«).

Der zweite »Vater Europas« nach Jean Monnet war Jacques Delors. Von 1985 bis 1995 hat er Großes in Brüssel geleistet. Von der Charta der Sozialrechte bis zur Einheitlichen Europäischen Akte und dem Bericht, der den Maastricht-Vertrag und die gemeinsame Währung vorbereitet hat. Delors konnte handeln, weil er von Mitterrand und Kohl ständig unterstützt wurde. Auch setzte er sich von Brüssel aus sehr stark für die Wiedervereinigung Deutschlands ein. Deshalb war er auch der einzige Ausländer, der unter den deutschen Politikern im Reichstagsgebäude saß und bei den Einheitsfeierlichkeiten den öffentlichen Dank von Bundespräsident Richard von Weizsäcker entgegennehmen durfte. Die Kommission ist sichtbar. Der Europäische Gerichtshof ist es weniger, obwohl kaum eine andere europäische Institution mehr für die Einigung geleistet hat – manchmal durch Übertretung ihrer Befugnisse. Die Vereinigung auf dem Gebiet des Rechts hat dem deutschen Bundesverfassungsgericht viele Fragen gestellt, vor allem die der Vorrangstellung Luxemburgs gegenüber Karlsruhe – so wie die Bundesbank der Europäischen Zentralbank untergeordnet ist. Jedenfalls ist die Herstellung der juristischen Identität Europas weitgehend vom EuGH erreicht worden. Von wirtschaftlicher Identität soll noch die Rede sein. Jetzt schon darf Mario Draghi, verehrt oder bekämpft, als eine Art Verkörperung des wirtschaftlichen Europas gelten, gestützt auf den Euro. Die These von Wolfgang Schäuble ist seit Jahrzehnten, man solle ein Europa mit mehreren Geschwindigkeiten schaffen. Diejenigen, die nach vorne wollen, sollen ruhig Initiativen ergreifen, vorausgesetzt, die so geschaffenen Institutionen müssen für alle anderen offenstehen. Heute besitzen 19 der 28 Mitgliedstaaten den Euro als Währung. Zuletzt beigetreten sind Malta (2008), die Slowakei (2009), Estland (2011) und Lettland (2014). Keines der Euro-Länder ist zu seiner nationalen Währung zurückgekehrt. Die Anziehungskraft einer EU im Werden ist also größer als allgemein wahrgenommen. Großbritannien hat nie das Pfund dem Euro »geopfert«. Aber das Referendum für den BREXIT, am 23. Juni 2016, hat auch deutlich gemacht, dass die Zahl der Mitglieder der EU ständig gestiegen ist, wobei der Austritt des Vereinigten Königreich der erste seiner Art gewesen ist. Als die 27 Übrigen am 16. September 2016 zu einem »informellen Treffen« in Bratislava zusammenkamen, haben sie festgestellt, dass sie, trotz aller Differenzen, eine europäische Einheit bilden.

141

Das Wort »Euro« ist in aller Munde. Das Wort »Schengen« noch mehr. Warum? Weil die Frage der Vereinheitlichung Europas nach innen durch das Flüchtlingsproblem immer mehr der Sorge um den Schutz nach außen gewichen ist. Wie beim Euro ist die Zahl der Mitglieder der Schengenzone ständig gewachsen. 1995 waren es sieben. Der Ort Schengen wurde als Unterzeichnungsort auserkoren, weil er am Länderdreieck Deutschland/Frankreich/Benelux liegt. Die Verträge von Amsterdam und Lissabon haben den Inhalt (Verpflichtungen und Rechte) des Schengener Abkommens verändert. Außer den meisten Mitgliedern der EU sind auch die Schweiz, Norwegen und Island im Schengenraum dabei. 2004 ist der Beitritt der Schweiz sogar mit 54,6 Prozent Ja-Stimmen der Bevölkerung begrüßt worden. Großbritannien und Irland haben da nie mitgemacht. Zu den Grenzen gehören die Flughäfen im Landesinneren, und zu der Zusammenarbeit gehört die der Polizeibehörden. Ein Artikel des Abkommens, der nach und nach immer mehr Bedeutung erlangt, erlaubt die »vorübergehende« Kontrolle von Personen an einer Grenze. Schengen sollte zum Inbegriff der schönen Einigung Europas werden. Heute ist das Wort eine Kampfvokabel gegen ein allzu laxes, die Nationen verachtendes Europa.

Gehören Deutschland und Frankreich als Paar selbst zu den europäischen Institutionen? Die Antwort sollte ein klares Jein sein! Natürlich nicht, aber doch. *Grassroot*-Partnerschaften haben sich seit den fünfziger Jahren ständig vermehrt, ebenso die wissenschaftliche Zusammenarbeit. Der Elysée-Vertrag vom 22. Januar 1963 hat manches institutionalisiert oder spätere Institutionalisierungen erlaubt, so auch die Deutsch-Französische Hochschule in Saarbrücken, die keinen Unterricht erteilt, sondern gemeinsame Studiengänge verwaltet oder schafft. Die Szenerie der Unterzeichnung darf mit einiger Ironie geschildert werden: Charles de Gaulle, gewissermaßen als Kaiser von Europa, sitzt in der Mitte. Neben ihm seine beiden Regierungschefs, Adenauer und Pompidou. Daneben die beiden Außenminister Maurice Couve de Murville und Gerhard Schröder (der von der CDU). Am 15. Juni 1963 verabschiedete der Bundestag, der den Text des Vertrags nicht verändern konnte, eine Präambel zum Gesetz, das die Ratifizierung erlaubte. Sie enthielt so ziemlich alles, was gegen de Gaulles Politik gerichtet war: die Hoffnung auf den Beitritt Großbritanniens, eine enge Bindung zu Amerika, die Verteidigung im Rahmen der NATO. Gerade in den Verteidigungsfragen war der Inhalt des Elysée-Vertrags doppeldeutig. Die Formulierung »Auf dem Gebiet der Strategie und der Taktik bemühen sich die zuständigen Stellen beider Länder, ihre Auffassungen einander anzunähern, um zu gemeinsamen Konzeptionen zu gelangen«, war ähnlich nichtssagend wie vergleichbare Passagen in späteren europäischen Verträgen. (Der damalige französische Verteidigungsminister Pierre Messmer meinte einmal zu mir: »Hätte man geschrieben, wir hätten eine gemeinsame Konzeption, so hätte ich am nächsten Tag mein Amt niedergelegt.«) Zugleich wird die intime Zusammenarbeit der beiden Heere auf Generalstabsebene und darunter organisiert, wie überhaupt die Zusammenarbeit sämtlicher Ministerien. Die Minister müssen sich häufig treffen, die höheren Beamten auch, was die direkte Zusammenarbeit während (und nach) den persönlichen Begegnungen sehr gefördert hat. Ursprünglich sollten sich Staats-und Regierungschefs zweimal im Jahr treffen – es ist mehr geworden –, die Außenminister alle drei Monate. Die deutsch-französischen Gipfeltreffen sind seit 2003 durch den Deutsch-Französischen Ministerrat ersetzt worden, zu dem zweimal im Jahr alle Regierungsmitglieder beider Staaten erscheinen. Er ist leider immer mehr zu einer Pflichtübung geworden.

Keine Pflichtübung geworden ist die wohl beste Schöpfung des Elysée-Vertrags, nämlich die Institution des Deutsch-Französischen Jugendwerks (DFJW). Die geleistete Arbeit war und ist erstaunlich und weitet sich auf andere junge Europäer aus – auf viel mehr Arbeiter- und Angestelltenkinder als noch vor wenigen Jahren, und dies obwohl sich seine Struktur traurigerweise verändert hat. Bis 2005 galt das Gründungsabkommen vom 5. Juli 1963: Das DFJW hatte an seiner Spitze einen Verwaltungsrat von 20 Mitgliedern, zehn Deutsche und zehn Franzosen. Auf beiden Seiten vier Beamte der Ministerien und sechs Vertreter der Zivilgesellschaft, insbesondere der Jugendorganisationen, ferner qualifizierte Einzelpersönlichkeiten. Die beiden Generalsekretäre erledigten die Arbeit. Auf jeder Sitzung musste ich die beiden Jugendminister daran erinnern, dass sie nicht Vorsitzende des DFJW waren, sondern nur der jeweiligen Sitzungen des Verwaltungsrats. Und wie oft haben die 6+6 Zivilgesellschaftlichen die 4+4 Ministerialen gemeinsam überstimmt! Das DFJW war vielleicht die einzige wirklich transnationale Institution Europas. Am 26. April 2005 unterschreiben Staatspräsident Jacques Chirac und Bundeskanzler Gerhard Schröder eine Neufassung des Abkommens. Das Zwischenstaatliche ersetzte nun das Transnationale: Im Verwaltungsrat sitzen die beiden Jugendminister, die den Vorsitz führen, ferner zwölf Mitglieder, die paritätisch von jeder Regierung ernannt werden – also sechs Vertreter der öffentlichen Verwaltung, jeweils ein Vertreter der beiden für Jugendfragen zuständigen Ministerien, jeweils ein Vertreter der beiden Außenministerien, jeweils ein Vertreter der beiden Finanzministerien – außerdem zwei Vertreter der Gebietskörperschaften, je zwei Vertreter des Deutschen Bundstags und der Assemblée nationale, schließlich zwei Jugendliche, die zum Zeitpunkt ihrer Ernennung über 18 und unter 27 sind. Die Zivilgesellschaft, so auch die Jugendorganisationen, sitzen in einem Beirat – und wer schon einmal in einem Beirat gesessen hat weiß, wie machtlos man da ist. Glücklicherweise lassen sich die beiden Generalsekretäre dadurch nicht stören. Ihre Arbeit erfuhr sogar solch hohe Wertschätzung, dass zum ersten Mal beide für eine weitere Sechs-Jahr-Periode ernannt worden sind.

Was der Elysée-Vertrag nicht einlösen konnte, habe ich im Sommer 2016 erfahren. Im Vertrag steht:

»Die beiden Regierungen erkennen die wesentliche Bedeutung an, die der Kenntnis der Sprache des anderen in jedem der beiden Länder für die deutsch-französische Zusammenarbeit zukommt. Zu diesem Zweck werden sie sich bemühen, konkrete Maßnahmen zu ergreifen, um die Zahl der deutschen Schüler, die Französisch lernen, und die Zahl der französischen Schüler, die Deutsch lernen, zu erhöhen.«

Als nun die für 2016 verkündete Schulreform den Platz des Deutschen im französischen Schulunterricht drastisch verschlechterte, habe ich mich mit anderen an den *Conseil d'Etat* gewendet, damit das Hohe Verwaltungsgericht diese Schlechterstellung im Namen des Vertrags annulliere. Das Gericht wies die Beschwerde jedoch zurück, denn rechtlich gesehen verpflichtete der Elysée-Vertrag zu nichts. Er enthielt auf dem Gebiet der Sprache nur Absichten.

Die »deutsch-französische Freundschaft« wird ständig beschworen, am meisten durch Erinnerungsfeiern. Aber die Kanzlerin hat es ernst gemeint, als sie am 16. Dezember 2015 im Bundestag mit Blick auf die Attentate von Paris sagte:»Die deutsch-französische Freundschaft ist ein Teil unserer historischen Verantwortung. Sie ist unverrückbarer Teil unserer Außenpolitik und sie ist elementar für den europäischen Einigungsprozess.«

Wie sehen, wie empfinden das die anderen in Europa? Der Gedanke einer deutsch-französischen Herrschaft in Europa, eines deutsch-französischen Steuerrads ist zu Recht verworfen worden, aber die Rolle des deutsch-französischen Motors wird auch oft unterschätzt. Wenig hätte sich in der Gemeinschaft entwickelt ohne deutsch-französische Initiativen. Wenn dem Motor der Treibstoff neuer Vorschläge fehlt, bleibt er stehen. Die schöpferischsten Zeiten waren die der Paare Helmut Schmidt/Valéry Giscard d'Estaing und Helmut Kohl/François Mitterrand. Wie sieht es zur Zeit von Angela Merkel aus? Nicolas Sarkozy verkündete als seinen Vorschlag, was die Kanzlerin ihm gerade mitgeteilt hatte. Mit François Hollande gibt es den Versuch gemeinsamer Vorschläge für Europa, wie dem in der gemeinsamen europäischen Verteidigungspolitik im Spätsommer 2016. Aber auf mindestens drei wichtigen Gebieten waren die Unterschiede noch zu groß:

1. Die Aufnahme von Flüchtlingen. Beide behaupten, zusammen gebe es eine Gemeinsamkeit, was schlicht unwahr ist.
2. BREXIT. Sollten die BREXIT-Verhandlungen nach Artikel 50 des Lissabon-Vertrags endlich einmal beginnen, wird die deutsche Seite wahrscheinlich Nachsicht predigen – so groß sind die wirtschaftlichen Interessen Deutschlands im Vereinigten Königreich. Die französische Seite wird sich hingegen unnachgiebig zeigen, um Marine Le Pen und anderen Europa-Gegnern zu beweisen, dass ein FREXIT große Nachteile nach sich ziehen würde.
3. TTIP/CETA. Die Verhandlungen für die transatlantische Freihandelszone haben Konflikte gezeitigt, die nun überholt sind, da Donald Trump zu einem harten Protektionismus zurückgekehrt ist. Verhandelt wird von der EU-Kommission. Die Kanzlerin ist für die Handelsabkommen, weil Deutschland viel nach USA exportiert. Hollande, wie die meisten Franzosen, ist dagegen. Amerika hat keineswegs den *Buy American Act* von 1933 abgeschafft, und als die französische Firma Alstom TGV-Züge an Kalifornien verkaufte, unterwarf man sich der Bedingung, dass die Wagen in Amerika fabriziert werden müssen. Ameri-

kanische Firmen dürfen jedoch ihre in USA gefertigten Fabrikate weiter nach Europa liefern! Und auch amerikanische Filme kommen schon amortisiert nach Europa, was Schutzmaßnahmen für französische Filme durchaus rechtfertigt.

Europäische Identität durch Währung und Wirtschaft?

Gemeinsame und sogar erfolgreiche Verhandlungen mit Amerika hat es bereits vor vielen Jahren gegeben. Bei den schwierigen Verhandlungen des *Kennedy Round,* 1964 bis 1967, verhandelte der Belgier Jean Rey im Namen der Kommission – noch im Namen eines Europas der Sechs. Er hat es so gut gemacht, dass man ihn danach zum Präsident der Kommission machte und sogar de Gaulle ihn für sein Verhandlungsgeschick beglückwünschte. Heute versucht die hervorragende dänische Kommissarin Margrethe Vestager im Namen Europas Apple zu zwingen, mehr Steuern zu zahlen.

Ist dadurch so etwas wie eine wirtschaftliche europäische Identität gesichert? Wohl kaum. Das Gegenteil kann ziemlich leicht behauptet werden. Nicht nur weil immer mehr europäische Betriebe von China aufgekauft werden, sodass China zu einem wichtigen Teil der europäischen Wirtschaft aufgestiegen ist, sondern auch durch die negative und die positive Rolle der USA. Lange wurde Alan Greenspan, Präsident der amerikanischen Zentralbank Fed, in Europa wie in den USA hoch verehrt. Allerdings ist er es, der die Finanzkrise von 2008, an der Europa noch heute leidet, verschuldete. Er hat zugelassen, dass unzählige Familien Kredite erhielten, um Häuser zu kaufen, die dann an Wert verloren, sodass die Kredite platzten. Auch hat er die erste große amerikanische Bank, die wegen dieser Kredite in den Abgrund gerutscht war, nicht gerettet.

Die Vergehen und Verbrechen von Großbanken werden nur in Amerika bestraft. Übrigens nicht nur die ausländischen. Die Liste verhängter Strafen zeigt die Bank of Amerika an der Spitze mit 16,7 Milliarden Dollar Strafen, gefolgt von der Deutschen Bank mit (vorläufig) 14 Milliarden und JP Morgan mit 13 Milliarden. Seitdem hat es noch weitere Skandale wie den der Wells Fargo Bank gegeben. Eins der Vergehen, für die die Deutsche Bank bestraft wurde, war die Manipulation des LIBOR *(London InterBank Offered Rate)*. Anderes ist (noch) ungesühnt. Die *Panama Papers* zum Beispiel. Ihre Existenz beweist, dass europäische und amerikanische Steuerbetrüger zusammen rund 230 Milliarden Dollar an Börsenwerten vernichtet haben.

Europäisch ist auch der Fall Luxemburg. Premierminister Jean-Claude Juncker hatte zum Beispiel der Firma Amazon erlaubt, ihren Gewinn durch niedrige Mehrwertsteuern von 12 Prozent auf 36 Prozent zu steigern. Im Ganzen sind dem Fiskus Milliarden Dollars entgangen, die den europäischen Staatsfinanzen zugutegekommen wären.

Auf einem Gebiet gibt es allerdings ein wirtschaftliches Europa: in der Gemeinsamen Agrarpolitik (GAP – PAC auf Französisch und in der Brüsseler Sprache). Sie ist von der EU nicht wegzudenken seit ihrer Einführung 1958. Sie wurde oft reformiert, jedes Mal unter dem Protest der landwirtschaftlichen Verbände, die jeden Agrar-Kommissar des Verrats bezichtigten, angefangen mit dem Niederländer Sicco Mansholt. Bis 1992 galt es, die Preise zu stützen, dann wurden die Einkommen der Landwirte subventioniert. Anfangs ging es ihnen noch um die Modernisierung ihrer Produktion, oft zum Preis hoher Verschuldung. 1945 gab es in Frankreich 28.000 Traktoren, ein Vierteljahrhundert später 1,2 Millionen. Heute beträgt das Budget der GAP 50 Milliarden Euro pro Jahr, das sind 38 Prozent des gesamten EU-Haushalts. 40 Milliarden sind für direkte Hilfen und Maßnahmen zum Schutz der Marktbedingungen, 10 Milliarden für die »landwirtschaftliche Entwicklung« (den Schutz des ländlichen Raums und des Erhalts der biologischen Vielfalt). Die Großen und Reichen bekommen mehr als die Kleinen und Armen. 80 Prozent der Hilfen gehen an 20 Prozent der Produzenten, darunter Geflügel- und Zuckergroßunternehmen. Die Landwirte sind natürlich für die freie Marktwirtschaft, aber jeder Betrieb muss mit Subventionen am Leben gehalten werden, wenn er bankrott ist. Nicht nur in der Landwirtschaft gilt das Prinzip: Gewinne privatisieren, Verluste sozialisieren. Dabei bleibt die GAP weiterhin der größte wirtschaftliche Identifikationspunkt des organisierten Europas.

Aber Moment mal: Ist das nicht der Euro? Oder die Europäische Zentralbank? Einfach ist die Antwort nicht. Die EZB hat im Juli 2016 einen großen Sieg davon getragen. Das Bundesverfassungsgericht hat die umstrittene Rettungspolitik der EZB gebilligt und vor allem dem Europäischen Gerichtshof zugestanden, das beinahe alleinige Entscheidungsrecht über Europäische Fragen zu beanspruchen. In die Enttäuschung vieler Antragsteller in Karlsruhe mischte sich Bitterkeit. Ist »Super-Mario« der Retter der Währungseinheit und der Europäischen Landwirtschaft schlechthin? Oft wird Mario Draghi als Totengräber dargestellt, insbesondere von der Bundesbank und ihrem Chef Jens Weidmann sowie mit fast denselben Worten von der Frankfurter Allgemeinen Zeitung. Unbestritten ist, dass er durch seine Entscheidung, den Euro um jeden Preis zu retten, diesen in der Tat gerettet hat. Ist der massive Ankauf von Staatsanleihen nicht gefährlich für das Europäische Banksystem? Dieses Geld ermöglicht, die Wirtschaft durch Darlehen anzukurbeln. Dabei könnte die Bundesrepublik besonders froh sein. In Milliarden Euro gerechnet, beliefen sich die Ankäufe von Staatsanleihen bis Mitte 2016 in Deutschland auf 238, in Frankreich auf 189, in Italien auf 164 und in Spanien auf 118. Was aber, wenn sich die Wirtschaft nicht erholt? Passt das überhaupt zusammen mit dem Druck, der auf alle Länder ausgeübt wird, um ihre Finanzen zu sanieren? Ist die EZB dabei nicht zu nachsichtig mit Portugal und Spanien und vor allem Frankreich? Die Bank hält an ihrer Niedrigzinspolitik fest. Das erlaubt billige Finanzierungen beim Häuserkauf, aber schadet den Rentnern und Investoren. Aber hat die EZB eine Wahl? Kann sie die Zinsen überhaupt erhöhen, so lange es die Fed in Washington nicht tut? Die kleine Erhöhung von 2017 scheint ungenügend zu sein. Die Inflation bleibt begrenzt – eine Deflation hat es nicht gegeben. Ich muss gestehen, dass ich kein Experte bin, aber sehe, dass die Experten selten so total verschiedener Meinung waren wie jetzt. Was bleibt, ist, dass der Euro weiterhin europäische Identität stiftet – solange seine Existenz nicht infrage gestellt wird. Jedoch gibt es einige Experten, die genau das fordern, wenn auch mit der Voraussage, dass dann die neuen nationalen Währungen gleich um 20 Prozent abgewertet werden müssten.

Noch unsicherer bin ich im Streit um den Atomausstieg. Wo und wie die Endlagerung von Atommüll gesichert sein soll, ist nirgends je ganz geklärt worden, und Jahrzehnte nach Tschernobyl besteht in Europa keine Einheit in dieser Frage. Auch nach der Abstimmung zum BREXIT lässt sich England von Frankreich einen besonders teuren Großreaktor mit neuer Technik bauen. Die deutschen Reaktoren sollen nach und nach vom Netz gehen. Die Verteilung der Atommeiler in der Welt zeigt, dass die Frage gewiss keine nur europäische ist. Aktuell sind in 31 Länder weltweit 402 Reaktoren in Betrieb. In der EU stehen 127 in 15 Ländern, die meisten in Frankreich. In Deutschland sollen alle 18 bis zum Jahr 2022 abgestellt werden. Das Atomwerk Fessenheim an der französisch-deutschen Grenze sollte gestoppt werden, und sei es nur, weil deutsche Experten Sicherheitsmängel festgestellt haben. Doch Hollandes Versprechen wurde nicht gehalten, und die

Bevölkerung läuft Sturm gegen die Schließung, wegen der drastischen Stellenkürzungen in Fessenheim und Umgebung.

Die Wirtschaft kann nur dann identifikationsstiftend sein für das organisierte Europa, wenn das Gesellschaftliche dazukommt. Die vielleicht reichste Gegend der Welt erlebt eine dramatische Jugendarbeitslosigkeit. Im Juli 2016 waren in Deutschland nur 7,2 Prozent der Unter-25-Jährigen arbeitslos, in Frankreich sind es schon 24,4 Prozent, in Portugal 26,3 Prozent, in Italien 39,2 Prozent, in Spanien 43,9 Prozent und in Griechenland 50,3 Prozent. Nur Island steht besser da als Deutschland. Ist das ein Beweis dafür, dass Deutschland letzten Endes die Personifizierung Europas ist? Die Wirtschaftsdaten, eine Mischung aus Bewunderung und Neid bei den anderen scheinen darauf hinzuweisen – und nicht zuletzt ein heimliches Heer: Immer mehr deutsche Beamte besetzen wichtige Posten im EU-Parlament und in der Kommission. Frankreich hat allmählich auf den alten überheblichen Führungsanspruch in Europa verzichtet. Premierminister Georges Pompidou hatte noch 1964 in einer Pressekonferenz gesagt: »Frankreich soll die Rolle Europas spielen« (nicht: »eine Rolle in Europa«). Auch auf deutsch-französischem Gebiet sind Veränderungen spürbar. Ist es Zufall, dass das gemeinsame, erstaunlich erfolgreiche Großunternehmen Airbus heute in den Händen eines deutschen Präsidenten Thomas Enders liegt?

Was aber dieses Europa in Wirklichkeit sein sollte, das hat Angela Merkel in ihrer Bundestagsrede vom 29. September 2015 beeindruckend definiert: »Die Europäische Union ist eine Wertegemeinschaft und als solche eine Rechts- und Verantwortungsgemeinschaft.« Es wäre schön, wenn diese Definition für sie und für Europa auch in der aktuellen Flüchtlingstragödie Bedeutung hätte.

Europa mit Flüchtlingen

Bevor die aktuelle Problematik in den Blick genommen wird, müssen wir uns einmal die Vergangenheit von Flucht und Vertreibung in Erinnerung rufen. Warum ist die Bevölkerung von Straßburg noch vor Kriegsbeginn 1939 zwangsweise evakuiert worden? Weil sie als Menschen die Maginot-Linie störten, mit der Frankreich nach Osten verteidigt werden sollte? Weil Elsässer vielleicht die Wehrmacht bei einem deutschen Vormarsch freudig begrüßt hätten? Jedenfalls wurden sie mit wenig Gepäck in Pferdewaggons nach Mittelfrankreich transportiert, wo man sie nicht nur freundlich empfing – die einen als Landsleute, die anderen als Fremde.

Seit 1947 wird in Palästina/Israel darüber gestritten, was Flucht und was Vertreibung aus den palästinensischen Dörfern gewesen ist. 1945 waren Abermillionen Deutsche vertrieben worden oder auf der Flucht. Flucht vor der Roten Armee, Vertreibung aus Schlesien, aus dem Sudetenland, aus Ungarn. Erika Steinbach hat gewiss nicht immer nur löbliche Dinge gesagt, aber der Grundanspruch für ihr Zentrum gegen Vertreibungen war berechtigt. Über den genauen Inhalt der Beneš-Dekrete wird weiterhin gestritten. Die Gewalttaten und Morde, die die Ausweisungen begleiteten, sind Tatsachen. Nur, dass eine Dimension vergessen oder vertuscht worden ist, die ich zu schildern versucht habe in meiner Laudatio für Marion Gräfin Dönhoff, als sie am 17. Oktober 1971 den Friedenspreis des deutschen Buchhandels erhielt:

»Und dann haben Sie ja nur die Heimat verloren. Sie haben richtig gehört. Ich habe wirklich *nur* gesagt. Die Generation meines Vaters, die 1933 vertrieben wurde, hat damals ihr Vaterland verloren und auch die Möglichkeit, ihre Sprache beizubehalten. Wie merkwürdig ist es doch für den ausländischen Beobachter der deutschen Politik, dass gerade diejenigen, die am meisten vom

Volk und von der Nation sprechen, am wenigsten erkennen oder zugeben, dass eine Vertreibung aus Königsberg oder Breslau nach Hamburg und sogar nach Bayern immerhin kein Ausstoßen aus der vielgerühmten Volksgemeinschaft bedeutete.«

In Bayern habe ich beobachten können, dass manche Schlesier als »Polacken« schlecht empfangen wurden. Sie und die Sudetendeutschen wurden nur zaghaft aufgenommen als Opfer einer ethnischen Säuberung, denn nach den furchtbaren deutschen Verbrechen durfte es keine deutsche Klage über von Deutschen erlittenes Unrecht geben. Und heute, wo die meisten Opfer islamischer Gewalt Moslems sind, darf verschwiegen werden, dass der IS dabei ist, einen Genozid an den Christen ihres Machtbereichs durchzuführen.

2015 gab es in der Welt 60 Millionen Flüchtlinge oder Vertriebene. Ein Teil von ihnen versuchte, nach Europa zu kommen, und ein Teil von diesen erreichte Deutschland. Bevor wir auf die deutsche Problematik kommen, sind ein paar Vorbemerkungen nützlich.

Die Türken in Deutschland sind weder Vertriebene noch Flüchtlinge. Das Abkommen vom 30. Oktober 1961 zwischen der Bundesrepublik und der Türkei sah vor, dass 900.000 türkische Gastarbeiter (und Arbeiterinnen – sie stellten etwa ein Fünftel der in provisorischen, unbequemen Unterkünften untergebrachten Menschen) nach Deutschland kommen würden. Die Ölkrise 1973 beendete das Abkommen. Plötzlich waren die Türken Immigranten. Heute leben 2,9 Millionen Menschen mit türkischen Wurzeln in Deutschland, darunter 1,5 Millionen mit türkischer Staatsangehörigkeit. Dass die Nationalität eine Bedeutung hat, ist von Recep Tayyip Erdoğan in seiner Rede in Köln am 10. Februar 2008 aggressiv angezweifelt worden. Für ihn waren alle Türken Türken, auch wenn sie deutsche Staatsbürger geworden waren:

»Ich verstehe die Empfindlichkeit, die Sie gegenüber der Assimilation zeigen, sehr gut. Niemand kann von Ihnen erwarten, Assimilation zu tolerieren. Niemand kann von Ihnen erwarten, dass Sie sich einer Assimilation unterwerfen. Denn Assimilation ist ein Verbrechen gegen die Menschlichkeit. Sie sollten sich dessen bewusst sein.«

Die Kinder, die zum ersten Mal in der Schule mit der deutschen Sprache konfrontiert würden, sollten gut Deutsch lernen, um beruflich vorwärts zu kommen. Türken würden sie dennoch bleiben. Eine erstaunliche Umfrage vom Juli 2016 zeitigte folgende Antworten: »Fühlen Sie sich eng/sehr eng mit der Türkei verbunden?« Ja: 85 Prozent. »Fühlen Sie sich eng/sehr eng mit Deutschland verbunden?« Ja 87: Prozent. Eine gespaltene Identität ist das nicht. Man könnte auch den Vergleich mit jüdischen Deutschen und Israel bemühen, nur dass ein theoretisch nicht erstaunliches Ereignis in Deutschland als erstaunlich behandelt wird. Muhterem Aras ist »die erste Landtagspräsidentin mit türkischen Wurzeln«. Als sie die Tagung des baden-württembergischen Parlaments im Mai 2016 eröffnete, sagte sie:

»Eine Frau mit Migrationshintergrund als Repräsentantin dieses Hohen Hauses. Damit haben Sie ein deutliches Zeichen gesetzt. Ein Zeichen für Weltoffenheit, für Toleranz und für das Gelingen von Integration.«

Sie hätte hinzufügen können, dass sie auch die erste Muslimin war in einem solchen Amt. Dass sie 1978 mit ihren Eltern in Stuttgart gelandet war und mit zwölf kein Wort deutsch sprach, entspricht eher französischen Verhältnissen! Leider hat Erdoğan 2016 eine neue Identitätsfrage entstehen lassen. Ein Teil der Türken in Deutschland – die Anhänger Erdoğans – soll sich als Feind anderer Türken betrachten, insbesondere der Kurden, die vom türkischen

Herrscher als Feinde gebrandmarkt werden. Seine Stellungnahme kann als Aufruf zur Gewalt gedeutet werden.

Fremdenfeindlichkeit ist mit anderen, noch niedrigeren Gefühlen verbunden als Nationalismus. In Ungarn ist das Volk dazu aufgehetzt worden, durch ein Referendum die Ankunft von Flüchtlingen abzulehnen, flankiert von schrecklichen pauschalen Lügen über Flüchtlinge, die regelmäßig durch die von der Fidesz-Partei beherrschten Medien verbreitet werden. Obwohl die Wahlbeteiligung nicht die verfassungsmäßig vorgeschriebenen 50 Prozent erreicht hat, verkündete Viktor Orbán, er würde dem fremdenfeindlichen Inhalt des Referendums durch ein Gesetz Geltung verschaffen. Schlimmer noch: Der Erziehungsminister kann einem Journalisten einen nationalen Orden verleihen, der die »Roms« (Sinti und Roma) vernichtet sehen möchte und moniert, dass »die Juden ihren Nasendreck in unsere ungarischen Schwimmbäder rotzen dürfen«.

Diskriminierung betrifft nicht nur Neuankömmlinge. In diesem Jahr wurden in den USA (Stand: August) bereits 160 Afroamerikaner von der Polizei getötet. Vor der Wahl sagte die afroamerikanische Autorin Valerie Wilson Wesley: »Trumps Sprache ist gewalttätig und hasserfüllt. In den USA leben verschiedene Menschen. Wenn die Leute nicht mehr die unterschiedlichen Identitäten respektieren, bleibt nichts übrig als Trump.« Jedoch »wer die Sklaverei überlebt hat und die Polizei überlebt, der überlebt auch Trump!«

Nach diesen Vorbemerkungen komme ich zu Angela Merkel: Wenn es doch um die Flüchtlingsfrage in Europa gehen soll, warum dann mit ihr und mit Deutschland beginnen? Zunächst weil 2015 rund 890.000, und in den ersten neun Monaten 2016 rund 210.000 Flüchtlinge in Deutschland eingetroffen sind, was in anderen Ländern Bewunderung und Neid, aber noch mehr Zorn ausgelöst hat. Dann, weil diese Zahlen von der Entscheidung der Kanzlerin verursacht worden sind. Aus welchen Gründen sie sich am 4./5. September 2015 dazu entschieden hat, das bleibt ein weit verbreitetes Spiel mit Hypothesen, wobei die Zyniker nie an eine moralische Begründung glauben wollen. Nach der Berliner Wahl mit nur 17,6 Prozent für die CDU und 14,2 Prozent für die AfD hat Angela Merkel ihr »Wir schaffen das!« zwar etwas zurückgestellt und von der unvollkommenen Vorbereitung für die enorme Zahl von Ankömmlingen gesprochen, aber an der zentralen Stellungnahme festgehalten: »Ich stehe voll zu dieser Entscheidung.« Sie wurde – in meinen Augen zu Unrecht – von Bundestagspräsident Norbert Lammert gerügt, dass sie keine Wende eingestanden habe. Doch bleibt nicht jene Aussage von ihr vor dem Bundestag am 24. September 2016 von fundamentaler Bedeutung, auch in der Flüchtlingsfrage?: »Die Europäische Union ist eine Wertegemeinschaft und als solche eine Rechts- und Verantwortungsgemeinschaft.« Es stimmt, dass sie von »temporären Grenzkontrollen« gesprochen hat, von »deutlich schnelleren Asylverfahren«, von »Rückführung derjenigen, die keine Bleibeperspektive haben« (21.000 Abschiebungen 2015). Aber grundsätzlich ist das alles keine Selbstverleugnung.

Sie hat auch all denen gedankt, die geholfen haben und noch helfen – den Ehrenamtlichen wie den Beamten. Die Untersuchungen des Berliner Instituts für empirische Integrations- und Migrationsforschung zeigen, dass drei Viertel der freiwilligen Helfer sich als geradezu »erfüllt« von ihrer Erfahrung bezeichnen, wenn auch die jugendlichen Helfer weniger standhaft dabei sind als die Älteren. Diese Hilfsbereitschaft ruft im Ausland reine Bewunderung hervor. Dazu kommt die Haltung der Kirchen. Der Erzbischof von München, Kardinal Marx, hatte schon gesagt, man könne nicht zugleich fremdenfeindlich und katholisch sein. Gemeinsam mit dem Ratsvorsitzende der Evangelischen Kirche, Heinrich Bedford-Strohm (»So redet man nicht über Menschen«), hat er den Generalsekretär der CSU kritisiert, der besonders abfällig über einen senegalesischen Fußballspieler gesprochen hatte. Die Tonlage des Abschottens sei nicht hilfreich, sagte der Kardinal, der auch auf eine Frage eines Journalisten zur AfD antwortete:»Die christliche Identität besteht darin, mit den Schwachen zu empfinden, nicht darin zu sagen, ›Wir zuerst‹.«

Nicht alle deutschen Bürger denken so. Rechtsextremisten und Rassisten werden immer häufiger gewalttätig. Von Januar bis Mitte September 2016 registrierte die Polizei 507 Fälle fremdenfeindlicher Gewalt, zweimal mehr als im Vorjahr. Es wurde 78 Mal Feuer gelegt, und 7 Menschen wurden getötet. Bei immer mehr Deutschen zeigen sich immer mehr Ängste und immer mehr Ablehnung – Angst davor, dass Terroristen unter den Asylsuchenden sind. Angst vor der Überfremdung. Angst vor»Islamisierung«. Allerdings gab es auch schon kämpferische Auseinandersetzungen zwischen Sunniten und Schiiten, bei denen sich christliche Asylsuchende unwohl fühlen.

Das Positive und das Negative dürfen nicht die grundlegenden Fragen überdecken. Wer sind die Flüchtlinge? Aus Syrien und auch aus Afghanistan entkommen heißt, der Lebensgefahr entronnen zu sein. Die Kinder, die an den Küsten von Griechenland und Italien ertrunken sind, hätten einen Anspruch darauf gehabt, von Europa gerettet und aufgenommen zu werden. Aber nun kommt aus Nord- und Schwarzafrika eine»Welle« von»Wirtschaftsmigranten« auf Europa zu, von denen die meisten nach Deutschland wollen. Was soll man tun? Was kann getan werden? Von denen, die angekommen sind, geraten viele mit solchen, die aus anderen Ländern stammen, in Streit, auch in den Flüchtlingseinrichtungen – wo nicht wenige Frauen männlichen Übergriffen ausgesetzt sind. Ein Asylbewerber hat nicht nur diese eine Identität. Was sucht er? Eine neue Heimat, im Sinne des lateinischen Wortes *ubi bene, ibi patria* (Meine Heimat ist da, wo es mir gut geht)? Ohne irgendeine »Eindeutschung«? Was bedeutet die Formel der Kanzlerin »Deutschland bleibt Deutschland«? Der Neuankömmling soll nach den Grundrechten und Grundpflichten der Bundesrepublik leben. Wie viele angestammte Deutsche tun das in untadeliger Weise? Er soll die deutsche Erinnerungskultur, also die Last des Auschwitz-Erbes, mittragen. Eine solchen Grad von Assimilation zu fordern, ist nicht wenig. Bei mir in Frankreich ist sie gelungen, aber ich möchte nicht verallgemeinern. Der Neuankömmling soll ferner teilnehmen an der deutschen »Leitkultur«. Was diese ist oder sein sollte, wird noch erörtert werden. Um nur ein kleines Beispiel zu nehmen: Die dritte, heute einzige Strophe der deutschen Nationalhymne spricht von »Einigkeit und Recht und Freiheit«. Wie oft ist das in der deutschen Geschichte verwirklicht worden, wo im Ganzen wohl mehr Untertanentum als Gehorsamsverweigerung zu finden war? Die zweite Strophe enthält eine merkwürdige Aufzählung, mit viel Eigenlob jedenfalls: »Deutsche Frauen, deutsche Treue/Deutscher Wein und deutscher Sang/Sollen in der Welt behalten/ihren alten, schönen Klang.« Es fehlen die deutschen Pferde! Ernster gesagt: Wie hilft man zugewanderten jungen Moslems, sich als Deutsche zu fühlen? Das Nicht-Gelingen ist von beiden Seiten zu verantworten.

Nun zu Frankreich. Warum? Es ist wahrlich kein Modell des Aufnahmewillens. Die Zahlen zeigen es. Vielleicht, weil die beiden größten Parteien, der *Front national* von Marine Le Pen und *Les Républicains,* denen bis vor kurzem Nicolas Sarkozy vorstand, ihre Ablehnung gegenüber Flüchtlingen besonders hart formuliert haben? Oder weil ich Franzose und in dieser meiner Identität getroffen bin – und ein schlechtes Gewissen habe. Ich kämpfe für mehr

Menschlichkeit so gut ich kann – in Schrift und Wort. Aber wir haben keinen Flüchtling bei uns zuhause, ich bewundere die Menschen und die Verbände, die das tatsächlich tun, ohne mich selbst zu bemühen. Wir geben lediglich Geld, um den Helfern zu helfen. Frankreich nimmt vor allem Syrer, Afghanen und Sudanesen auf. Was sagen die Zahlen von Anerkannten im internationalen Vergleich aus? Die wahrscheinlich signifikanteste Zahl ist die der Aufgenommenen pro Bevölkerungsmillion im ersten Vierteljahr 2016. Mit 270 liegt Frankreich hinter Deutschland (2.155), Österreich (1.619), Schweiz (964), Schweden (790), Dänemark (527) und Belgien (419). Frankreich hat versprochen, bis Ende 2017 30.700 Flüchtlinge aus den überforderten Ländern Italien und Griechenland aufzunehmen. Fortschritte sind zu verzeichnen. Der Prozentsatz der anerkannten Flüchtlinge ist zwischen 2012 und 2016 von 9 Prozent auf 38 Prozent gestiegen, und die Dauer der Antragsverfahren ist von einem Jahr (2014) auf 4,5 Monate gesunken. Diejenigen, die die Rechtsstellung eines Flüchtlings *(statut de réfugié)* erhalten, unterschreiben einen *contrat d'accueil et d'intégration* (Einwanderungs- und Integrationsvertrag), der ihnen mindestens 120 Stunden Französischunterricht sichert, eine Berufsausbildung, kostenlose medizinische Versorgung, Familienzuschuss und Wohnungshilfe. Einer der heftigsten Angriffe gegen die Aufnahmen von Flüchtlingen betrifft das *regroupement familial,* den Familiennachzug. Die falschen Zahlen, die zu diesem Thema im Umlauf sind, umfassen auch die Frauen und Kinder von Franzosen, die im Ausland lebten, nach Frankreich zurückgekehrt sind und ihre Familien wieder bei sich haben wollen. Nur 6 Prozent dieser Fälle betreffen Flüchtlinge.

Immer mehr Leute behaupten, die Nation sei in Gefahr durch Flüchtlinge. Die Nation ist in Frankreich etwas anderes als in Deutschland. Manchmal entspricht sie nur der deutschen Bundesebene. Im Fußball haben wir die *Ligues 1 und 2. Le National* ist nur die unterste Liga der Regionalen. Aber *la Nation* ist auch etwas Feierliches. In der Grundrechte-Charta der Präambel der Verfassung von 1946 heißt es:

»Die Nation sichert dem Einzelnen und der Familie die zu ihrer Entwicklung notwendigen Voraussetzung (...) Die Nation gewährleistet dem Kinde wie dem Erwachsenen gleichen Zugang zu Bildung, zu Berufsausbildung und zu Kultur.«

Nur, dass eben die jüngst Dazugekommenen, wie der Premierminister, die Ministerinnen für Erziehung und Arbeit oder die Oberbürgermeisterin von Paris, völlig normale Mitglieder der Nation sind. Letztere, Anne Hidalgo, hat harte Proteste hinnehmen müssen, weil sie Aufnahmeeinrichtungen für Flüchtlinge bauen will. Die vornehmen Viertel von Paris und Umgebung weigern sich, Flüchtlinge, und seien es auch nur wenige, aufzunehmen. Dass die Gefahr besteht, Terroristen ins Land zu lassen, ist unbestreitbar, aber die Anschlagsgefahr kommt nicht nur von draußen. Französische Mädchen zwischen 15 und 20 sind jüngst bei der konkreten Vorbereitung von Attentaten entdeckt worden, ferngesteuert vom IS. »Nicht bei uns« ist zum Losungswort vieler Kommunen geworden. Kraft eines unwürdigen französisch-britischen Abkommens ist die französische Polizei angehalten, Flüchtlinge in Calais daran zu hindern, nach England zu gehen. Jene 9.000 Flüchtlinge, die unter unmenschlichsten Bedingungen im »Dschungel von Calais« lebten (darunter 900 allein reisende Minderjährige), sollen nun auf alle Regionen verteilt werden, und zwar in noch nicht eingerichteten *Centres d'accueil*. Der Präsident einer Region hat schon angekündigt, er halte so etwas für unerträglich.

Zugleich gibt es im zwiegespaltenen Frankreich eine große Hilfsbereitschaft für Flüchtlinge. Kommunen wollen sie aufnehmen. Verbände, an ihrer Spitze der *Secours catholique* (die französische Caritas), setzen sich mit Direkthilfen und öffentlichen

Stellungnahmen für sie ein. Die Fernseh- und Pressebilder der sinkenden Boote und toten Kinder haben doch eine gewisse Wirkung gehabt. Das heißt aber noch nicht, dass die Probleme leicht zu lösen sind. In Marseille treffen wöchentlich zahlreiche unbegleitete Minderjährige ein. Alle vorgesehenen Aufnahmeeinrichtungen sind überfüllt. Die Verwaltungsrichter befehlen vergeblich, ihre Aufnahme zu organisieren. Nehmen Flüchtlinge den Franzosen die Arbeitsplätze weg in Zeiten großer Arbeitslosigkeit? Wenige nur erhalten überhaupt eine Arbeitserlaubnis. Wie in Deutschland gibt es viel Schwarzarbeit. Die Arbeiten, die ihnen offenstehen sind Berufe, die die Einheimischen nicht ausüben wollen. Trotzdem muss ständig bewiesen werden, wie in Deutschland, dass die Hilfe nicht auf Kosten der autochtonen Armen geht. Dazu nur eine Zahl: Von den *Sans domicile fixe* – den Obdachlosen – in Paris haben 14 Prozent einen Hochschulabschluss.

Glücklicherweise schweben die Helfer heute nicht mehr in der Gefahr, sich strafbar zu machen. Bis 2012 existierte ein sogenanntes »Vergehen der Solidarität« im französischen Strafrecht. Fünf Jahre Haft und 30.000 Euro Strafe drohten jedem, der direkt oder indirekt versucht hat, einem Fremden zu helfen, der unrechtmäßig in Frankreich war. Jetzt darf man einem Flüchtling helfen, wenn keine Gegenleistung gefordert wird, jedoch nicht, wenn der Flüchtling widergesetzlich über die Grenze eingedrungen ist. Der Bürgermeister eines Dorfes nahe der französisch-italienischen Grenze bei Vintimille hat vor Gericht gestanden, dass das Dorf Flüchtlinge aufgenommen und versorgt hatte. Er sagte, er wisse, er habe gesetzwidrig gehandelt. Das Gericht hat ihn freigesprochen. Der moralische Zwang zur Humanität stehe hier höher als das Gesetz.

Wie lautet schließlich die Kernfrage an das organisierte Europa? »Wann ist das Boot voll?« Die Visegrád-Staaten (Polen, Tschechische Republik, Ungarn und Slowakei) haben ihre Antwort bereits gegeben: Unser Boot ist schon voll, von vornherein, und die Europäische Kommission hat sowieso kein Recht, Aufnahmequoten zu bestimmen, so klein sie bei uns auch sein mögen. Die anderen sollten sich weiterhin mit FRONTEX befassen – das ist die Europäische Agentur für die operative Zusammenarbeit an den EU-Außengrenzen. Sie wurde 2004 gegründet, hat ihren Sitz in Warschau, und ihr Direktor ist der Franzose Fabrice Leggeri. »FRONTEX«, heißt es, »unterstützt die EU-Länder und die assoziierten Schengen-Staaten bei der Verwaltung ihrer Außengrenzen.« »FRONTEX kann Ländern, die einem starken Migrationsdruck ausgesetzt sind, zusätzliche technische Unterstützung anbieten.« Zu den Tätigkeiten gehören die gemeinsamen Rückführungen: »FRONTEX entwickelt optimale Verfahren zur Rückführung von Migranten und koordiniert gemeinsame Rückführungsaktionen.« Am 1. Oktober 2016 wurde die Natur der Organisation verändert. Im Dezember 2015 hat die Kommission FRONTEX dann in eine Europäische Agentur zum Grenz- und Küstenschutz umgewandelt, mit mehr Zuständigkeiten und größeren Mitteln. Rat und Parlament haben dem zugestimmt.

Es hat viele Reaktionen gegeben, die meinten, dass FRONTEX die Menschenrechte verletzt, so wie sie in den Rechtstexten der EU definiert werden. Eines ist jedenfalls klar: Es geht um die Abschottung der EU und der Schengen-Zone gegen Menschen, deren zentrale Identität darin besteht, Migranten zu sein. Auf diese Weise kann ein durchschnittlich reiches Gebiet geschützt werden. Aber wie lange? Wird man auch künftig und dauerhaft jeden neuen Andrang abwehren können? Eine Diskussion über die absehbare Zukunft sollte für alle Institutionen der EU zentral sein, denn gerade diese Zukunft wird wahrscheinlich die Identität des organisierten Europas ins Wanken bringen.

KAPITEL 5

Gesellschaft

1983, im Buch *Einsteigen statt aussteigen,* das von Matthias Wiss-
mann herausgegeben wurde – damals der Vorsitzende der Jungen
Union, heute großer Mann der Automobilindustrie – schrieb ich
in meiner Einleitung »Erdulden oder Mitgestalten«:
»Eigentlich kannst du gar nicht aussteigen. Denn du bist zwei-
fach drin. In dir und in deiner Umwelt, d. h. in der Gesellschaft.
Man kann nämlich gar nicht außerhalb der Gesellschaft stehen (...)
Du siehst, dass es mehrere Wir gibt. Wir, die Jungen, den Älteren
gegenüber; gewiss, aber glaubst du wirklich, dass dieses Wir das
gleiche ist wie: Wir, die nicht die gleichen Berufschancen haben?
Oder wir, die Gymnasiasten, den Absolventen der Hauptschule
gegenüber? Oder wir, die eingewurzelten jungen Deutschen, den
entwurzelten Töchter und Söhnen der Gastarbeiter gegenüber?
Wir, die Deutschen, den Franzosen oder den Engländern gegenüber, die keinen Hitler in der Vergangenheit gehabt haben und
nicht in zwei Staaten leben? Oder auch Wir, die in den Industrie-
ländern Kinobesuch und HiFi als ein Bedürfnis empfinden, den
Abermillionen von Menschen anderer Kontinente gegenüber, die
an Hunger zugrunde gehen?«
   Aber um heutige Jugendliche von so etwas zu überzeugen,
dürften sie keine Zeitung lesen und nicht fernsehen. Dann sie
würden fragen: »Was ist das für eine Welt, in der wir uns vergleichen sollen?«

Das schlimme Geld und die Ethik

Von draußen und nach draußen: Jeden Tag gibt es Nachrichten von chinesischen Übernahmen oder Teilankäufen von Unternehmen. Ein völlig undemokratisches Land, in dem Millionen Menschen ausgebeutet werden, um den neuen Reichtum zu erarbeiten. Die großen europäischen Textil- und Ledergesellschaften beuten weiterhin die miserabel bezahlten Arbeiterinnen in Bangladesch aus, damit ihre hiesige Kundschaft billige Waren kaufen kann. Die mehr als tausend Toten beim Einsturz des achtstöckigen Rana Plaza – der bislang schwerste Fabrikunfall in der Geschichte Bangladeschs – haben da wenig verändert.

Wenn man reich ist, braucht man bei uns in Europa nicht vor Gericht. Die Zahlung einer Geldauflage genügt. Hundert Millionen Dollar für Bernie Ecclestone, den Formel 1-Chef. 3,2 Millionen für Josef Ackermann als Auflage im Mannesmann Prozess. Glücklicherweise brauchen auch Superreiche keinen Prozess zu fürchten, weil sie persönlich ja einen Sinn für die gemeinschaftliche Gesellschaft haben. Zwei schöne Beispiele seien erwähnt: Warren Buffett, heute 86, hat 95 Prozent seines enormen Vermögens wohltätigen Verbänden zur Verfügung gestellt. Er sagte, seine Kinder würden noch genügend erben, um ein privilegiertes Leben zu führen. Am meisten hat er an die Bill & Melinda Gates Foundation gegeben. Gates, heute 61, verdiente mit Microsoft Milliarden. Nun, da er sich zurückgezogen hat, geht fast sein ganzes Geld an die Stiftung, die überall in der Welt für Gesundheit und elementares Wissen kämpft.

Diese schönen Beispiele positiver persönlicher Identitäten sind viel seltener als die Fälle von Versagern, die trotz ihres Versagens exzellent bezahlt werden. Oder auch ohne Versagen, wie beim Fußball. Lionel Messi verdient 71 Millionen Euro im Jahr, Cristiano Ronaldo 67 Millionen. An achter Stelle steht Thomas

Müller mit 23 Millionen. Das ist sehr viel, aber so eine Fußballer-Karriere ist kurz und das große Geld schadet niemandem, außer den Fans und den Sponsoren. Allerdings bringen die Großen im Fußball ihre zusätzlichen Millionen vor dem Fiskus in Sicherheit und sollten dafür eigentlich mit Spielverbot und/oder Gefängnis bestraft werden!

Anders war das bei Serge Tchuruk. Als er die Firma Alcatel übernommen hat, war die Aktie 92 Euro wert. Sie stürzte ab auf 6 Euro. Mehr als 17.000 Angestellte sind entlassen worden. Er erhielt nach der Fusion mit der amerikanischen Firma Lucent einen ersten Scheck über 5,7 Millionen, dann einen zweiten von 2,75 Millionen, plus eine Rente von 1,1 Millionen, finanziert aus den Resten des Vermögens von Alcatel. VW-Aufsichtsrat Ferdinand Piëch wollte den von ihm berufenen Bernd Pischetsrieder als Vorstand wieder loswerden. Er ließ ihn 5 Millionen Euro verdienen, um ein bis zweimal für jeweils einen Tag von seinem Haus in Bayern mit einem Firmenjet nach Wolfsburg zu fliegen. Er wird wahrscheinlich viel Geld ins Ausland gebracht haben. Martin Winterkorn durfte Volkswagen verlassen mit einer Rente von 28,6 Millionen Euro. Er war 60. Würde er bis 85 leben, so bedeutete das 1,144 Millionen Euro jährlich oder 95.333 Euro monatlich. Was ist dies jedoch im Vergleich mit der Trump Organization, die, auf viele Gebiete verteilt, 2015 auf 4,3 Milliarden Dollar geschätzt worden war.

In den USA haben die Chefs der Großunternehmen im Durchschnitt 6 Millionen pro Jahr »verdient«; das bedeutet eine Erhöhung um 941 Prozent im Vergleich zu den 10,3 Prozent des Durchschnittsverdieners. 1965 verdiente man »oben« 20 Mal mehr als »unten«. Heute ist das Verhältnis 1:276!

Das Datenleck der Panama Papers hat offenbart, dass 230 Milliarden Dollar an Börsenwerten vernichtet wurden. Die Schweizer Banken haben auf amerikanischen Druck hin (»Wenn Ihr nicht öffnet, dürft Ihr nicht mehr an die New Yorker Börse«) ihr

Bankgeheimnis aufgeben müssen, was dem französischen und deutschen Fiskus viele Millionen eingebracht hat. Ein Schweizer Vermögensverwalter erzählte im März 2016, wie man es bis jetzt angestellt hat und künftig anstellen kann. Viel mag auch »gespart« werden, wenn man Steuergesetze auszunutzen weiß. Die französische Vermögensteuer darf das Jahreseinkommen nicht übersteigen. Es ist ein leichtes, hohe Lebensversicherungen zu nehmen oder Geld in Scheinfirmen unterzubringen. So hat die reichste Frau Frankreichs, Liliane Bettencourt, statt 81 Millionen Euro Vermögensteuer Null Euro bezahlt. Bernard Arnault, Chef der Luxusfirma LVLH, hätte 5 Millionen zahlen müssen, überwies dem Staat am Ende aber nur 179.000. In Deutschland will die Debatte über die Erbschaftssteuer kein Ende nehmen. Wie gering sie im Namen der Betriebserhaltung sein sollte oder wie hoch in Betracht eines unverdienten Erbvermögens, ist auch nach einem neuen Gesetz unklar.

Der Deutschen Bank geht es schlecht, aber Josef Ackermann hat zwischen 2006 und 2016 ganze 64,5 Millionen Euro erhalten. Die beiden Vorstandsmitglieder von 2009, die dann Direktoren wurden, haben 50 und 29 Millionen verdient (»verdient«?). Die Deutsche Bank hat echte Verbrechen begangen und wird in den USA mit vielen Milliarden bestraft. Es gilt aber das Prinzip »*to big to jail*« (zu groß, um ins Gefängnis zu kommen), während ein Ladendieb oder kleiner Dealer gleich eine Haftstrafe zu gewärtigen hat. Wird die Lage der Bank hingegen allzu dramatisch, gilt ein anderes Prinzip, nämlich »*to big to fail*«. Seitdem die Federal Reserve und die amerikanische Regierung am 15. September 2008 Lehman Brothers haben fallen lassen, was eine weltweite Finanzkrise zur Folge hatte, muss der Staat, das heißt der Steuerzahler einspringen, um das Loch zu stopfen. »Gewinne privatisieren, Verluste sozialisieren« – diese Formel haben wir schon gehört.

Unten, oben, dazwischen

Was ist ein Kind? In Europa lässt sich das ziemlich leicht definieren. Aber UNICEF zählt weltweit 191 Millionen Kinder zwischen 5 und 14 Jahren, die zum Arbeiten gezwungen oder als Sklaven gehalten werden. Kindersoldaten übrigens nicht mitgerechnet. Die Internationale Arbeitsorganisation hatte 2002 352 Millionen Arbeitende zwischen 5 und 17 festgestellt. Der 12. Juni 2002 wurde zum Welttag gegen die Kinderarbeit ausgerufen. In Europa sollte man sich daran erinnern, wie es bei uns war. In England hat 1833 der *Factory Act* verboten, Kinder unter 9 Jahren in der Textilindustrie einzusetzen. Die Tagesarbeit sollte für 9- bis 14-Jährige 10 Stunden nicht überschreiten, 12 Stunden für die 12- bis 14-Jährigen. In Preußen wurde 1839 eine untere Altersgrenze von 9 Jahren verordnet, mit 10 Stunden pro Tag für die 9- bis 16-Jährigen. Am 1. Januar 1904 trat ein kaiserliches Kinderschutzgesetz in Kraft, das 12 Stunden für Unternehmen und 10 Stunden für Familienbetriebe verordnete. In Frankreich lag bis 1880 die untere Altersgrenze für den Bergbau bei sechs Jahren. Die Kinder konnten in die Kohleflöze hineinkriechen, dort wo es für Erwachsene zu eng war. Dass sie dabei oft tödlich verunglückten oder verkrüppelt wurden, störte nur die Wenigsten. Auch in der Textilindustrie wurden überall Kinder benutzt, die durch die Arbeit zu Krüppeln wurden. Am Ende des XIX. Jahrhunderts lag die untere Grenze bei 9 Jahren in Italien, bei 10 Jahren in Dänemark, bei 12 Jahren in Deutschland und Holland, bei 14 Jahren in der Schweiz.

Bei den Erwachsenen hat sich ebenfalls vieles verändert. In den Schulen sollte man immer wieder Gerhart Hauptmanns Stück *Die Weber* lesen, das 1892 veröffentlicht wurde. Doch soweit muss man nicht zurückgehen. Als ich nach der Befreiung von Marseille 1944 kurz Angestellter einer Hafengesellschaft war, konnte ich feststellen, wie hart das Be- und Entladen der Schiffe durch die

Docker war. Dann kamen die Hebemaschinen, und heute braucht es für das Verladen von Containern keine große Muskelkraft mehr! Das soll gewiss nicht heißen, dass in unserer Gesellschaft niemand mehr unten steht. In den Großstädten gibt es viele Obdachlose. In Paris helfen öffentliche und private Organisationen mit, ihr Schicksal etwas zu verbessern – besonders im Winter.

Um nicht immer seriös zu sein, sei es mir erlaubt von »urinösen Zuständen« zu sprechen, wie ein längerer deutscher Zeitungsartikel Mitte September 2016 betitelt war. »Im Kampf gegen Wildpinkler plant Hessen die Wiedereinführung der Toilettenpflicht in Gaststätten.« Diese Pflicht besteht in Frankreich nicht. Im Gegenteil: Die Wirte verweigern denen, die keine Gäste sind, die Benutzung der Toiletten. Dafür gibt es anscheinend mehr öffentliche Örtchen als in Deutschland, wo die ganzen Biertrinker, außer beim Oktoberfest, das in dieser Hinsicht gut organisiert ist, vergeblich nach Möglichkeiten suchen, sich zu erleichtern. Mit furchtbaren Konsequenzen. Nicht nur Aufzüge, Bahnübergänge oder Parkhäuser stinken zum Himmel, sogar die Fundamente von Gotteshäusern werden von den ätzenden Ausscheidungen angegriffen; besonders betroffen sind der Kölner Dom und das Ulmer Münster. Doch diese vergeblich Suchenden zählen nicht zu den beklagenswerten Armen der deutschen Gesellschaft!

Um wieder ernst zu sein. Wer ist wirklich unten? In Spanien die Hotelputzfrauen, die gestreikt haben, weil sie immer mehr ausgebeutet wurden. Alle jemals errungenen Vorteile waren weg (bezahlte Ferien, ein paar freie Wochenenden usw.), weil die Hotels sie nicht mehr als Angestellte betrachten, sondern als selbständige Unternehmer, externe Dienstleister. Unternehmen, die an keine Regeln gebunden sind, lassen sie zu ganz geringem Lohn stundenlang arbeiten. Die Frauen mussten sich dem unterwerfen, weil sie bei mehr als 20 Prozent Arbeitslosigkeit im Land nichts anderes gefunden hätten. Bis zu besagter Revolte, die teilweise erfolgreich war.

In der Bundesrepublik hat es den Fall einer Kassiererin gegeben, die gefeuert wurde, weil sie einen kleinen Pfandbon nicht abgegeben hatte.»Sie habe das Vertrauen ihres Arbeitgebers verloren.« Ich schrieb einen veröffentlichten Leserbrief. Ich sagte, ich hätte das Vertrauen in die Banken verloren. Wen könne ich rauswerfen? In Frankreich sind ähnliche Fälle bekannt. Eine Kassiererin wird entlassen, weil eine Kundin eine Büchse Tomatensauce (Wert 0,85 Euro) geklaut hatte. Die Proteste genügten, um die Entlassung rückgängig zu machen. Anders war es 2016 beim Fall einer Angestellten, die auf dem Heimweg einen Regenschirm fand, ihn nahm, entdeckte, dass er völlig kaputt war und ihn wegwarf. Auf die Klage der Besitzerin des Schirms hin wird sie entlassen, denn die Videoüberwachung hat ihre Tat gefilmt. Sie wird wegen Diebstahl entlassen, obwohl sie vorgeschlagen hatte, einen neuen Schirm zu kaufen. Ein Gericht verurteilt sie, denn »auch wenn das entwendete Objekt nur einen kleinen Wert hat, ist der Diebstahl ein Grund für Vertrauensverlust innerhalb des Unternehmens«. In zweiter Instanz wird das Urteil aufgehoben und die Entlassung als grundlos qualifiziert. Der Betrieb geht zum Obersten Gerichtshof und verliert wieder. Unterdessen sind Jahre vergangen und die alleinstehende Frau, die zwei Kinder hat, war arbeitslos und musste von Kurzarbeit leben.

Unten sind auch die vielen Obdachlosen. Besonders schlimm ist da die Lage in den USA, vor allem in San Francisco. Unten, jedenfalls in Frankreich, sind die Insassen von überfüllten Gefängnissen, wo sie unter menschenunwürdigen Bedingungen leben müssen. So sagt es fast jedes Jahr der Europäische Gerichtshof für Menschenrechte. Im September 2016 wurde festgestellt, dass in Fresnes, dem größten Gefängnis der Pariser Umgebung mit 2.700 Häftlingen (und einer Belegungsquote von 191 Prozent der Kapazität!), Ratten herumlaufen und mit ihrem Kot alles verseuchen. Gewiss werden hier echte Kriminelle bestraft, aber die Misere erschafft auch neue Kriminelle.

Für all diese da »ganz unten« ist die Debatte zum Thema »Werden die Reichen immer reicher und die Armen immer ärmer?« bedeutungslos. Unten sein kann der Wirklichkeit entsprechen oder einer falschen Selbstidentifikation. In Deutschland wie in Frankreich heißt es ständig: »Ich erhalte zwar Sozialhilfe, aber die aufgenommenen Flüchtlinge bekommen mehr als ich.« Die Zahlen beweisen zwar das Gegenteil. Die Überzeugung, benachteiligt zu sein, bleibt.

Werden nun in Wirklichkeit die Reichen immer reicher und die Armen immer ärmer? Vieles weist darauf hin, dass die Antwort »ja« heißt, aber nicht alle Gegenargumente sind bedeutungslos. Es ist wahr, dass wenn »oben« mehr verdient wird, der Durchschnitt steigt und die vom Durchschnitt aus gemessene Armut wächst. Arm sollte jedoch jeder Lohnempfänger genannt werden, der arbeitslos wird, sobald sein Betrieb sich für Massenentlassungen entscheidet – oft nur, um den Börsenkurs zu erhöhen.

Was heißt es nun, reich zu sein? Sich teure Ärzte und Kliniken leisten können. In Deutschland mehr als in Frankreich, wo man dank der *carte Vermeil* in der Apotheke und im öffentlichen Krankenhaus gratis versorgt, behandelt, operiert wird. Ist jemand schon reich, weil er keine Zukunftssorgen haben muss? Oder weil sein Gehalt viel höher ist als der Durchschnitt? Auch wenn er siebzig Stunden in der Woche arbeitet und trotzdem entlassen werden kann? Weil er seinen Kindern teure Studien bezahlen kann? Weil diese von seinem Erbe werden leben können? Weil er nicht auf Mallorca seine Ferien verlebt, sondern ein schönes Haus auf Menorca besitzt? Weil er vom Ertrag seiner Wertpapiere gut leben kann?

Manchmal schafft der Platz in der Gesellschaft die ganze Identität und manchmal nicht. In dem erstaunlichen Film von James Ivory *Was vom Tage übrig blieb* (1993) spielt der großartige Anthony Hopkins die Rolle eines Butlers, der an nichts anderes denkt, als seine Aufgaben auf das Beste zu erfüllen. Er leitet in einem vornehmen Schloss ein Heer von Bediensteten, und er dient den hohen Herren. Dass diese faschistisch eingestellt sind, gehört nicht zu seinem Beruf, ebenso wenig die Entfernung zweier jüdischer Angestellter aus dem Haus. Er liebt niemanden und hat kein Privatleben. Er ist eben Butler. Anders ist es für die Fahrer. Sie haben Frau, Kinder, ein Zuhause. Sie kutschieren den Chef immer hin und her und könnten singen »Das Fahren ist des Fahrers Lust«. Sie gehören weder zu den Reichen noch zu den Armen, aber doch zu den Glücklichen im Beruf, obwohl dieser nicht zu den Angesehensten gehört.

Eine Identitätsart wird ständig heruntergespielt: Wenn ein Flugzeug mit 200 Passagieren abstürzt, so ist die Aufregung groß. Die Familien der Toten werden befragt und gefilmt. Wenn aber jeden Monat 284 Menschen in Frankreich auf der Straße sterben (Durchschnitt Januar/September 2016) und 238 in Deutschland (Durchschnitt Januar/Mai), so ist das kaum eine Zeile wert. Die Suche nach den Ursachen so vieler Toter ist von Zeit zu Zeit in den Medien als Thema präsent. Da tauchen unterschiedliche Identitäten auf: reine Opfer, echte Kriminelle (die Seite an Seite illegale Rennen in der Stadt fahren), sehschwache ältere Menschen (in Kalifornien werden die Augen alle drei Jahre geprüft; in Deutschland und Frankreich darf man auch mit schwerer Behinderung fahren, wenn man vor Jahrzehnten den Führerschein erhalten hat), drogen- und alkoholsüchtige Jugendliche, die besonders in der Nacht von Samstag auf Sonntag wüten, immer mehr Handy-Nutzer am Steuer.

Der Finger der Identifizierung kann sich verändern. Der berüchtigte »Schwulen-Paragraf« 175 des Strafgesetzbuches existierte von 1872 bis zum 1. Juni 1994: Die Verfolgung der Homosexuellen ist vom Hitler-Regime mit dem »rosa Winkel« im KZ verschärft und in der Bundesrepublik fortgesetzt worden. Nicht so schlimm wie für Oscar Wilde in England, die »Ballade vom Zuchthaus in Reading« erzählt davon, aber doch so schlimm, dass es hieß: »Der Deutsche Bundestag bekennt, dass durch die nach 1945 weiter bestehende Strafdrohung homosexuelle Bürger in ihrer Menschenwürde verletzt wurden.« Allerdings steht die Rehabilitierung der Verurteilten noch aus. In London wird heute darüber gestritten, wie jene 49.000, die wegen ihrer Homosexualität verurteilt wurden, zu rehabilitieren sein sollen, unter ihnen der Mathematiker Alan Turing, der im Zweiten Weltkrieg maßgeblich daran beteiligt war, den Code von Hitlers Verschlüsselungsmaschine Enigma zu knacken. Nicht nur verurteilt, sondern chemisch kastriert, beging er mit 41 Jahren Selbstmord. In Frankreich hingegen geht der Schutz von Homosexuellen seit 2012 so weit, dass behauptet werden darf, der neue Paragraf schränkt die Pressefreiheit ein.

Polizist sein gehört zu den Berufen, deren Identität eindeutig zu sein scheint. »Die Polizei, dein Freund und Helfer« – das soll für den normalen Bürger gelten, während die Polizei ein Hilfsorgan bei der Verfolgung und Bestrafung von Vergehen und Verbrechen ist. Nur, dass es oft anders zu sein scheint. In Dresden, bei den pöbelhaften Auftritten von PEGIDA am 3. Oktober 2016, konnte man sich in Weimarer Zeiten zurückversetzt fühlen, wo es hieß, Polizei und Justiz seien auf dem rechten Auge blind. In den USA erschießen Polizisten (auch schwarze) unbewaffnete Schwarze, was berechtigte, oft auch gewalttätige Proteste hervorruft. In Frankreich finden zufällige Personenkontrollen unter der Maßgabe des *délit de faciès (Racial Profiling)*. Ein Verband wie der christliche *Police et Humanismus,* bei dem ich öfters mitgewirkt habe, versucht hier, Exzessen vorzubeugen. Unterschiedlich sind auch die Selbstidentifikationen der »Sozialpartner«. Die deutsche Unterscheidung zwischen Arbeitgeber- und Industrieverband wies sinnvoll auf die Doppelrolle des Unternehmers – den Betrieb zu fördern und die Beziehungen zu der Belegschaft zu pflegen. Der Deutsche Gewerkschaftsbund erlaubt Verhandlungen, wenn diese unter dem Druck einer Streikdrohung stattfinden. Es bestehen gesetzliche Regelungen für einen Streik, wenn auch der Begriff des Warnstreiks nicht ganz geklärt ist. In Frankreich gefällt sich der Arbeitgeberverband als ständiger Nein-Sager, sei es um die Mitbestimmung zu verweigern oder um den Belegschaftsvertretern Einsicht in die Finanzlage und -planung zu erschweren. Gewerkschaften fühlen sich ständig gezwungen, die Konkurrenz in Form anderer Gewerkschaften zu überholen, identifizieren sich also als besonders kämpferisch – mit einer Ausnahme: der *Confédération française démocratique du travail* (CFDT), die glücklicherweise immer erfolgreicher ist. Die Präambel der Verfassung bestimmt, dass Streiks im Rahmen der Gesetze, die ihn regeln, stattfinden dürfen. Nur, dass es solche Gesetze kaum gegeben hat. Allerdings haben Streiks heute fast immer nur zwei Ursprünge: Verzweiflung wegen drohender Betriebsschließungen oder Sicherheit bei der Post, der Bahn, in der Verwaltung und im Unterrichtswesen – um seinen Platz trotz Streik nicht zu verlieren. Die Identität der Streikenden ist also unterschiedlich, vor allem weil Streiks derjenigen, die besonders oft streiken, oft zum Ziel haben, die *avantages acquis* (Besitzstände) zu wahren. Zu diesen errungenen Vorteilen kann dann auch mal gehören, dass das Ruhestandalter von TGV-Zugführern noch immer dadurch bestimmt wird, dass Kohlenstaub ihre Augen gefährden könnte!

Es sollte auch über die Selbstidentifikation von Leuten gesprochen werden, die mit Vorsatz Schaden anrichten. Aber die Liste wäre zu lang: Ärzte, die schädliche Medikamente verordnen, weil sie vom Hersteller Vorteile erhalten, oder Ärzte, die schwere Krankheiten feststellen, die nicht vorhanden sind, um mehr Geld zu bekommen, ferner die verantwortlichen Hersteller von wasserhaltigen, also künstlich schwerer gemachten Schinken, Lobbyisten und Leiter von Zuckerfirmen, die den Zusammenhang zwischen Zuckerkonsum und Herzkrankheiten leugnen sowie den Zuckergehalt von Waren, die bei Kindern und Jugendlichen sehr beliebt sind, verschleiern; die Vorstandsmitglieder von Bayer und Monsanto, die genau wissen, was dieses oder jenes ihrer Produkte anrichtet, die Verantwortlichen für französische Atommeiler, die die Warnungen der Sicherheitsbehörden nicht wahrnehmen wollen ...

Alt und jung

Ein männliches Neugeborenes darf heute hoffen, 79 Jahre zu leben. Voraussichtlich wird sich die Zahl der Menschen über 80 in Europa bis 2050 verdoppeln, die der über 90-Jährigen verdreifachen. Allerdings hängt viel vom zukünftigen Beruf ab. Professoren leben länger als Dachdecker, was die Höhe der Rente beeinflussen sollte. In Frankreich ist gerade ein Gesetz angenommen worden, das auf unwahrscheinlich komplizierte Weise festlegt, wie die *pénibilité*, die Belastung in verschiedenen Berufen mit Blick auf das Rentenalter, zu bewerten sei. Für die Senioren wird viel organisiert, als ob die 65-Jährigen nicht viel leichter mitmachen könnten als die 80-Jährigen. Diese ihrerseits haben nicht alle die gleiche Identität: Da gibt es die, die noch fröhlich aktiv sind; die, die zuhause gepflegt werden, weil sie nicht in ein Altenheim wollen, und die, deren Familie sie umgibt und pflegt. Viele kommen zu spät in einem Heim an, das theoretisch keine Kranken aufnimmt. Mit ihrer Rente können sie das Heim nicht bezahlen. Nur 16,8 Prozent der Männer und 1,1 Prozent der Frauen in Deutschland erhalten eine monatliche Rente über 1.500 Euro. In Frankreich sind die Zukunftsaussichten nicht besser. Die nationale Rentenkasse weist von Jahr zu Jahr ein größeres Loch auf. Die Rentner hätten rechtzeitig in Heimvereine investieren sollen! Die französische Altersheim-Kette *Korian*, die zusätzlich medizinische Versorgung anbietet, ist auch in Belgien und Deutschland präsent. Sie verwaltet mehr als 300 Heime und wirft großen Gewinn ab. Erschreckend und empörend ist der SPIEGEL-Bericht vom Dezember 2016 über den Klinikkonzern ASKLEPIOS.

Das Leben im Heim produziert Leid. Dabei darf das Leid der Pfleger nicht unterschätzt werden. Öfters ist das Personal zeitlich so eingeschränkt und gehetzt, dass es sich nur ganz kurz mit den alten Leuten beschäftigen kann und der menschliche Kontakt auf der Strecke bleibt, was keineswegs ihrem Selbstverständnis und ihrer Identität entspricht, die sie als freudebringende, tröstende, aufmunternde, wenn auch schlecht bezahlte Helferinnen und Helfer von sich haben. Die Alten leiden oft sehr darunter, dass sie schlecht behandelt oder gar misshandelt werden. Es könnte auch anders sein. In einem französischen Altenheim lebten einmal gebeugte, sprachlose Greise, die von ihren Pflegern mit Verachtung behandelt wurden. Ein karitativer Verein lud die Alten zu einer Ägypten-Reise auf dem Nil ein. Bei ihrer Rückkehr waren sie plötzlich hellwach, erzählten viel, saßen nicht mehr gebeugt und wurden mit bewunderndem Respekt behandelt. Ihre Identität hatte sich verändert – in ihren eigenen Augen und in den Augen der Anderen. Alte Leute sollten nicht ausgeschlossen werden vom sozialen und politischen Leben. Im Juni 2004 hatte ich die Ehre, in Offenburg auf dem Landesseniorentag zu sprechen. Mein Thema war »Altwerden und alternd wirken in und für Europa.« Ich zitierte einen hervorragenden Artikel der Zeitung des Verbandes

Im Blick. Er hieß »Mitverantwortung der Senioren und Seniorinnen für das Gemeinwesen«. Dass diese Mitverantwortung nicht von allen gleichermaßen so gesehen wurde, zeigte ein kleines Ereignis, das ich damals schilderte: Ein junger Ingenieur hat für seinen Vater etwas hergestellt, um ihm zu helfen. Da kommt ein Arbeitsinspektor und sagt: »Sie sind doch im Vorruhestand. Dann sind Sie *socialement mort* (gesellschaftlich tot)!«

Was heißt nun jung sein? Eine mögliche Kategorisierung hat Hitler in seiner Rede vor Kreisleitern in Reichenberg am 2. Dezember 1938 vorgebracht:

»[W]enn diese Knaben mit zehn Jahren in unsere Organisation hineinkommen (...), kommen sie vier Jahre später vom Jungvolk in die Hitlerjugend, und dort behalten wir sie wieder vier Jahre. Und dann gehen sie erst recht nicht zurück (...), sondern dann nehmen wir sie sofort in die Partei, in die Arbeitsfront, in die SA oder in die SS, in das NSKK und so weiter. Und wenn sie dort zwei Jahre (...) sind und noch nicht ganze Nationalsozialisten geworden sein sollten, dann kommen sie in den Arbeitsdienst und werden dort wieder sechs oder sieben Monate geschliffen (...). Und was dann noch an Klassen- und Standesdünkel da oder da vorhanden sein sollte, das übernimmt die Wehrmacht zur weiteren Behandlung auf zwei Jahre, und wenn sie nach zwei, drei oder vier Jahren zurückkehren, da nehmen wir sie (...) sofort wieder in die SA, die SS und so weiter, und sie werden nie mehr frei ihr ganzes Leben und sie sind glücklich dabei.«

Jung sein heißt in Deutschland etwas anderes als in Frankreich. In der Jungen Union oder bei den Jusos darf man bis 35 bleiben. Erstaunlich! Außer einem meiner vier Söhne, der beim Abitur einmal durchgefallen ist, haben alle Kinder und Enkelkinder mit 17 das Abitur bestanden. Der Zweite ist heute Geschichtsprofessor und hat den nationalen Wettbewerb der sogenannten *agrégation* erfolgreich mitgemacht. Mit 22 Jahren war er *agrégé*, das heißt beamteter Studienrat auf Lebenszeit, wie ich es als Germanist mit 22 Jahren ebenfalls gewesen war. Die Grundfragen bleiben jedoch dieselben in beiden Ländern.

Nur zwei seien genannt. Die Zukunft von Gymnasiasten ist gesicherter als die von Schülern, die weniger gute Schulen besucht haben. Doch nicht nur das. Später, als Studenten, haben sie große kulturelle Vorteile, beim Museumsbesuch etwa oder auch beim Konzertbesuch. Das Vorzeigen des Studentenausweises genügt, um einen Rabatt zu bekommen. Einen Jungarbeiterausweis gibt es nicht. Soll man das Verbot von Cannabis aufheben? Dann wären die Dealer entwaffnet. Aber wird den Jugendlichen auch eindringlich genug gesagt, dass es klare Beweise dafür gibt, wie schwer Cannabis-Genuss das Gehirn von Jugendlichen bis zum Erwachsenalter von 18 Jahren dauerhaft schädigt? Und wie viele sind schon im Schüleralter gewohnheitsmäßige Kiffer?

Bei uns gibt es eine starke »Lobby der Alten«, die insbesondere in der Politik die meisten Stellen und Stellungen besetzt und gewissermaßen besitzt. Das Thema Generationsgerechtigkeit als solches wird in Deutschland mehr und besser diskutiert als in Frankreich. Unter anderem weil dort das dramatische Schuldenproblem von rechts und links beiseite geschoben wird. Jedes Jahr verschuldet sich der Staat mehr. Die Zinsen allein sind die Nummer zwei im nationalen Haushalt – nach Bildung und Erziehung und vor der Verteidigung. Die Last der Rückzahlungen wird auf die nachfolgenden Generationen verschoben. Die Rentenbeiträge müssen steigen, während die zukünftigen Rentner weniger bekommen werden. Auf dem deutschen Arbeitsmarkt sprechen die Zahlen für sich. Sei es bei den Niedriglohnjobs, bei den befristeten Jobs oder bei der Leih- oder Zeitarbeit – der Prozentsatz der 15- bis 34-Jährigen ist ungefähr dreimal höher als bei den Älteren.

Kinder gehören in der Regel zur ersten Lebenshälfte. Deswegen muss gefragt werden, wie die Generation der Eltern behandelt wird. In Frankreich besser als in Deutschland. Höhere Steuererleichterungen. Auch bessere Renten, vor allem für die Beamten (deren Rente nach dem Gehalt der letzten sechs Monate berechnet wird, bei allen anderen jedoch auf dem Durchschnitt der letzten 25 Jahre). Ich wage es, mein persönliches Beispiel zu geben. Mit vier Kindern erhalte ich als Rente nicht 75 Prozent meines letzten Gehalts, sondern 86 Prozent. Mit sieben Kindern bekommt man 100 Prozent. Das achte Kind bringt nichts mehr! In Deutschland hat das Bundesverfassungsgericht 2001 festgestellt, dass kinderreiche Familien »wegen der Erziehung zu ihrem Nachteil auf Konsum und Vermögensbildung verzichtet haben«, obwohl diese Kinder später die Renten der Kinderlosen bezahlen werden. Eine Generationenungerechtigkeit? Der Kinderlose hat immerhin ständig mehr Steuern bezahlt.

Medien

Zwei Vorbemerkungen. Jacques Offenbach hat 1858 sein *Orpheus in der Unterwelt* uraufführen lassen. In dieser Operette spielt eine unerwartete Figur eine wichtige Rolle – sie heißt »Die öffentliche Meinung«. Orpheus und Eurydike sind in Wirklichkeit ein zerstrittenes Paar, aber sie müssen sich der öffentlichen Meinung unterwerfen, die ein tragisches Liebespaar erwartet und fordert. So war es in unserer Zeit etwa mit John und Jacqueline Kennedy. 2016 ist ein wertvolles Buch erschienen. Es heißt *PEGIDA – Warnsignale aus Dresden* und wurde von Werner Patzelt und Joachim Klose herausgegeben. In den Beiträgen, die gut 500 Seiten füllen, werden Grundfragen der Medienwelt angesprochen. Was sagen die PEGIDA-Leute? Entspricht das Gesagte der Realität? Glauben sie das, was sie sagen, wenn es nicht der Realität entspricht? Inwiefern sagen sie Dinge, von denen sie wissen, dass sie falsch sind? Inwieweit beeinflusst das bewusst Falsche andere Menschen? Damit wären wir bei den Meinungsforschern. Über sie und ihre Arbeit kann viel Gutes, aber auch viel Kritisches gesagt werden. Zunächst ersetzen sie auf vorteilhafte Weise die anmaßenden Formulierungen der Leitartikler in den Zeitungen: »Wir wollen ...«, »Die Leser fordern ...«, »Die öffentliche Meinung ist, dass ...«. Demoskopen dämpfen diesen Hochmut. Die verschiedenen Identitäten des Wahlvolkes werden im Allgemeinen ziemlich korrekt vorausgesagt. Aber nun hat es doch Pannen gegeben. Der BREXIT und der Sieg Trumps wurden nicht vorhergesagt; in Frankreich, bei der Vorwahl für 2017 hieß es für den konservativen Kandidaten François Fillon, er stünde gleichauf mit Juppé und Sarkozy. Aber er erhielt 44 Prozent der Stimmen, Juppé 22 Prozent und Sarkozy schied für die Stichwahl mit 20,6 Prozent aus.

Interessante Fragen bringen interessante Antwortzahlen. Nur dass die demoskopischen Institute die Entscheidungsträger beeinflussen. Staatspräsident Nicolas Sarkozy ließ täglich geheime Umfragen durchführen, um zu erfahren, was er sagen sollte und was nicht. Seit kurzem weiß man besser, wie viele nichtveröffentlichte Umfragen der Kanzlerin vorgelegt worden sind und vielleicht die Inhalte, sicher aber die Formulierungen ihrer Politik beeinflusst haben. Glücklicherweise widersprechen große Entscheidungen manchmal der Demoskopie. Von Robert Schuman im Mai 1950 war schon die Rede. Hätte Angela Merkel Allensbach beauftragt, um herauszufinden, ob Deutschland Flüchtlinge aufnehmen sollte oder nicht, so wäre die Antwort negativ ausgefallen. Das Gleiche gilt für die Ostverträge, die Willy Brandt 1970 in Warschau und Moskau unterzeichnet hat. Sie bedeuteten den Verzicht auf die deutschen Gebiete jenseits der Oder-Neiße-Linie. Hätte er eine Umfrage über seine Entscheidung durchführen lassen, so wäre ihm der geballte Zorn einer breiten Mehrheit der Befragten entgegengeschlagen. De Gaulle ist 1967 aus der militärischen Struktur der NATO ausgetreten. Vorher sagten die Demoskopen, er solle bleiben. Nachdem er das Gegenteil entschieden hatte, sagten die Umfragen, er habe recht gehabt.

Auch ich spreche von »den Befragten«. Dabei betrifft die grundlegendste Kritik an der Demoskopie die ständigen unberechtigten Verallgemeinerungen. »Die Deutschen«, »die Franzosen« glauben, wollen, sind so, sind anders ... Vor Zeiten wurden die Menschen, die das Sample einer Befragung bildeten, persönlich interviewt. Dann sollte das Telefon genügen. Nun ist der Computer dran. Alter, Beruf, Wohnort – gewiss, aber wie viele Unterkategorien sind von Interesse bei so einer Befragung? Folgendes ist einmal passiert: Amerikanische Forscher untersuchten das französische Unterrichtssystem. Mir fiel auf, dass 75 Prozent der Hochschullehrer in einem Punkt eine erstaunliche Meinung hatten. Ich erreichte, die Datenerhebung einsehen zu dürfen. Da stellte sich heraus: Es waren vier Hochschullehrer befragt worden. Hätte einer eine andere Meinung gehabt, so wären es 50 Prozent oder 100 Prozent gewesen. Aber »DIE Hochschullehrer meinten, dass ...«

Der Inhalt von demoskopischen Fragen wird gewiss nicht immer genügend überprüft. Im April 1986 belustigten sich manche Franzosen über die Diskrepanz dreier Institute zu anscheinend gleichen Fragen. Nur waren die Fragen nicht gleich. »Sie wissen, dass die amerikanische Luftwaffe die libyschen Städte Tripoli und Bengasi bombardiert hat. Stimmen Sie persönlich dieser Aktion zu oder nicht?« Man denkt an Ruinen und Tote, und die Mehrheit ist dagegen. »Stimmen Sie der amerikanischen Aktion gegen Gaddafi zu oder nicht?« Der Veranstalter von Terrorattentaten und Feind des Friedens im Nahen Osten ist verhasst. Die große Mehrheit sagt ja. »Stimmen Sie der amerikanischen Bombardierung von Libyen zu?« Da weder von Städten noch vom Diktator die Rede war, lagen die Antworten zwischen den beiden anderen. Zu der Zeit von de Gaulles NATO-Entscheidung fragte mich ein Demoskop, welche Fragen die besten sein würden. Ich antwortete: Es kommt darauf an, welche Antwort Sie erreichen möchten. »Ist Frankreich noch eine militärische Großmacht? Brauchen wir Hilfe, um uns gegen die Sowjetunion verteidigen zu können? Sollen wir in der NATO bleiben?« Oder: »Soll unsere nationale Unabhängigkeit bewahrt werden? Ist man in der von den USA beherrschten NATO unabhängig? Sollen wir in der NATO bleiben?«

Darf ich hier eine französische Umfrage vom Oktober 2016 gut finden und eine deutsche schlecht? Leider hieß sie *Les Français*, aber das Sample der Befragten war ungewöhnlich breit und das Ziel war besonders aufschlussreich. Welche Schere ist festzustellen zwischen Fakten und ihrer Wahrnehmung? Thema Ungleichheit: Geht es für die Einzelmenschen nach oben oder nach unten? Ist die folgende Generation in einer besseren oder schlechteren Lage als die vorige? Das Fazit der Untersuchung lautete: In jedem Punkt ist die Angst grösser als es die statistische Realität nahelegt. Im August hat die Professorin Renate Köcher im Namen des Allensbacher Instituts die Studie »Deutsche Fragen – Deutsche Antworten« vorgestellt. Ihr Fazit: »Die Bürger nehmen die Terroristen ernst, möchten aber den Lebensstil der freien Gesellschaft verteidigen.« Es heißt unter anderem: »Nur 29 Prozent bewerten die bisherigen Maßnahmen für ausreichend.« Nicht gefragt wurde hingegen: »Welche Maßnahmen kennen Sie?« oder wenigstens »Fühlen Sie sich über die bisherigen Maßnahmen genügend unterrichtet?«

Die Demoskopen beeinflussen die Medien so sehr, dass sie selber als Medium betrachtet werden müssen, auch oder gerade dann, wenn sie sich schlecht benehmen. Wie können sie zulassen, dass plus/minus 1 Prozent mehr oder weniger für einen Menschen oder eine Partei als wissenschaftlich haltbar und kommentarfähig dargestellt wird, wo sie doch wissen, das die Irrtumsspanne ihrer Untersuchung bei mindestens 2 Prozent liegt? Um in diesem Zusammenhang die Funktion des Fernsehens zu beurteilen, lohnt es sich, den Paragrafen 11 des 4. Rundfunkurteils des Bundesverfassungsgerichts von 1986 zu lesen:

»Auftrag der öffentlich-rechtlichen Rundfunkanstalten ist (...), als Faktor des Prozesses freier individueller und öffentlicher Meinungsbildung zu wirken und dadurch die demokratischen, sozialen und kulturelle Bedürfnisse der Gesellschaft zu erfüllen. (...) Ihre Angebote haben der Bildung, Information, Beratung und Unterhaltung zu dienen. (...) Auch Unterhaltung soll einem öffentlich-rechtlichen Angebotsprofil entsprechen.

Die öffentlich-rechtlichen Rundfunkanstalten haben bei der Erfüllung ihres Auftrags die Grundsätze der Objektivität und Unparteilichkeit der Berichterstattung, die Meinungsvielfalt sowie die Ausgewogenheit ihrer Angebote zu berücksichtigen.«

Drei Wörter verdienen einen Kommentar. 1. »Die Bedürfnisse«. Was ist ein Bedürfnis? In allen Medien gibt es Werbung. Ihr Ziel ist nicht, Bedürfnisse zu befriedigen, sondern Bedürfnisse zu wecken, so stark, dass die Identität der zukünftigen Käufer (»Ziel« der Werbung) verändert wird. Dank der »neuen« Gesichtscreme von Nivea findet eine Frau sich viel jünger als sie ist. Auch wenn die Veränderung nur einem Glauben entspricht. 2. »Unterhaltung«. Entspricht sie nicht immer mehr der Formel »unten halten durch Unterhalten«? 3. »Objektivität«. Niemand ist je völlig objektiv. Es besteht aber ein großer Unterschied zwischen denen, die nach Objektivität streben, und denen, die das, bewusst oder unbewusst, nicht tun. Objektiv sind gewiss die zwei Minuten steif gelesener Nahrichten im *Morgenmagazin* von ARD und ZDF. In meinen Augen sind das Modell der informationsreichen Objektivität jene zwanzig Minuten, die ARTE jeden Tag von 19.45 Uhr bis 20.05 Uhr bringt. Auch der Begriff der Ausgewogenheit ist nicht immer klar. Braucht ein Jude einen SS-Mann, um ausgewogen zu sein? Auch kann sich die Außenwelt verändern, die dem Produkt seine Identität verleiht. Der erste *Rambo*-Film von Sylvester Stallone zeigte erfolgreich, wie der Krieg im Vietnam einen heimgekehrten Soldaten zum Mörder machen konnte. Das war 1982. Drei Jahre später hatte sich die öffentliche Meinung in Amerika verändert, und *Rambo 2* zeigte, dass es galt, böse »Schlitzaugen« grausam zu bekämpfen.

Jedenfalls ist mein Mitwirken an deutschen Radio- und Fernsehsendungen immer problemlos gewesen. Nie ist meine Freiheit eingeschränkt worden, auch wenn ich manchmal verbal aggressiv wurde. Gerne lasse ich mich von Deutschlandradio und Deutschlandfunk frühmorgens interviewen. Ich weiß, dass andere Medien deren Informationen nicht selten später verwenden. Meine Hochachtung gilt *Phoenix,* ein Sender von ARD und ZDF, der – von Frankreich aus betrachtet – den seltenen Mut hat, stets anspruchsvolle Programme zu senden, die auch oft zu einer ermutigenden Darstellung der Politik führen. Um es kurz zu sagen: Zwei Männer haben für mich das gute deutsche Fernsehen verkörpert. Mein Freund Ulrich Wickert, lange Jahre in Paris, zuerst für *Monitor,* dann als Leiter des ARD-Büros. Seine Jahre bei den *Tagesthemen* haben uns nicht getrennt. Sein Hang zur Moral konnte mir nur gefallen. Sein Wissen und seine Wärme auch. Schon bei den ersten *Frühschoppen* in den fünfziger Jahren habe ich bei Werner Höfer mitgemacht. Er ist 1987 grausam behandelt worden. Niemand wollte schließlich die Untersuchung des Evangelischen Pressedienstes zur Kenntnis nehmen, der bewies, dass während der Nazizeit ein in der Tat furchtbarer Satz in einen seiner Artikel hineinredigiert worden war. Ich habe seinen Mut bewundert, als er zu einer Zeit, da die Landsmannschaften äußerst mächtig waren, in der Bundesrepublik, eine Sendung begann mit:»Heute sind hier Herr Soundso, geboren in Leipzig, heute in New York, Alfred Grosser, geboren in Frankfurt, heute in Paris (...) Heute ist nämlich *Tag der Heimat*. Ich wollte daran erinnern, dass die Vertreibungen nicht 1945 begonnen haben, sondern 1933.« Da ich ihm weitgehend meine Bekanntheit in Deutschland schulde, bin ich ihm auch nach seinem Rauswurf treu geblieben und habe zweimal, zusammen mit Willy Brandt, an einer Art Höfer-Frühschoppen in Frankfurt teilgenommen. Meine schöne Zusammenarbeit mit ARD, ZDF und Regionalsendern hat damit nichts zu tun.

Das Gegenbeispiel ist Frankreich. Nach dem Krieg war die Identität des Funks und Fernsehens die eines staatlichen Monopols. Die privaten Sender wurden nach und nach als *périphériques* eingerichtet, Radio Luxemburg, Radio Monte Carlo, Europa I im Saarland – also als Stationen, die vom nahen Ausland aus nach Frankreich sendeten. Präsident de Gaulle versuchte, sie verbieten zu lassen. Erst unter dem sozialistischen Staatspräsident François Mitterrand hat die sozialistische Mehrheit der Nationalversammlung das Gesetz vom 29. Juli 1982 verabschiedet, dessen Artikel 1 mit dem erstaunlichen Satz begann: *La communication audivisuelle est libre* (Der Rundfunk ist frei). Das Fernsehen blieb in den Händen der Regierung. Aber öffentlich-rechtlich? Noch Anfang der siebziger Jahre, in einer Debatte zur Regionalisierung der Sender, sagte der Vorsitzende des Medien-Ausschusses der Nationalversammlung:»Dann muss es doch eine regionale politische Kontrollinstanz geben.«

Ich fragte:»Sie wollen wohl sagen: eine öffentliche?«

»Wo ist da der Unterschied?«

Das Gesetz von 1982 sagte:»Die Aufgabe des öffentlichen Dienstes von Funk und Fernsehen ist (...) die Ehrlichkeit, die Unabhängigkeit und den Pluralismus der Information zu sichern.« In Wirklichkeit existierte bei den Öffentlichen aber eine starke Abhängigkeit vom Informationsminister. Bis 1975 ein neues Gesetz kam, das drei verschiedene Sender schuf. 1986 entschied eine Rechtsmehrheit im Parlament, einen der Sender zu privatisieren. Zu allgemeiner Überraschung entschied man sich für TF 1, den ursprünglich einzigen und meistgesehenen französischen Sender (früher, beim Einschalten der älteren Fernsehapparate erschien automatisch *la télé,* nämlich die Eins) Der Sender wurde verkauft an den wichtigsten Bauunternehmer Frankreichs, Martin Bouygues, der auf kulturellem Gebiet viel versprach und sehr wenig hielt. Heute steigen in die Privatsender Milliardäre ein, die dann, wie bei *Canal+* eine Art Diktatur ausüben und Entlassungen verfügen. *France 2* und die regional organisierte *FR3* bilden zusammen mit *France 4* und *France 5* das öffentliche *France Télévisions.* M6 ist wieder privat. Das Verbot, nach 20 Uhr Werbung zu senden, ist verbunden mit der Pflicht jedes Steuerzahlers bei der Gesellschaft, seinen finanziellen Beitrag zu leisten. 2015 betrug der »Beitrag zum öffentlichen Funk- und Fernsehwesen«, der zusammen mit der Wohnungssteuer eingezogen wird, 137 Euro jährlich.

Fernsehen und Presse beeinflussen ihre Kundschaft oft mit bewussten Unwahrheiten. Der Mauerbau vom 13. August 1961 bietet ein begrenztes Beispiel. Kaum jemand in der DDR glaubte ernsthaft, dass die Mauer gebaut wurde, um das Eindringen faschistischer Agenten zu verhindern. Aber auf der westlichen Seite wollte man geflissentlich übersehen (insbesondere Egon Bahr, mit dem ich damals einen Streit hatte), dass der Mauerbau von Kennedy freigegeben worden war, um Schlimmeres zu verhindern. Die *three essentials* in seiner Rede vom 25. Juli betrafen den freien Zugang zu Westberlin, die Freiheit der Westberliner, die dortige Anwesenheit der Westalliierten. Hätte die DDR die Flucht nach Westen verhindern wollen durch eine Blockade der Luft-, Zug- und

Fahrtzugänge von und nach Westberlin, so hätte eine Kriegsgefahr bestanden. Aber in Bonn und auch in Washington tat man völlig überrascht.

Wie Meinungen künstlich durch Lügen und eine frei erfundene Identität der Europäischen Union fabriziert werden können, das ließ sich in England vor der BREXIT-Abstimmung beobachten. Boris Johnson (erstaunlicherweise zukünftiger Außenminister) hat behauptet, die EU koste Großbritannien 350 Millionen Pfund (404 Millionen Euro) pro Woche, und der Beitritt der Türkei stünde kurz bevor. Die drei großen *People*-Zeitungen, *Daily Mail, Daily Express* und *The Sun,* zusammen sechs Millionen Exemplare täglich, haben sich in Lügen übertroffen, vor allem zum Thema »Flüchtlingswelle« – mit der Behauptung – ernsthaft! –, dass ein EU-Beitritt Syriens und Iraks zu erwarten sei. Die EU wolle angeblich einen Superstaat schaffen, der es unmöglich machen würde, Terroristen vor englische Gerichte zu bringen. Und die *Royal Navy* würde innerhalb einer europäischen Streitkraft nicht mehr bestehen. Ohne all diese Unwahrheiten hätte es kein »Ja« zum BREXIT gegeben.

In Moskau herrscht Putin noch vollkommener über die Medien als der Beauftragte in Budapest. Nach innen und nach außen darf er seinen Bürgern völlig falsche Fakten auftischen. Die EU und die NATO werden natürlich aller Sünden dieser Welt bezichtigt. Systematisch wird auch Deutschland eine erfundene Identität auferlegt.

Donald Trump hat so etwas wie einen Weltrekord der Lüge aufgestellt. Dabei ging es ihm gar nicht um die Wahrheit der verkündeten Fakten. Er wollte nur mit irgendwelchen Behauptungen aufstacheln. Die Lüge wurde zum Hinter- und Vordergrund des Wahlkampfes – ganz nach dem französischen Sprichwort: »*Plus c'est gros, plus ça passe* (Je dicker, desto besser kommt es an). In Frankreich bekommen wir auch grobe Entstellungen zu hören, zum Beispiel von Marine Le Pen und Nicolas Sarkozy. Die Tageszeitung *Libération*, in diesem Punkt leider viel zu wenig gelesen, hat eine Rubrik *Désintox* (entgiften), in der sie wirkliche Zahlen und Fakten den behaupteten nüchtern gegenüberstellt. So verkündete Laurent Wauquiez, ultrarechter Präsident der Region Auvergne-Rhône-Alpes, dass Frankreich ständig deutsche Lokomotiven kauft und die Deutschen nur deutsche. *Désintox* zeigt, dass fast alle französischen Maschinen in Frankreich hergestellt wurden, die deutschen jedoch den französischen »Wirtschaftspatriotismus« nicht praktizieren und deutsche Lokomotiven auch in Polen und in der Tschechischen Republik herstellen lassen.

Auch subtilere, weniger aggressive Methoden finden Anwendung. 1974, zu der Zeit, als ich regelmäßig für *Le Monde* Kolumnen schrieb, fragte mich der Direktor des Blattes, Jacques Fauvet, warum ich unsere Zeitung so oft kritisiere. Ich antwortete, ich würde sie einen Monat lang genau lesen und ihm dann einen Bericht schicken, der am Ende 30 Seiten lang wurde. Größere Sachen wurden darin behandelt: der stets abfällige Stil in den Berichten über Deutschland und die USA, die Abwesenheit jeglicher Kritik an China. Und kleinere: Eine Kundgebung im Justizpalast von 300 Anwälten gefiel der Zeitung nicht, daher setzte man eine Klammer hinter die Zahl 300 (»unter 2.500 Pariser Anwälten«). Ich fragte, wieso für Studenten- oder Arbeiterkundgebung nie ähnliche Bezugszahlen genannt wurden. Im April 2016 wollte die Zeitung beweisen, dass das *Institut d'études politiques* von Rechtsaußen unterwandert war. Daher titelte man: »Alain de Benoist mit offenen Armen in Sciences Po empfangen.« Untertitel: »Studenten haben die Gallionsfigur der Neuen Rechten eingeladen.« In dem Artikel erfuhr man, dass der Hörsaal nur 50 Plätze hatte und die Direktion daran erinnerte, dass im Institut jede Gruppe von mindestens dreißig Studenten die Freiheit habe, jeden beliebigen Redner einzuladen.

Eine Zeitung hat nicht für jeden Leser unbedingt dieselbe Identität. Seit 1992 besteht in Sciences Po ein Alfred-Grosser-Lehrstuhl, der jedes Jahr von einem anderen deutschen Professor zu besetzen ist. Das Institut gibt in der ZEIT eine Anzeige auf, woraufhin sich ein gutes Dutzend Bewerber meldete. DIE ZEIT ist das Anzeigeblatt der deutschen Universitäten! Oft heißt es, was für nicht wenige französische Provinzzeitungen gilt: viele Werbeseiten, die durch ein paar von Journalisten geschriebene Artikel unterbrochen werden. Das gilt jedoch nicht für die vielleicht wichtigste französische Wochenzeitung, *Le Canard enchaîné*. Keine Werbung, seit 1991 derselbe Verkaufspreis und doch ständig Gewinn. 2015 lag der Vertrieb bei 392.000 Exemplaren und der Netto-Gewinn bei 2,3 Millionen Euro – die nicht verteilt, sondern zur Reserve werden, um die Unabhängigkeit auch weiterhin zu wahren, selbst wenn es einmal schlechter gehen sollte. Trotzdem gehören die Redakteure zu den bestbezahlten in ganz Frankreich. *Le Canard* ist seit dem Ersten Weltkrieg der politischen Satire gewidmet, aber deckte auch gesellschaftliche und wirtschaftliche Skandale auf, die nur durch ihn bekannt wurden – und manchmal erst nach Jahren als solche öffentlich anerkannt werden. Das Blatt klärt über viele Hintergründe der Regierung und der Opposition auf, spottet was das Zeug hält, erklärt noch mehr und wird gelesen vom gesamten politischen Spektrum sowie vielen politisch Interessierten. Unter Vichy und der deutschen Besatzung verboten, war für uns in Marseille seine Rückkehr auf die Pressebühne nach der Befreiung der Beweis dafür, dass wirklich die Freiheit zurück war. Da es nur wenig Papier gab und die Exemplare knapp waren, mieteten einige von uns ein Exemplar für eine Stunde und brachten es gelesen brav dem Zeitungsverkäufer zurück. In den jüngsten Jahren ist *Le Canard* so gut wie nie eines Irrtums überführt oder einer Entstellung wegen verklagt worden – und gewinnt regelmäßig alle gegen ihn geführten Prozesse. Wie viele, lese ich ihn jede

Woche mit einer Mischung von Interesse, Bewunderung – und Ekel. Da fast nur das Negative beschrieben wird, muss der Leser denken, dass die Wirklichkeit von Politik und Gesellschaft noch verheerender ist, als er vor der Lektüre dachte.

Inwieweit ist *Le Canard* dem SPIEGEL ähnlich? In meinem ersten in Deutschland erschienenen Buch über die Bundesrepublik *Die Bonner Demokratie. Deutschland von draußen gesehen* (1960) hatte ich geschrieben:

»Der SPIEGEL berichtet – oft boshaft – was andere Zeitungen nicht wissen oder verschweigen. Er verschont niemanden und vermittelt vielen seiner Leser so den Eindruck intellektueller Redlichkeit. Sein Einfluss ist in gleicher Weise wohltuend und schädlich. (...) In gewisser Weise ist er die Verkörperung der Pressefreiheit selbst, doch fördert er mit dem fast vollständigen Mangel an konstruktiven Beiträgen und mit der Atmosphäre der Denunziation beim Publikum die Abneigung gegen jede Art der Politik beträchtlich.«

Der Vergleich liegt nahe, aber beim *Canard* hat nie ein Redakteur – wie Conrad Ahlers 1962 – im Gefängnis sitzen müssen wegen Hochverrats. Da ich Ahlers seit 1947 als guten Redakteur der Jugendzeitung *Benjamin* kannte und Franz Josef Strauß sowieso nicht mochte, fühlte ich mich besonders angesprochen. 1966 wurde ich zusammen mit meinem Kollegen und ehemaligen Studenten Jürgen Seifert Mitherausgeber von *Die Spiegelaffäre – Die Staatsmacht und ihre Kontrolle.* Später kamen Auseinandersetzungen mit Rudolf Augstein hinzu, der manchmal Skandalöses geschrieben hatte. Bis ich dann in meinem Buch *Sind die Deutschen anders?* (2002) sagen konnte:

»Seit fünfzig Jahren ist seine Bedeutung im öffentlichen Leben unverändert geblieben. Der Grundton ist weniger hämisch als zuvor, aber seine Art, nur über negative Aspekte des politischen, wirtschaftlichen und sozialen Lebens zu berichten, hat wahrscheinlich nicht gerade viel positives Engagement auslösen können.«

Wer kann sagen, was die Identität einer Zeitung ist? In Deutschland bestehen noch zahlreiche Blätter, die in Familienbesitz sind und viel Information enthalten, während in Frankreich die meisten – auch größere Regionalzeitungen – völlig leer sind, sofern man politische und internationale Nachrichten und Kommentare erwartet. Das gilt auch für die Fernsehnachrichten bei TF1 und France2 von 20.00 Uhr bis 20.30 Uhr. In Frankreich wie in Deutschland beherrschen wenige große Pressegruppen den Informationsmarkt, die nicht notwendigerweise den Zeitungen eine Linie auflegen. In Deutschland scheint die Holtzbrinck-Gruppe (deren nationale und internationale Breite in Frankreich kein Ebenbild hat) den von ihr in Besitz genommenen Redaktionen viel Spielraum zu lassen. Dabei ist es gar nicht sicher, ob es in Zukunft noch gedruckte Zeitungen geben wird. Ein humorvoller Artikel in *Libération* begann mit »Lieber neuer Abonnent von SFR!« (eine Telecom-Gruppe mit 22 Millionen Handy-Nutzern, die 2011 und 2014 hintereinander an größere Gruppen verkauft wurde). »Unter den Informationen über die britische Königsfamilie haben Sie vielleicht ein Angebot gesehen, das weniger Farben hat als die anderen und etwas streng aussah. Man nennt es Zeitung (vor Facebook, Twitter und Instagram) (...) Es wurden dort Profis bezahlt, um Texte zu schreiben, die man ›Artikel‹ nannte. Das waren eine Art *news,* aber geordnet, mit mehr Einzelheiten und in Themen gegliedert. Die Autoren wurden ›Journalisten‹ genannt und in besonderen Hochschulen ausgebildet (...)« usw.

Das Schlimme bei Facebook, dieser wunderbaren Erfindung von Mark Zuckerberg, die ihn zum Milliardär gemacht hat, ist nicht die

Art, wie meist eher junge Leute ihre Intimität preisgeben. Es ist die Leichtigkeit, mit der Mitmenschen diffamierend identifiziert werden können. Bevor jemand von seiner Diffamierung Kenntnis bekommt, haben schon Hunderttausende die »Nachricht« erhalten, so dass ein Widerruf zwecklos ist, weil keiner kontrollieren kann, an wen sie gegangen ist. Die bekannte Arie in Rossinis *Barbier von Sevilla* über die Verleumdung verblasst völlig vor der heutigen Zeit – in der die meisten Nutzer von Facebook über Rossini und seine Oper nichts wissen.

Kultur und Erziehung

Seit 1984 weiß ich, was Kultur ist. Der *Stern* veröffentlichte eine ausführliche Umfrage des Allensbacher Instituts. »Was gehört nach Ihrer Meinung unbedingt zur Kultur?« – Goethe: 84, 5 Prozent, Mozart: 80,2 Prozent, Fernsehen: 10,6 Prozent. »Was machen Sie am liebsten in Ihrer Freizeit? – Fernsehen: 66,9 Prozent.« Goethe und Mozart tauchen da nicht mehr auf. Fazit: Die Kultur ist etwas, dessen Gebrauch man anderen überlässt!

Eine ernstere, ungewöhnliche Definition von Kultur ist diese: 1967 war ich sehr beeindruckt von dem Buch *Les enfants de Barbiana. Lettre à une maîtresse d'école* (dt. Scuola di Barbiana. Die Schülerschule. Briefe an eine Lehrerin, 1984). Der Text ist wirklich von ehemaligen Schülern dieser berühmt gewordenen Schule geschrieben worden. Sie stellen der Lehrerin die Frage: Pierino, der Sohn vom Doktor, hat Zeit, Fabeln zu lesen. Aber Gianni nicht. Mit fünfzehn ist er aus Ihren Händen geglitten. Jetzt ist er in der Fabrik. Er braucht nicht zu wissen, ob Jupiter Minerva geboren hat oder umgekehrt. Im Unterricht wäre der Arbeitsvertrag der Metallarbeiter besser am Platz gewesen. Sie haben ihn nicht gelesen? Nun, sie sollten sich schämen. Für eine halbe Million Familien bedeutet er das Leben schlechthin. Sie und Ihresgleichen sagen unter sich, dass sie gebildet sind. Sie haben alle die gleichen Bücher gelesen. Niemand verlangt je etwas anderes von Ihnen.

Die Schüler haben Recht. Das Wissen um die Gesellschaft sollte zur Kultur gehören. Nur, wo hört das auf? Von einem Physiker, der viel in Ausstellungen geht, sagt man, er sei kultiviert. Von einem Musiker, der keine Ahnung von Wissenschaft hat, sagt man nicht, er sei unkultiviert. Noch einmal anders: Wenn einer unserer beiden Enkelsöhne, die 22 und 23 alt sind, zu uns kommen und mitbekommen, dass wir gerade Mozart oder Bach hören, sagen sie:»Schon wieder Eure Musik!« (Die drei Enkelinnen sagen nicht alle dasselbe.) Einer der beiden hat Tolstois und Dostojewskis Werke komplett gelesen, aber seine literarische Kultur ist nicht seine musikalische. Der Nobelpreis für Bob Dylan hat ihn gefreut. Warum soll Bruce Springsteen, den ich auch sehr mag, nicht zur Kultur gehören? Für die Jüngeren ist dieser Sänger schon so etwas wie eine Antiquität!

Wie unterschiedlich sind doch die Zuhörer! Es würde mir schwer fallen, stundenlang die Hände in der Luft bewegen und mit Begeisterung jede dritte Minute lauten Applaus zu spenden, wie in jedem guten Rock-Konzert. Die größte französische Festlichkeit dieser Art in Frankreich findet jedes Jahr in einem kleinen Dorf in der Bretagne statt. *Les Vieilles Charrues* (Die alten Pflüge) versammeln jedes Jahr über 300.000 Rockmusik-Fans. Bin ich selber inmitten des Publikums »meiner« Musik glücklich? Im Konzert gewiss, im Opernsaal weniger. Mich stört, wenn der Sänger oder die Sängerin nach einer Arie begeistert beklatscht wird, was beweist, dass das Publikum keineswegs vom Drama ergriffen ist. Eine dritte Sorte Publikum, das ich öfters im Fernsehen bewundert habe, sind die mehr als 20.000 Zuhörer der Berliner *Waldbühne,* die unbekümmert auf dem Gras sitzend oder liegend, mit Kindern, die mitlauschen, alle freudig, Gefallen an jeder Musik findend, besonders wenn es die Berliner Philharmoniker sind und immer, wenn sie zum Schluss »Das ist die Berliner Luft« mitpfeifen dürfen.

Das hindert mich nicht, die kleine Geschichte von Karl Barth gern zu haben. »Wenn Gott den Engeln sagt, sie sollen ihm Musik spielen, so spielen sie Bach. Wenn sie unter sich sind, spielen sie Mozart und Gott lauscht an der Tür.« Es fehlt mir nur der Dritte in meiner heiligen Musikdreieinigkeit, nämlich Franz Schubert. Neben der h-Moll Messe von Bach und den letzten Streich-Quintetten von Mozart gehören die »große« Klaviersonate in B-Dur (D 960) und das Streichquintett in C-Dur mit zwei Celli D 956 in meinen Himmel. Natürlich ist nichts anderes ausgeschlossen von Monteverdi bis Britten, über Beethovens 15. Quartett, Brahms »Deutsches Requiem«, Ravels Klavierkonzert für die linke Hand. Die Musik nimmt in meinem täglichen Leben, trotz meines technischen Unwissens (ich kann noch nicht einmal Noten lesen!) viel mehr Platz ein als die Literatur, unter anderem dank der drei musikalischen Fernsehsender Mezzo, Mezzolive und Brava. Das ist anders bei unserem vierten Sohn, Paul. Er ist Professor für Privatrecht an einer Pariser Universität – und Bariton. Er singt in kleinen Chören, mit vielen Proben und Konzerten. Zunächst war es vor allem Barock-Musik, nun auch Brahms oder Britten.

Bis zu Pierre Boulez reicht es bei mir nicht. Nicht nur wegen seiner spärlichen Musik, sondern auch wegen des diktatorischen Platzes, den er jahrzehntelang im französischen Musikleben eingenommen hat. In zwei meiner Bücher habe ich geschrieben, Boulez habe so viel Macht wie Lully unter Ludwig XIV., mit zwei Unterschieden: Lully hat viel Musik geschrieben, und der König liebte seine Musik wirklich. Zu den bewegendsten Opern, die ich kenne, gehört *The turn of the screw* von Benjamin Britten.

Ich kann dabei nicht verstehen, dass niemand – weder bei ihm noch bei der Novelle von Henry James, der die Oper entnommen wurde – Goethes *Erlkönig* erwähnt. Der Schluss ist derselbe. Weil der Knabe dem Verführer nicht nachgegeben hat, stirbt er in den Armen des Vaters. Weil er dem Verführer, dem Gespenst von Peter Quint, nein gesagt hat, stirbt der kleine Miles. In den Armen der Gouvernante war das Kind tot. Andere Opern sehe und höre ich oft und gern. Verdi, aber an erster Stelle *Pelléas et Mélisande* von Debussy und *Wozzeck* von Berg.

Zu Richard Wagner ist mein Verhältnis sozusagen getrübt. Jedenfalls bin ich nicht so begeistert wie es 1897 Albert Lavignac, *professeur d'harmonie au Conservatoire de Paris* war, als er das dicke Buch *Le voyage artistique à Bayreuth* veröffentlichte, dessen erstes Kapitel mit folgendem Absatz beginnt:

»Man geht nach Bayreuth wie man will, zu Fuß, auf dem Pferd, mit dem Wagen, mit dem Fahrrad, mit der Eisenbahn. Der echte Pilger sollte auf den Knien hingehen; aber der praktischste Weg, mindestens für die Franzosen, ist die Eisenbahn.«

Das Buch, in seiner Neuausgabe von 1922, bleibt wertvoll, weil es Tabellen aller Leitmotive enthält, verteilt auf die Szenen, in denen Wagner sie verwendet hat. Dieselbe Begeisterung konnte es noch im vorigen Jahrhundert geben. Einer meiner Studenten, heute ein erfolgreicher Verleger, widmete Wagner das ganze Geld, dass er neben dem Studium verdiente. Er war jedes Jahr in Bayreuth, und wurde eine Wagner-Oper in Paris aufgeführt, so ging er nicht einmal hin, sondern jeden Abend. Er war empört, als ich ihm sagte, ich liebte Anfang und Ende der *Walküre*, den *Tristan* und Teile von *Parsifal,* aber die Geschichten seien oft wirklich zu dumm und die Zuflucht zu Getränken zu entscheidend (Tristan, Siegfried in der *Götterdämmerung*). Ein Höhepunkt der Unsinnigkeit bleibt für mich *Lohengrin.* Hätte die dumme Elsa die Frage nach seiner Iden-

tität nicht gestellt, so wäre der dienende Ritter des Grals ein fest-
gebundener Familienvater geworden und der Prinz auf Ewigkeit
Schwan geblieben. (Am Ende heißt es, Lohengrin sei sowieso nur
für ein Jahr da. Was ist dann seine Ehe?) Aber wenn Jonas Kauf-
mann die Grals-Legende am Schluss singt, so bin ich gerührt, auch
wenn der »Held« weder Waffe noch Heldenkleidung trägt, sondern als Ärmlicher und Schwacher dargestellt wird.
    Da sind wir bei den Entstellungen. Was soll es, wenn der Kar-
freitagszauber am Ende von *Parsifal* als staubbedeckte Wüste dargestellt wird, mit einer Eisenbahnschiene, die wahrscheinlich auf
Auschwitz anspielt? Was soll es, wenn am Ende von *Wozzeck* der
Doktor und der Hauptmann in zwei verschiedenen, gut möblier-
ten Wohnungen sitzen und der eine sagt: »Da ertrinkt jemand«?
Oder wenn Wozzeck ein Kellner ist, der andauernd Tische ab-
wischt? Erstaunlich ist, wenn da gute Musikrezensenten mitmachen. »Vom Paradies auf Erden. Dirigent Kent Nagano und Regisseur Dmitri Tcherniakov erlösen in München Francis Poulencs
›Carmélites‹ aus den Banden der Konfession«: So lautet 2010 der
Titel einer fünfspaltigen Rezension in der *Süddeutschen Zeitung*.
Die Oper haben Georges Bernanos und Francis Poulenc nach dem
Stück von Gertrud von Le Fort *Die letzte am Schafott* (1931) geschrieben, und sie hatte ihnen einen Welterfolg beschert. Seit 1957
wird das Werk in Italien, Frankreich und Amerika ständig aufgeführt. Der angsterfüllte Tod der bis dahin so selbstsicheren Oberin
und das mutige Sich-köpfen-lassen der bis dahin so feigen Karme-
literin haben Tausende von Zuschauern zu Tränen gebracht. Die
Tatsache, dass die Grundlage eine historische war und die Karme-
literinnen von Compiègne hingerichtet wurden, hat die Echtheit
der Tragödie noch überzeugender gemacht. Nun heißt es in dem
Bericht über die Aufführung:
    »Regisseur Dmitri Tcherniakov hört in jedem Moment auf
diese Musik, statt sich durch den leicht geschwätzigen und durch-

aus katholischen reaktionären Text von Georges Bernanos ablenken zu lassen. Es gibt den Abend lang keine Nonnentracht, kein historisches Revolutionsambiente. Denn Tcherniakov nimmt das Stück nicht nur durchgehend ernst, er interpretiert die aufgeworfenen Themen viel umfassender als das Autorenteam Poulenc & Bernanos. Die guten Katholiken sind glücklicherweise durch den Regisseur erhöht worden. Seine Gesellschaft der Aussteigerinnen wird in ihrer Hütte gefangengesetzt. Gasflaschen verheißen nichts Gutes (...).«

Dabei scheint der Regisseur keine Ahnung davon gehabt zu haben, wer Bernanos gewesen ist, nämlich der mutige Verteidiger der von Franco und der Kirche ermordeten Republikaner, dessen hartes Buch *Les grands cimetières sous la lune* heute noch gelesen wird. Derselbe Regisseur hat 2016 *Pelléas et Mélisande* in eine psychiatrische Anstalt verlegt, was heute gewiss nicht mehr originell ist, zum Beispiel bei *Ariadne auf Naxos* von Richard Strauss oder der *Traviata*. Jedes Mal derselbe Mangel an Respekt vor der Identität des Werkes.

Glücklicherweise bin ich nicht allein in meinem Zorn. In seinem zu Recht angriffslustigen Essay *Regisseurstheater* (2016) hat Gerhard Stadelmaier von der Frankfurter Allgemeinen einiges zusammengebracht:

»Der Regisseur, dessen Namen hier nichts zur Sache tut, weil er so viele Namen hat, schreitet hier wie dort zur nächsten Tat. Sei es ein altes oder ein neues Stück. Immer im vollen Bewusstsein seiner Vollmacht, die er sich selbst gegeben hat. Er lässt Karl Moor in Schillers ›Räubern‹ lange mit Kloschüsseln werfen oder schickt den alten Moor auf den Golfplatz, aber steckt die Räuberbande in ein Klassenzimmer, wo sie fleißig Würstchen grillt. (...) Er zwingt Hauptmanns Weber dazu, sich mit den Tickets, die sie für einen ziemlich unschlesischen Trip nach Mallorca benötigen, lieber den nackten Hintern zu wischen (...). Sein Don Giovanni streckt, wenn er ›Reich mir die Hand, mein Leben‹ trällert, dem Publikum den nackten Hintern hin. (...) Als eine Jury einen jungen Autor auszeichnete, aber die Uraufführung verhinderte, weil sie »dem Text unangemessen« sei, sprach der damalige Staatsintendant von einem »reaktionären Beschluss« und von einer »Kampfansage gegen die künstlerische Freiheit der Regie« und schlussfolgerte: ›Der Regisseur ist Interpret, also Künstler. Es obliegt ihm, nach seinen Vorstellungen einen neuen Text zur Uraufführung zu bringen. Diese Hoheit muss uns bleiben.«

Mit dieser Hoheit wirkt man kulturzerstörend. Wir wagen kaum noch, lange im Voraus für uns und unsere Enkel Theater- oder Opernplätze zu kaufen, weil wir vor der Uraufführung oder vor den ersten Besprechungen nicht wissen, ob sie das authentische Werk zu sehen bekommen werden oder nur eine Entstellung, wahrscheinlich übrigens mit Blut und Sperma, auch wenn es sich um ein Lustspiel handelt (zum Beispiel die »Lustige Witwe« mit SS und Vergewaltigung). Ich hätte nichts dagegen, wenn es auf den Plakaten hieße: »*Tartuffe* nach Molière, von ... (Name des Regisseurs).« Muss auch das Publikum ständig für so dumm gehalten werden, dass unbedingt Gegenwartsbezüge eingebaut werden sollen – oder Ähnliches: Jüngst an der Pariser Oper den *Troubadour* im Ersten Weltkrieg? Beklebt man vielleicht Bilder von Monet oder van Gogh mit schwarzen Zetteln oder mit kleinen Malereien, damit ein heutiger »Künstler« das Werk als das seine verkaufen kann? (Eine Randbemerkung: Seit langem mache ich einen Vorschlag, den niemand hören will. Van Gogh ist immer arm gewesen. Heute ist »ein van Gogh« Hunderte Millionen wert. In den großen Häusern wie Sotheby's sollte man bei jeder Auktion ein Prozent entnehmen und einem Fonds für junge Künstler geben).

Unsere großen Regisseure, Jean Vilar oder Jean-Louis Barrault haben ständig Klassiker neu inszeniert, mit neuen Ideen, aber immer mit der tiefsten Ehrfurcht vor dem Werk des Dichters. Oder als Laurent Pelly die *Schöne Helena* von Offenbach mit Felicity Lott in der Hauptrolle inszenierte, lachte man laut bei seinen Erfindungen (Air-France Hostessen begleiten Menelaos auf seiner Reise nach Kreta), aber ohne ein Wort des Textes zu verändern und stets dem Geist Offenbachs treu. Dass junge Leute sich mit »veraltet« aufgeführten Werken nicht anfreunden können, ist auch eine Legende. Eine Aufführung von Victor Hugos *Ruy Blas* in einem kleinen Pariser Theater ist das beste Beispiel. Das Publikum sitzt rund um die Bühne. Darunter eine Gymnasialklasse. Am Anfang störten sie so sehr, dass ein Schauspieler sich unterbrach und mit Rauswurf drohte. Dann immer größere Stille. Nach jedem Akt Applaus. Am Ende: reine Begeisterung und »Merci«-Rufe. Die Aufführung war ein klassische.

In welchem Alter kann man noch erzogen werden? In Frankreich sollten junge Erwachsene lernen, was eine unaufrichtige intellektuelle Gesellschaft ist. In Deutschland wird man zu schnell bestraft oder verbannt, wenn die Anklage lautet, man habe ein Plagiat begangen. In Paris kann jeder, der mal bestraft wurde, weiterhin groß auftreten, wenn er nur dem richtigen Milieu angehört. Alain Minc zum Beispiel, allgegenwärtiger Mittler zwischen Bankiers und anderen Herrschenden wird wegen *contre-façon* (Fälschung) verurteilt, weil er sein Buch über Spinoza von einer wissenschaftlichen Spinoza-Biographie abgeschrieben hat. Daraufhin wendet sich Minc an den Autor und fragt, was der eigentlich wolle! Dank seiner Arbeit und seines Namens sei nun Spinoza bekannter als vorher! Jacques Attali, in Medien und Buchhandlungen überall zu finden, veröffentlichte Bände unter dem Titel *Verbatim,* als habe er das, was er schrieb, direkt von Mitterrand gehört. In Wirklichkeit schreibt er von Notizen ab, die der zu bescheidenen Historikerin Georgette Elgey auf Veranlassung des Präsidenten überreicht worden waren. Derselbe Attali schreibt ein Buch Namens *1492*. Es strotzt vor historischen Fehlern. Die Rezensionen sind hervorragend – bis auf eine knappe Kolumne im *L'Express*, die die gröbsten Fehler auflistet. Die Unterschrift ist mir unbekannt. Eines Tages begegne ich Emmanuel Leroy-Ladurie, Mitglied der Académie française und *Professeur au Collège de France*. Wir kennen uns.

»Emmanuel, haben Sie die Rezension gesehen. Endlich!«

»Sie ist von mir!«

»Aber dann, warum nicht Ihr Name?«

»*Je ne pouvais pas aller jusque là*« – So weit konnte ich nicht gehen.

In dem vielbändigen Roman von Romain Rolland *Jean Christophe* (1904/1912) heißt ein Teil *La foire sur la place* (Der Jahrmarkt auf dem Platz). Was Rolland damals über das Pariser intellektuelle Leben geschrieben hat, gilt weitgehend noch heute. Und dies sollte jeder Gymnasiast oder Student wissen.

Ähnliches gilt, sollte man versucht sein, Jean-Paul Sartre gegen Albert Camus auszuspielen. Camus ist stets seinen Grundüberzeugungen treu geblieben. Er war gegen die Todesstrafe. Als nach 1945 der ultrarechte, hart antisemitische (»Deportiert doch auch die Kinder!«), aber talentvolle Schriftsteller Robert Brasillach zum Tode verurteilt wurde, richteten seine Freunde ein Gnadengesuch an den Regierungs-und Staatschef General de Gaulle. Camus unterschrieb, aber sagte in einem Brief, er tue dies nur, weil er gegen die Todesstrafe sei, und er erinnerte daran, dass Brasillach für die Widerstandskämpfer, die hingerichtet worden waren, nie um Gnade gebeten hatte. (Brasillach erhielt keine Gnade, denn de Gaulle sagte seinem Anwalt, die Intellektuellen wollten immer Mitverantwortung tragen. Das sollte auch für den Tod gelten.)

Jean-Paul Sartre hingegen hat seine Meinung oft gewechselt, ist aber fast immer seiner Verehrung für die Sowjetunion erlegen. (»Das einzige Land, wo Freiheit der Kritik herrscht.«) Als 1958 Boris Pasternak den Nobelpreis erhielt, protestierte Sartre. Der Preis hätte an Mikhail Scholochow gehen müssen – einen Verehrer Stalins – und nicht an jemanden, »dessen Werk im Ausland verlegt wurde und das in seinem Land verboten ist.« Ein ehemaliger Schüler von Sartre, Michel-Antoine Burnier, hat ein Buch geschrieben *Le Testament de Sartre (1982)*, als sei es von Sartre persönlich geschrieben worden. Es enthält im Ich-Stil alle politischen Sünden, die Sartre jemals begangen hat. Am Schluss heißt es: »Nach reiflicher Überlegung bedauere ich diesen Text, den ich wahrscheinlich nicht hätte schreiben sollen. Übrigens habe ich ihn auch nicht geschrieben.«

Was die Musik betrifft, so können nicht alle das Glück haben, in der Gegend von Lille gelebt zu haben, um unter den Instrumentalisten des Orchesters von Jean-Claude Casadesus die Liebe zu den schönen Tönen eingeflößt zu bekommen. Oder – für die heute schon Älteren, Mitglied der *Jeunesses musicales de France* gewesen zu sein. Ich würde ihnen zu gern meine beiden Lieben nahebringen, und sei es nur auf DVD, CD oder Filmen. Die eine ist Yehudi Menuhin, die andere Dietrich Fischer-Dieskau. 1985, zu seinem sechzigsten Geburtstag, der vier Monate nach dem meinen lag, durfte ich an dem deutschen Band *Hommage à Fischer-Dieskau* teilnehmen, den Heinz Friedrich veröffentlichte. Mein langer, mit der Hand geschriebener Beitrag begann folgendermaßen: »Sie kennen mich nicht, und ich weiß nicht, ob ein französischer Politologe berechtigt ist, Sie hier mitzufeiern. Aber ich möchte Ihnen doch sagen, dass Sie mein Leben seit langem ständig verschönernd, verklärend begleitet haben.« Für Menuhin sollte jeder die beiden Filme von Bruno Monsaingeon sehen und seinen Band *Passion Menuhin* wenigstens der Bilder wegen durchblättern. Menuhin war nicht nur Musiker, sondern ein Mensch – so wie ich diesen Begriff am Ende dieses Buches definiere. Ich würde auch versuchen, dank einer DVD, zu zeigen, was große Dirigenten waren oder sind, die mit ihren Orchestern musikalisch, geistig und menschlich leben wie Claudio Abbado, John Eliot Gardiner oder Daniel Barenboim – und sich nicht mit geschlossenen Augen ständig in Szene setzen lassen wie Herbert von Karajan mit seinen Star-Allüren.

Unsere Söhne haben uns in jungen Jahren vorgeworfen, sie zu früh in Ausstellungen geführt zu haben. Heute, im Rückblick, sei es nicht genug gewesen. Das beweist, dass wir unfähig waren, ihnen zum richtigen Blick zu verhelfen und auch, dass sie nicht die Lehrer oder Lehrerinnen gehabt haben, denen wir oft in Ausstellungen begegnet sind, wo die Kinder aufmerksam um sie herumsitzen, mit Zeichnungen auf den Knien, spielend die Schönheit verstehend.

Von jungen Jahren an mit der Kunst verbunden sein und sie bereits auszuüben, das lernt man in den Waldorfschulen. Zusätzlich die körperliche Ausbildung durch Eurythmie. Mit der Anthroposophie kann ich nicht viel anfangen, und mit Rudolf Steiner und seiner Dreieinigkeit Jesus-Goethe-Steiner noch weniger. Aber als ich 1950/51 bei der UNESCO war wurde ich Mitglied einer Jury für Kinderzeichnungen. Ohne Zögern konnten wir die als Beste herauspicken, die sich am Ende als Bilder von Waldorfschülern herausstellten. Es fehlt im Waldorfkonzept jedoch die übrige Benutzung der Hand. Dies ist eine der Grundforderungen der Montessori-Methode, der ich seit langem zugeneigt bin. Aber in den öffentlichen Schulen ist auch viel Bildendes zu finden. In Frankreich gilt als das Beste, was unser Bildungssystem zu bieten hat, die *écoles maternelles,* für Kinder zwischen drei (beinahe 100 Prozent dieser Altersgruppe) und sechs Jahren, wo sie in die Elementarschule kommen. Sie sollen noch nicht lesen und schreiben lernen, sondern vieles entdecken und sich mit Freude sozialisieren. Als ich in Stanford unterrichtete, ging unser fünfjähriger Sohn in eine Schule für kleine Kinder. Er hätte gern zeichnen gelernt, durfte das aber nicht. Ständig stand er mit Farbstiften vor einem großen weißen Blatt und hörte als einzige Aufforderung: *Express yourself!* Er schmierte furchtbare Dinge hin und lernte dabei nicht einmal Englisch. Wie bei Montessori soll dem Kind in der *école maternelle* geholfen werden, etwas zum Ausdruck zu bringen. Aber diese Hilfe muss sein. Leider ist die Entwicklung der vorzüglichen Institution nicht die Beste. Die Lehrerinnen sollen Universitätsdiplome ergattern, anstatt den Beweis zu erbringen, dass sie Kinder lieben und verstehen. Gilt nicht das gleiche für Medizinstudenten, die nach harten Kriterien ausgewählt werden und dann ihr Studium beginnen, ohne je die Frage gestellt zu bekommen, wie sie menschlich mit Kranken umgehen?

Die ganz kleinen Kinder in beiden Ländern kommen in *crèches* oder Kitas unter – oder auch nicht. In Paris sind die Plätze so spärlich, dass man die Kleinen eigentlich vor der Geburt einschreiben sollte. Auf die Überzeugung eines deutschen Gerichts, der Staat schulde den Familien, die keinen Platz gefunden haben, eine Entschädigung, ist in Frankreich bis jetzt niemand gekommen!

Kann man Schüler von sechs oder sieben Jahren weltoffen machen? Die Antwort ist ja, wenn man so handelt wie die Gemeinden von Edingen-Neckarhausen, nahe Mannheim, und Plouguerneau bei Brest, am westlichen Ende Europas. Sie sind seit mehr als 50 Jahren als Partnerstädte verbunden. Jedes Jahr verbringen einige Hundert aus jeder Stadt Wochen oder Monate in der anderen. Und welche Freude, die kleinen Schüler von Plouguerneau deutsche Lieder singen zu hören! Der Nachwuchs der *jumelage* ist gesichert, und die Kleinen werden in jüngsten Jahren viel über Deutschland und auch über Europa erfahren.

Wichtiger noch als das ist ihre Entwicklung als freie Person. Die ist in deutschen Gymnasien und Realschulen besser als in Frankreich, wo es noch sehr, sehr autoritär zugeht. Das beste Beispiel, das ich kenne, ist »mein« Schulzentrum in Bad Bergzabern, 2006 auf meinen Namen getauft. Ich treffe dort zwei Gymnasiallehrerinnen aus Lyon:

»Gibt es keine Kontrolle bei der Ankunft?«

»Nein.«

»Und beim Weggehen?«

»Auch nicht.«

»Und wer ist der jüngere Mann, der im Schulhof mit Schülern spaziert?«

»Es ist der Direktor!«

Der französische *proviseur* ist im Allgemeinen unsichtbar und schwebt gewissermaßen über den Dingen und der Menge. Es gibt glücklicherweise rühmliche Ausnahmen. Michel Le Corno, der mit mir befreundete Direktor des Lycée Saint Paul in Vannes, hat vor seinem frühen Tod im Ruhestand 2016 ein schönes Buch veröffentlicht mit dem Titel *Un regard sur l'école avec confiance malgré tout* (dt. Ein Blick auf die Schule, trotz allem mit Vertrauen). Das Wichtigste sei, dass jeder Schüler Anerkennung finde, sei es beim Rudern, beim Theaterspielen, in einem Orchester oder bei einem karitativen Einsatz. Das Losungswort laute *accueillir et proposer* (aufnehmen und vorschlagen).

Das Lycée Saint Paul ist eine katholische Schule. Sie hat wie die meisten anderen mit dem Staat einen Vertrag geschlossen. Sie ist *sous contrat,* wie man in Frankreich sagt. Der Staat bezahlt die Lehrer, Ruhestandsgelder inbegriffen, die Kirche und die Eltern unterhalten das Gebäude. Ein Gesetz von 1959, *la loi Debré,* sichert den Schulfrieden in Frankreich nach Jahrzehnten gegenseitiger Herabsetzungen zwischen der *école laïque* – den laizistischen, staatlichen Schulen – und den katholischen, die sich des großen Andrangs gar nicht erwehren können – weil sie zwar nicht teuer, aber auch nicht kostenlos sind und gutbürgerlichen Familien erlauben, ihre Söhne und Töchter in Sicherheit zu bringen! Aber auch, weil sie niemandem die Religion auferlegen. *On n'impose pas la foi, on la propose.* Man zwingt den Glauben nicht auf, man schlägt ihn vor. Aber noch mehr, weil die katholischen Schulen für alle offen sind. In Südfrankreich sind in manchen Klassen mehr muslimische Schüler als katholische – aber alle genießen dieselbe Achtung.

Bei den Schulen ist nur wenig Geld im Spiel, was sich im Studium ändert. Oder besser gesagt: Den staatlichen Hochschulen geht es schlecht, weil sie kaum Gebühren nehmen dürfen. Doch auf Master-Ebene oder an den privaten Hochschulen müssen manchmal horrende Summen bezahlt werden. Kleinere Unis in Frankreich verlangen schon 7.000 Euro für jedes der drei oder vier Studienjahre. »Immerhin weniger als in Amerika!« Stimmt. In Harvard oder Stanford sind es rund 60.000 Dollar pro Jahr (Zimmer inklusive). Aber wie viele Millionen Amerikaner sind am Rande der Verzweiflung, weil sie ihr Stipendium nicht zurückzahlen können? Wenn sie Informatiker oder *Trader* geworden sind, gut. Aber Professor der Philosophie? Das französische System ist sehr unterschiedlich. François Hollande musste an der HEC (*Hautes études commerciales* – internationales Top-Niveau) viel zahlen, während er an der ENA (*Ecole Nationale d'Administration* – die politische Kaderschmiede Frankreichs) von Anfang an bezahlt wurde. Valéry Giscard d'Estaing bekam ein Gehalt sowohl an der *Ecole Polytechnique* als auch an der ENA. Er liefert einen guten Beweis dafür, dass auch diese doppelte Qualifikation nicht zur Allwissenheit führt.

1988 veröffentlichte Giscard den ersten Band seiner Memoiren *Le pouvoir et la vie.* Sie sind erstaunlich aufrichtig. Er, der von 1974 bis 1981 Präsident der Republik gewesen ist, gesteht, dass seine juristische Kultur »praktisch nicht existent gewesen war«. Schlimmer: »Erst nach und nach habe ich Einzelkenntnisse in den Fragen der Verteidigung erworben. Ich habe mich erst ab 1977 genug gerüstet gefühlt für Diskussionen.« Im selben Jahr erklären ihm der Freund Helmut Schmidt und Gerhard Stoltenberg, dass es Deutsche sind, die an der Grenze der DDR auf Deutsche schießen und nicht Russen. 1977 ist auch das Jahr – nach 3 Jahren im Amt – wo er, dank der Zeichnung eines Ministers auf einem schwarzen Brett, entdeckte, »welche erdrückende Anzahl junger Leute ohne jegliche Ausbildung auf den Arbeitsmarkt kommt.« Dabei pflegt er merkwürdige Vorurteile. »Die *Normandes* sind oft groß, mit ihren strohgelben Haaren, die sie von den Wikingern geerbt haben.« Die Norddeutschen »tragen auf ihren Zügen die kalte Dichte des Meeres und die Spiegelungen eines Himmels, der die Kraft des Windes und die Flucht der Wolken widerspiegelt«. Der ägyptische Präsident Sadat »gehörte der Gruppe an, die man heute als arabo-afrikanisch bezeichnet: schwarze Bevölkerungen mit semitischen Zügen«!

In den vorigen Passagen stand eine Frage stets im Hintergrund: Wer ist berechtigt, wen wie zu beeinflussen? Die Antwort ist einfach, wenn es um eine klare, zielorientierte, freiheitsberaubende Beeinflussung geht, wie zum Beispiel die Wehrerziehung in der DDR. Sechs- bis Neunjährige sollten singen:

Soldaten sind vorbeimarschiert
Die ganze Kompanie
Und wenn wir groß sind, wollen wir Soldat sein so wie sie.
Mein Bruder ist Soldat
Im großen Panzerwagen
Und stolz darf ich es sagen
Mein Bruder schützt den Staat!

Oder wenn ein Zeitungsartikel zu Recht beititelt ist:»Pädagogik der Unterwerfung: blinder Gehorsam und unreflektierter Glaube. Der Koranunterricht in den Moscheen gewöhnt die Kinder an patriarchale Strukturen und entfremdet sie von dem westlichen Umfeld.«

Weniger einfach ist es, wenn es um wohlwollende Erzieher geht wie Eltern oder Lehrer. Unsere vier Söhne sind katholisch getauft worden – nicht trotz, sondern wegen meines Atheismus. Die höhere Wahrscheinlichkeit bestand darin, dass sie sich später vom Glauben abwenden, nicht, dass sie vom Atheismus zum Glauben gelangen würden. Also wollte ich, dass sie später frei gegen mich sein können. (Es war die Zeit, in der meine Frau noch nicht gläubig war.) Beeinflussen heißt, die Freiheit des Anderen beschränken. Aber was nun, wenn die Beeinflussung das Ziel hat zu befreien, jedenfalls freier zu machen? So habe ich jedenfalls immer meine Aufgabe als Vater und als Lehrer aufgefasst. Den Studenten habe ich Jahr für Jahr gesagt, was viele irritierte:»Ich will Euch beeinflussen im Sinn einer Ethik. Bitte wehrt Euch!« Die Angelegenheit ist für mich so grundlegend, dass sie am Ende dieses Buches eingehender behandelt werden soll.

KAPITEL 6

Identitäten der Religionen

Die Schrift

Lassen wir die Anderen. In meiner Jugend habe ich Aldous Huxley gelesen und war durch seine philosophische Schrift *Ziele und Wege – Eine Untersuchung des Wesens der Ideale und der Mittel zu ihrer Verwirklichung* auf die großen Inder gestoßen und, auch dank Romain Rollands, auf den großen Mystiker Ramakrishna und den Mönch Swami Vivekananda. Ich habe nicht wenig bei ihnen gelernt. Aber vor allem, weil das Kasten-System in Indien keineswegs abgeschafft worden ist, was der Grundethik der Gleichheit widerspricht, lasse ich hier Indien und auch Konfuzius beiseite und befasse mich nur mit den drei monotheistischen Religionen der »Schrift«. Später soll noch viel von der *laïcité* die Rede sein, laut Ernest Renan »der Staat neutral zwischen den Religionen«.

Die Thora, das Neue Testament und der Koran: An sich schon besteht ein großer Unterschied zwischen ihnen. Wer die Bibel wissenschaftlich untersucht, dem geschieht nichts, außer vielleicht in den orthodoxen Institutionen in Israel. Wer den Koran kritisch untersucht, riskiert sein Leben, denn er kann leicht der Gotteslästerung angeklagt werden. Allerdings leben Juden und Christen in meinen Augen ständig im Widerspruch zu sich selbst. Was entspricht tatsächlich der historischen Wirklichkeit in ihren Offenbarungstexten? Was ist Symbol? Niemand behauptet heute noch ernsthaft, die Schöpfungsgeschichte in sechs Tagen sei etwas anderes als ein schönes Gedicht. Aber was ist, wenn die Forschung herausfindet, dass auch Abraham eine späte Erfindung war? Dann hat es auch keine Bereitschaft zum Kindesmord gegeben. Für mich ist die Intervention des Engels, der Abrahams Messer ergreift, kein Zeichen der Barmherzigkeit Gottes, sondern die Unterbrechung eines Aktes von fanatischem Gehorsam.

In meiner Kindheit hat mich die Lektüre der Bibel vom Judentum abgeschreckt, zunächst wegen des Blutbads nach der Eroberung von Jericho. »Mit scharfem Schwert weihten sie alles, was in der Stadt war, dem Untergang, Männer und Frauen, Kinder und Greise, Rinder, Schafe und Esel.« Glücklicherweise zeigte die Forschung, dass es nie ein mit Mauern umringtes Jericho gegeben hat. Glücklicherweise? Was ist dann richtig in der Bibel? Das Ende des Buches Esther vielleicht? »So metzelten die Juden alle ihre Feinde mit dem Schwert nieder; es gab ein großes Blutbad.« So hat es nicht sein können? Eine Legende?

Am Schlimmsten ist die Eroberung des »gelobten Landes«, auch schon bei den vorbereiteten Kämpfen unter Moses (4. Buch Mose 31,7–18): »Sie zogen gegen Midian zu Feld, wie der Herr es Mose befohlen hatte, und brachten alle männlichen Personen um.« Moses fuhr die Heeresführer an: »Er sagte zu ihnen: Warum habt ihr alle Frauen am Leben gelassen? (...) Nun bringt alle männlichen Kinder um und ebenso alle Frauen, die schon einen Mann erkannt und mit einem Mann geschlafen haben. Aber alle weiblichen Kinder und die Frauen, die noch nicht mit einem Mann geschlafen haben, lasst für euch am Leben!« (Man könnte hier an die heutigen Grausamkeiten des IS oder von Boko Haram denken!) Jahwe redete zu Moses (4. Buch Mose 33, 51–53): »Wenn ihr den Jordan überschritten und Kanaan betreten habt, dann vertreibt vor euch alle Einwohner des Landes (...) Dann nehmt das Land in Besitz und lasst euch darin nieder; denn ich habe es euch zum Besitz gegeben.«

Es gibt jedoch auch andere Stellen, die das Gegenteil sagen, wie Josua (17, 12–13):

»Doch die Manassiter konnten diese Städte nicht in Besitz nehmen; es gelang den Kanaanitern, ihre Wohnsitze in diesem Land zu halten. Als die Israeliten jedoch stark geworden waren, zwangen sie die Kanaaniter zur Fron (Sklaverei); aber vertreiben konnten sie sie nicht.«

Noch erstaunlicher die Stelle im Buch der Richter (3,5–6): »Die Israeliten wohnten also mitten unter den Kanaanitern, Hetitern, Amoritern, Perisitern, Hiwitern und Jebusitern. Sie nahmen sich deren Töchtern zu Frauen und ihre Töchter gaben sie den Söhnen und die dienten deren Göttern.«

Im Neuen Testament heißt es in der Apostelgeschichte (13,17–19) wieder: »Der Gott dieses Volkes Israel hat unsere Väter erwählt (...); er hat sie (...) fast vierzig Jahre durch die Wüste getragen. Sieben Völker hat er im Land Kanaan vernichtet und ihr Land ihnen zum Besitz gegeben.« Also der erste Genozid, die erste ethnische Säuberung durch die Hebräer? Wenn ja, wie furchtbar! Wenn nein, welches Recht hatten sie auf diese schon bewohnte Erde, wo Milch und Honig fließen? Was bleibt an historischer Wahrheit in der Bibel? Was bleibt von den Kommentaren des Talmud?

Mit den Evangelien steht es auf andere Art nicht anders. Die Forschung hat gezeigt, dass kaum ein Wort als strikt authentisch betrachtet werden kann, und sei es nur, weil die Niederschrift Jahrzehnte nach den Ereignissen stattfand. Und wer hat die Worte von Jesus gehört, als er vor den schlafenden Jüngern zu Gott betete? Ist das nicht alles sehr widersprüchlich bei den Christen? Am 30. September 1943 hat Papst Pius XII. die Enzyklika *Divino afflante spiritu* veröffentlicht. Darin billigte der Papst sogar gewagteste Methoden der Bibelauslegung (semiotische Analyse, soziologischer Zugang, Psychoanalyse und anderes). Grenzen wurden festgelegt, aber die deutlichste Warnung richtete sich an den fundamentalistischen Umgang mit der Bibel, der als »gefährlich« eingestuft wird, da er »unausgesprochen zu einer Art gedanklichem Selbstmord« auffordert.

»Der fundamentalistische Umgang mit der Schrift«, schreibt der Papst, habe die Tendenz, den biblischen Text so zu behandeln, als sei er vom Heiligen Geist wörtlich diktiert worden. Man will nicht sehen, dass »die Worte Gottes in einer Sprache und einem Stil formuliert wurden, die durch die jeweilige Epoche der Texte bedingt sind (...) Der Fundamentalismus betont über Gebühr die Irrtumslosigkeit in Einzelheiten der biblischen Texte (...) Oft fasst er als geschichtlich auf, was gar nicht den Anspruch auf Historizität erhebt, denn für den Fundamentalismus ist alles geschichtlich, was in der Vergangenheitsform berichtet oder erzählt wurde, ohne dass er auch nur der Möglichkeit eines symbolischen oder figurativen Sinn die notwendige Beachtung schenkt.«

Und doch heißt es im Text *Dei verbum* des Zweiten Vatikanischen Konzils: »Die Bücher der Heiligen Schrift lehren klar, zuverlässig und ohne Irrtum die Wahrheiten, die Gott wollte, dass sie um unseres Heiles Willen in der Schrift festgehalten wurden.« Es bleibt dann also bei einem: »Die Schrift enthält die Wahrheit, weil wir wissen, dass die Wahrheit in der Schrift enthalten ist.« Was die Identität der jüdisch-christlichen Schrift ist, bleibt damit offen.

Christentum: Das Negative und die zwei Fragen

Zu oft werden die christlichen Kirchen, besonders die katholische, mit ihren Missetaten identifiziert. Heute steht die Pädophilie im Zentrum der Aufmerksamkeit. Zwar wurden nicht nur in religiösen Institutionen Kinder und Jünglinge misshandelt und auch vergewaltigt. Die Odenwaldschule war eine vielgelobte und sehr beliebte Einrichtung, bevor offenbar wurde, was dort geschah und in welchem Ausmaß der Direktor selbst ein Verbrecher war. Nun stellt sich heraus, dass von 1945 bis 1992 mehr als 400 Regensburger »Domspatzen« sexuell missbraucht worden sind. Der 2012 ernannte Bischof hat mit den Vertretern der Opfer über Wege beraten, wie man Genugtuung und Gerechtigkeit walten lassen könne. Einer dieser Vertreter sagte, dass der vormalige Bischof, der jetzige Kurienkardinal Ludwig Müller, lediglich von Einzelfällen gesprochen hat. Es soll auch ergründet werden, was der frühere Domkapellmeister Georg Ratzinger, Bruder von Benedikt XVI., der den Chor von 1964 bis 1994 leitete, davon wusste und welche Einflussmöglichkeiten er hatte. In Frankreich könnte man beinahe glauben, es gebe kein anderes Thema zur Kirche als die Pädophilie, vor allem seitdem das mutige Buch *Histoire d'un silence* (Geschichte eines Schweigens) von Isabelle de Goldmyn, stellvertretende Chefredakteurin der größten katholischen Tageszeitung *La Croix*, gezeigt hat, dass die Kardinal-Erzbischöfe von Lyon jahrzehntelang alles über die beharrlichen Verbrechen eines Priesters wussten, aber zuließen, dass er sich weiterhin mit Jugendlichen befasste und sich nie mit den Opfern beschäftigen wollten. Anfang November 2016 hat die Bischofskonferenz eine gemeinsame Selbstanklage erhoben, ihre Reue bekannt und die Opfer um Verzeihung gebeten. Das alles bedeutet jedoch keineswegs, dass man die Kirche mit der Pädophilie identifizieren darf.

Etwas anderes steht es mit den Verbrechen, die Ungläubige, Menschen anderer Religionen oder »Ketzer« erdulden mussten. Oder – eher in protestantischen Gegenden – Hunderttausende als Hexen bezeichnete Frauen. Am 12. September 2006 hat Papst Benedikt XVI. in Regensburg gesprochen. In der Einleitung seiner Rede warf er dem Islam vor, sich mit dem Schwert verbreiten zu wollen. Wenige Tage später sprach ich im Regensburger Reichssaal und rechnete gewissermaßen mit dem Papst ab. Was hat denn die katholische Kirche seit Jahrhunderten gemacht? Angefangen mit dem Massenmord Karls des Großen an den Sachsen. Die Kreuzfahrer haben Tausende von Moslems bei der Eroberung von Jerusalem im Namen Christi niedergemetzelt und Synagogen verbrannt, weil die Juden auf der Seite der Toleranten standen, nämlich des Islams. In Konstanz wurde im Juli 1415 Jan Hus verbrannt. Beim Kreuzzug gegen die ketzerischen Katharer wurde die Stadt Béziers 1209 erobert, und der Legat des Papstes konnte nach Rom schreiben:»Die Rache Gottes hat Wunder vollbracht. Wir haben sie alle getötet.« Um der 1233 eingerichteten Inquisition zu entrinnen, flüchteten sich einige Hundert auf den Felsen der Festung Montségur. Nach einem Jahr Belagerung wurde sie erobert. Den nun Gefangenen wurde Gnade angeboten, wenn sie ihrem falschen Glauben abschwören. 220 von ihnen weigerten sich und wurden am 16. März 1244 zusammen verbrannt. Aber auch Protestanten haben Katholiken getötet, zum Beispiel in Irland. Für die katholische Kirche darf man wohl sagen, dass Toleranz keine christliche Tugend gewesen ist zwischen dem Jahr 380 (Dreikaiseredikt von Theodosius I., Gratian und Valentinian II., das verbietet, nicht katholisch zu sein) und dem Jahr 1965 (Verbot jedes Zwangs durch den Konzilstext *Dignitatis humanae*). Doch auch hier sollte man die Kirchen von heute nicht mit dem Gott der Strafe und der Rache identifizieren, nun, da er der Gott der Liebe geworden ist. In keiner evangelischen oder katholischen Kirchen singt man noch die letzen Verse des berühmten Psalms 137 *An den Strömen von Babylon:*»Wohl dem, der deine Kinder packt und sie am Felsen zerschmettert.«

Dabei sollte ein Gutteil der Vergangenheit heute mit anderen Augen betrachtet werden als noch vor einigen Jahrzehnten, nämlich nicht als Verklärung des Mittelalters. 1799 schrieb Novalis in *Die Christenheit oder Europa:*»Es waren schöne, glänzende Zeiten, wo Europa ein christliches Land war, wo EINE Christenheit diesen menschlich gestalteten Weltteil bewohnte (...) Das waren die schönen wesentlichen Züge der echtkatholischen oder echt-christlichen Zeiten«, nämlich jener Zeiten vor der Reformation und bevor die Aufklärung Einzug in die Welt hielt. Aber wie lange ist das Mittelalter auch verächtlich betrachtet worden? Dabei vernachlässigen unsere Philosophen gern ihre Vorfahren von Plotin bis zur Renaissance.

Zwei Fragen sollen aber gestellt werden: Was bedeutet für Christen heute »Gnade« und »Rettung«? Wie erklären die Kirchen heute das Böse in der Welt, um ihren Gott gewissermaßen zu rechtfertigen? Katholische Kirche und Lutheraner sind sich ungefähr einig über das Verhältnis von Gnade, Glaube und Werk. Aber es ist nicht mehr klar, was das Heil bedeutet in einer Zeit wo Hölle und Fegefeuer abgeschafft worden sind, wo die an jeder Kathedrale sichtbare Trennung zwischen Verdammten und Geretteten kaum noch einen Sinn hat, weil ja die Barmherzigkeit Gottes unbegrenzt ist. Und wenn stets gebetet wird zu dem, der die Sünden der Welt hinwegnimmt, wie ist der ganze Horror zu rechtfertigen, der heute die Welt übermannt? Es sei die freie Verantwortung des Menschen, sagen Christen. Aber Voltaire stellte schon treffend fest, das Erdbeben von Lissabon sei nicht vom Menschen verursacht worden. Wieso hat Gott die ermordeten Kinder nicht beschützt? Die katholische Kirche, die protestantischen auch, weisen auf das Leiden Christi hin, an dem der leidende Mensch teilhat.

Die Antwort befriedigt viele. Meinerseits gilt die böse Formulierung von Anatole France, frei nach Epiktet: »Entweder Gott will das Übel verhindern und kann es nicht oder er kann es und will es nicht, oder er will es nicht und kann es nicht, oder er will es und kann es. Wenn er es will und kann es nicht, so ist er machtlos. Wenn er es kann und es nicht will, ist er pervers. Wenn er es nicht kann und nicht will, ist er machtlos und pervers. Wenn er es kann und es will, warum tut er es nicht?«

Gustavo Gutierrez, einer der Väter der Befreiungstheologie, hat in seinem Buch *Job. Parler de Dieu à partir de la souffrance de l'innocent* (dt. Von Gott sprechen in Unrecht und Leid – Ijob, 1988) geschrieben:»Eine Theologie, die nicht durch die in der Welt vorhandenen unverständlichen Leiden beunruhigt ist, wird fragwürdig«. Der Jesuit Jacques Sommet, der Dachau überlebt hat, schreibt, nachdem er die Massengräber erwähnt hat:»Der einzig mögliche Weg (...) ist eben die Beziehung zu Gott, zu einem unverständlichen Gott. Die Hingabe in das Unverständliche bleibt unumschränkt möglich.« In der Bibel fragt Gott Hiob am Ende:»Wer bist du, um mich zu befragen?«

Die Päpste und ihre Kirche

Ohne Papst, keine katholische Kirche. Das sagt schon der von Pius IX. 1870 verkündete Text zur Unfehlbarkeit:

»Wenn der Römische Papst in höchster Lehrgewalt *(ex cathedra)* spricht, heißt das: Wenn er seines Amtes als Hirte und Lehrer aller Christen waltend in höchster apostolischer Amtsgewalt endgültig entscheidet, eine Lehre über Glauben oder Sitten sei von der ganzen Kirche festzuhalten, so besitzt er auf Grund des göttlichen Beistandes, der ihm im heiligen Petrus verheißen ist, jene Unfehlbarkeit, mit der der göttliche Erlöser seine Kirche bei endgültigen Entscheidungen in Glaubens- und Sittenlehren ausgerüstet haben wollte. Diese endgültigen Entscheidungen des Römischen Papstes sind daher aus sich und nicht aufgrund der Zustimmung der Kirche unabänderlich.«

Randbemerkung: Derselbe Papst (Pontifikat von 1846 bis 1878!) hatte 1864 den *Syllabus errorum* veröffentlicht, nämlich eine Liste von Irrlehren der Zeit. Die 80. und letzte lautete:»Der Römische

Papst kann und soll sich mit dem Fortschritt, dem Liberalismus und der gegenwärtigen Zivilisation versöhnen und vergleichen.« Großes Erstaunen hat im September 2000 die Entscheidung von Johannes Paul II. hervorgerufen, gerade diesen Vorgänger zusammen mit dem weltoffenen Johannes XXIII. selig zu sprechen. Pius IX. hatte 1854 auch das Dogma der »unbefleckten Empfängnis« verkündet, das von der großen Mehrzahl der Katholiken falsch verstanden wird. Es hat mit dem Sex nichts zu tun (sonst müsste ja die normale Befruchtung als ein Fleck, ein Makel verstanden werden!): Maria allein – so das Dogma – ist ohne Erbsünde gezeugt worden, was allerdings voraussetzt, dass es ein Paradies gegeben hat, in dem diese Erbsünde einmal begangen wurde!

Nicht nur wegen der Unfehlbarkeit schulden die Katholiken dem Papst Gehorsam. Die Jesuiten müssen dies sogar mit einem besonderen Gelöbnis bestätigen, das Papst Franziskus, selbst Jesuit, geleistet hat, lange bevor er selbst Papst wurde. Die Pflicht zum Gehorsam findet man auch in den zahlreichen katholischen Orden und Kongregationen wieder. Sich nicht beugen heißt, sich einer Sanktion auszusetzen. Mein Freund Hans Küng war seit 1960 Professor der Theologie an der katholischen Fakultät der Universität in Tübingen. Seine »abtrünnigen« Reden und Schriften brachten ihm 1979 den Entzug der kirchlichen Lehrerlaubnis, der *missa canonica* ein. Aber die weltliche Uni sprang in die Bresche, und er durfte in Tübingen weiterhin forschen und lehren bis zu seinem Ruhestand 1996. Andere sind bis heute ungestraft geblieben. Benedikt XVI. hatte Gerhard Ludwig Müller, Bischof von Regensburg und ehemals Professor für Dogmatik in München, nach Rom kommen lassen, um ihm die Kardinalswürde zu verleihen und ihn zum Vorsitzenden der Glaubenskongregation (die frühere Inquisition) zu machen. Franziskus hat ihn dort behalten. Müller hat in einem Interview des *Kölner Stadt-Anzeigers* vom

29. Februar 2016 klargestellt: Er, Kardinal Müller, ist Herr des Dogmas, Franziskus ist nur Seelsorger. Die Geschiedenen, Wiederverheirateten müssen völlig außen vor bleiben. Später hat der Papst mit seiner Autorität ganz andere Töne angeschlagen. Die päpstliche Betrachtung von bekannten und einflussreichen Theologen kann sich auch verändern. Der Dominikaner Yves Congar und der Jesuit Marie-Dominique Chenu sind von Pius XII. hart behandelt worden, bevor sie unter Johannes XXIII. und Paul VI. große Männer des Konzils werden durften.

Vielleicht die schlimmsten Angriffe hat Johannes Paul II. von Seiten des emeritierten Erzbischofs Marcel Lefèvre und dessen Anhängern, darunter manche Priester, erfahren müssen, die dann abtrünnig wurden. Stein des Anstoßes war die Begegnung des Papstes mit anderen christlichen Würdenträgern in Assisi am 27. Oktober 1986. Auf einem vor vielen Kirchen verteilten Flugblatt erscheint der Papst vor der Himmelstür und sagt:»Ich bin Johannes Paul II., der ökumenische Papst.«Christus verweigert ihm den Zutritt und sagt:»Tut mir leid! Aber hier gibt es nur eine einzige Religion.«Obwohl die hasserfüllten»Lefèbristen«mir zuwider sind und ich beklage, dass die Pariser Kirche Saint Nicolas du Chardonnet seit 1977 illegal im Besitz der Pius-Brüderschaft steht, muss ich zugeben, dass sie ein echtes theologisches Problem aufwerfen: Was bleibt von der eigenen Wahrheit, wenn man Anderen auch eine Wahrheit zuschreibt? Kardinal Josef Ratzinger hat am 6. August 2000 als Vorsitzender der Kongregation für die Glaubenslehre in dem langen Dokument *Dominus Jesus* recht brutal geantwortet, es könne nur eine christliche Kirche geben – die katholische. Alle anderen christlichen Gruppen dürften sich nicht Kirchen nennen. Darauf hat Carlo Martini, Kardinal-Erzbischof von Mailand, in einem Interview in *La Croix* eine ruhige, aber klare Antwort gegeben. Er verwies auf die Enzyklika *Ut unum sint* von 1995, in der es hieß,»der ökumenische Dialog (habe) den

Charakter einer gemeinsamen Suche nach der Wahrheit, insbesondere hinsichtlich der Kirche«.

Nur, dass die Frage nach der Wahrheit bleibt. Johannes Paul II. hat sich in meinen Augen widersprochen. Für den Weltfriedenstag, am 1. Januar 2002, schrieb er: »Die Wahrheit kann auch dann, wenn sie erlangt wird – und das geschieht immer auf eine begrenzte und unvollkommene Weise – niemals aufgezwungen werden.« Aber im August 1993 hatte die Enzyklika *Veritatis splendor* verkündet, dass es eine feste, sichere Wahrheit gebe, die von allen Katholiken angenommen werden sollte. Die armen katholischen Theologen müssen seitdem schwören, dass ihre Forschung das Dogma nicht verletzt. Der Katholizismus bleibt sozusagen papstbeherrscht.

Aber gerade die Päpste haben immer stärker im Sinne der Ökumene gesprochen und gehandelt. Nun, da Franziskus nach Lund in Schweden geflogen ist, um an der 500-Jahr-Feier zu Luther mit dem Lutherischen Weltbund teilzunehmen, soll nicht die Deutschlandreise von Johannes Paul II. vergessen werden. Am 17. November 1980 hat er die Vertreter des Rates der EKD empfangen und ihnen gesagt: »Heute komme ich zu Ihnen, zu den geistigen Erben Martin Luthers; ich komme als Pilger (...) Es gibt kein christliches Leben ohne Buße (...) Wir wollen uns nicht gegenseitig richten. Wir wollen aber einander unsere Schuld eingestehen. Auch hinsichtlich der Gnade der Einheit gilt: ›Alle haben gesündigt.‹«

Zur katholischen Wahrheit gehört der Platz Marias für die Kirche und in der Kirche. Sechs Tage im Kirchenjahr sind ihr gewidmet. Lourdes, La Salette, Fatima, Tschenstochau ziehen Abertausende Pilger an. Johannes Paul II. hat 1987 in der Enzyklika *Mater redemptoris* Marias »besondere Gegenwart in der Pilgerreise der Kirche als neues Volk Gottes auf der ganzen Erde« betont. Am 8. Oktober 2000 haben die Bischöfe in Rom zum Abschluss des

»Jubiläums der Bischöfe« ein »Weihgebet an die Heiligste Gottes-
mutter Maria« formuliert:
»Die Kirche sucht heute bei dir Zuflucht. Sie stellt sich unter
deinen mütterlichen Schutz. Sie bittet vertrauensvoll um deine
Fürsprache angesichts der Herausforderungen der Zukunft (...)
Mutter, du kennst die Leiden und Hoffnungen der Kirche und der
Welt. Steh deinen Söhnen und Töchtern bei (...)«
Maria tritt nicht als Miterlöserin in Erscheinung, aber die Identität des Katholizismus ist ohne die Jungfrau zumindest unvollkommen. In der Konformität mit der Doktrin steht das Gemälde
von Caravaggio, das Maria auf jenem Fuß ihres als Jüngling dar-
gestellten Sohnes zeigt, der die Schlange (der Sünde) zerquetscht.
Aber fast alle Maria anbetenden Katholiken wünschen ein direk-
tes Eingreifen der Jungfrau in das weltliche Geschehen, natürlich
zu ihren Gunsten. Das Gebet von Armen ist oft bewegend. So auch
auf einem anderen Bildnis Caravaggios, das ein altes, armes Pil-
gerpaar zu Füßen von Maria darstellt.

Schwer zu verstehen sind all die Votivtafeln in Kirchen mit
Dankesworten an die Jungfrau wegen eines gelungenen Examens
oder einer sturmlosen Überfahrt. Noch schlimmer sind all die
Dankgebete dafür, dass man von einer Katastrophe verschont
blieb – und die Jungfrau stattdessen eben Hunderte oder Tausende anderer Menschen hat sterben lassen. Die Geschichte des
Dritten Geheimnisses von Fatima gibt ein schlimmes Beispiel:
Lange war die Frage, was nun dieses dritte Geheimnis sei, das die
Jungfrau (natürlich in Blau und Weiß und nicht als ältere Jüdin)
den Kindern gesagt hatte. Nun wurde bekannt, es sei angeblich
die Vorhersage, dass die Kugel beim Attentat auf Johannes Paul II.
diesen nicht töte, denn sie, Fatima, würde ihn beschützen. Ein ag-
gressiver Dominikaner schrieb daraufhin in *Le Monde:* »Für mich
ist es unerträglich zu hören, dass die Heilige Mutter Gottes die
Kugel hat abwenden können, die den Papst töten sollte, während

sie nicht den kleinen Finger gerührt habe, um die Ausrottung von sechs Millionen Juden zu verhindern und den abscheulichen Sklavenhandel mit Millionen Schwarzen.« Hier sind wir natürlich zurück bei der Theologie des Übels, aber noch bei dem Platz, den Maria im katholischen Glauben einnimmt. Übrigens wurde die Kugel, die den Papst traf, der Krone der Jungfrau von Fatima einverleibt.

Es ist nicht notwendig zu schildern, inwiefern frühere Päpste zur Identifikation ihrer Kirche beigetragen haben. Für Pius XII. möchte ich nur, dass der 2003 entdeckte und am 12. April 1933 geschriebene Brief der unbeschuhten Karmelitin und früheren Jüdin Edith Stein an ihn besser bekannt werde. Sie schreibt ihm aus dem Kölner Karmel Maria vom Frieden »als ein Kind des jüdischen Volks, das durch Gnade Gottes seit elf Jahren ein Kind der Katholischen Kirche ist« und fleht ihn an, den Nationalsozialismus als Ketzerei zu verurteilen. Sei nicht die Vergötterung der Rasse und der Staatsmacht eine offene Häresie? »Ist nicht der Vernichtungskampf gegen das jüdische Blut eine Schmähung der allerheiligsten Menschheit unseres Erlösers, der allerseligsten Jungfrau und der Apostel? (...) Wir alle (...) fürchten das Schlimmste für das Ansehen unserer Kirche, wenn das Schweigen noch länger anhält.« Ansonsten möchte ich hier nicht wiederholen, was ich im Nachwort zu dem Buch von Saul Friedländer *Pius XII. und das Dritte Reich* geschrieben habe.

Johannes Paul II. hat schon als Erzbischof Karol Wojtyla eine schöne Definition des »Nächsten« gegeben, die es mehrmals wiederzugeben lohnt:

»Der Begriff des Nächsten berücksichtigt allein die Menschlichkeit des Menschen, die Menschlichkeit, die jedem anderen außer mir zukommt. Der Begriff des Nächsten schafft die breiteste Grundlage, die weiter reicht, als irgendeine Andersheit. (...)

Die menschliche Gemeinschaft ist also die Basis für jede andere Gemeinschaft.«

Johannes Paul II. hat am Ende seines Lebens auch ein Lob der Aufklärung geschrieben, das später noch zitiert werden soll. Benedikt der XVI. hat sich in diesem Punkt selbst widersprochen. In seiner Enzyklika *Liebe in der Wahrheit* beruft er sich auf eine »brüderliche Zusammenarbeit zwischen Gläubigen und Ungläubigen« und spricht von der »Notwendigkeit einer neuen humanistischen Synthese«, um dann am Schluss zu behaupten: »Der Humanismus, der Gott ausschließt, ist ein unmenschlicher Humanismus.«

Jorge Mario Bergoglio hat seit März 2013 als Papst Franziskus das Gesicht und auch das Wesen der katholischen Kirche sehr verändert, wenngleich weniger als geplant und angekündigt. Bis jetzt haben mich nur zwei an sich nebensächliche Punkte gestört. Im Juli 2016 hat er einen neuen Pressesprecher ernannt. Der Amerikaner Greg Burke ist Mitglied des *Opus Dei*. Soll das heißen, dass der Einfluss dieser Organisation in der Kirche wieder wächst? Ihre heimliche Macht hatte sich unter Benedikt XVI. verringert, nachdem sie unter Johannes Paul II. gewachsen war. Opus Dei ist 1928 von José Maria Escriva de Balaguer in Madrid gegründet worden. 1975 gestorben, ist dieser Priester bereits 2002, nach nur einem Vierteljahrhundert, von Johannes Paul II. heilig gesprochen worden. Balaguer hat Franco beharrlich unterstützt, seine Bewegung, mit ihren vielen Universitäten und anderen Einrichtungen, hat stets einen aktiven sehr rechten Flügel in der Kirche repräsentiert. Die andere Unsicherheit betrifft Erzbischof Georg Gänswein, Sekretär Benedikts XVI., der ihn zum Präfekten des Päpstlichen Hauses gemacht hat. Franziskus beließ ihn in dieser Funktion, und es scheint, als wolle Gänswein die Überzeugung verbreiten, es gebe nun zwei Päpste. Dass Benedikt XVI. zurückgetreten ist, war eine Art Revolution in der Kirche. Durfte überhaupt der Nachfolger Petri sein Amt verlassen? Johannes Paul II. ist noch todkrank viel gereist. 2016 stellte sich die Frage, ob Franziskus ebenfalls mit 80 Jahren – also in einem Alter, in dem Kardinäle nicht mehr an der Wahl eines neuen Papstes teilnehmen dürfen – das Amt niederlegen wird. Glücklicherweise ist dies nicht geschehen. Man hätte erwarten können, dass Benedikt sich in ein Kloster zurückzieht und nicht mehr weiß gekleidet auftritt. Er wohnt aber weiterhin im Vatikan und hat die weiße Tracht nicht abgelegt. Franziskus, der freundschaftliche Beziehungen zu seinem Vorgänger pflegt, hat doch mehrmals betont, es gebe nur einen Papst, daneben einen Papst emeritus.

Der jetzige Papst lebt wie in Argentinien in Symbiose mit den Armen. Er wohnt nicht im Palast, sondern in der Casa Santa Marta, dem Gästehaus des Vatikans, in aller nicht gespielten Einfachheit. Gerade dies bringt ihm große weltweite Popularität ein. Auf einem anderen Gebiet ist er bis jetzt jedoch gescheitert: Nach seinem Amtsantritt hat er die Kardinäle und andere Mitglieder der Kurie regelmäßig beschimpft. Er hat eine Gruppe von Kardinälen, darunter Reinhard Marx, eingesetzt, um eine grundlegende Reform der Kurie vorzubereiten. Aber der Konservatismus scheint noch fester verankert zu sein als erwartet. Es bleibt auch das Problem der Unterschiede zwischen den Kirchen in Europa. Franziskus hat bei seinem Besuch in Warschau vergeblich versucht, die polnischen Bischöfe beim Thema Flüchtlingsaufnahme zu »erweichen«. Wie anders die polnischen Bischöfe sind, das erfährt Kardinal Marx öfters als Vorsitzender der Europäischen Bischofskonferenz.

Papst Franziskus hat etwas Grundsätzliches grundsätzlich verändert. Die Kirche der Verurteilungen ist zur Kirche der Barmherzigkeit geworden. Eine Kirche, die zwar die Dogmen bewahrt, aber bereit ist, jeden Fall einzeln zu prüfen. Dieses Thema wird lange in der beinahe endlosen Enzyklika *Amoris laetitia* vom 19. März 2016 behandelt – was von konservativer Seite harte Kritik provoziert hat. (Die Einstellung des Papstes ist vergleichbar mit der Kasuistik, die Pascal und die Jansenisten im XVII. Jahrhundert den Jesuiten zum Vorwurf machten.) Nicht nur in Argentinien stand und steht Franziskus auf der Seite der Armen und Verfolgten. Sein Besuch der Flüchtlinge auf der Insel Lesbos war mehr als ein Zeichen. Er lebt selber in großer Bescheidenheit. Pius XII. wurde noch auf der *Sancta sedes*, dem Heiligen Stuhl, umhergetragen. Paul VI. hat die Tiara abgeschafft. Vielleicht ist Franziskus der Erste, der in seiner Lebensform dem Evangelium treu ist. Jedenfalls ist dieses nicht gespielte, sondern offenbar gelebte Auftreten die Hauptquelle der weltweiten Popularität dieses Papstes. Dazu kommt die vor ihm noch weniger betonte Offenheit anderen christlichen Kirchen gegenüber – auch gegenüber dem Judentum und dem Islam. Und dass die katholische Kirche weltweit und nicht nur europäisch ist, das hat Franziskus gezeigt durch die Ernennung von 17 Kardinälen im November 2016, die als hervorragende Persönlichkeiten ausgewählt wurden, und nicht, weil sie Erzbischöfe großer europäischer Städte waren – darunter Erzbischöfe winziger Orte wie Port Moresby in Neuguinea oder Port Louis auf der Insel Mauritius. Zum ersten Mal kommt ein Kardinal aus Bangladesch. Alte Erzbischöfe werden noch Kardinäle, wenn sie Menschenrechte gegen Diktaturen verteidigt haben. Die Kardinäle kommen nun aus 79 Ländern. Zusammen sind sie 228, davon 121 unter 80, also berechtigt, einst Franziskus' Nachfolger zu wählen. Wird dieser bei der Verleihung des Aachener Karlspreises Europa auch zu einem »neuen Humanismus« aufrufen, wie Franziskus es am 6. Mai 2016 tat?

Luther und andere Protestanten

Martin Luther hat mir immer zugesagt, außer als er gegen die armen Bauern wütete. Wenn zu Recht vom Antisemitismus seiner letzten Lebensjahre die Rede ist, dann zitiere ich gern seine bewunderungswerte Schrift von 1523 *Dass Jesus Christus ein geborener Jude sei.* Luther erinnert daran, dass die Apostel auch Juden waren, »Juden von dem geblutt Christi. Wyr sind fremdlinge«. Er zählt die Verleumdungen gegen die Juden auf und schließt: »Will man yhn helfen, so mus man nicht des Bapst, sonder Chistliche liebe gesetz an yhn uben.« Für Jean Calvin kann ich mich nicht erwärmen, wegen seiner Intoleranz, seines Ausspionierens der Genfer, seiner Auffassung, dass Gott einzelne Menschen besonders auserwählt und andere nicht.

Aber weder Luther noch Calvin sind der Protestantismus schlechthin. Die Römische Kirche hält Abstand zum Ökumenischen Rat der Kirchen (ÖRK). Die Pfingstgemeinden sowie einige evangelikale Gemeinden bleiben ihm ebenfalls fern. Bei seiner Gründung 1948 zählte der ÖRK 147 Mitgliedskirchen, um dann später 336 zu erreichen. Er bezeichnet sich als »eine brüderliche Gemeinschaft von Kirchen, die sich zum Herrn Jesus Christus als Erlösergott gemäß der Schrift bekennen und die sich bemühen, ihre gemeinsame Berufung für die Herrlichkeit des einzigen Gottes, Vater, Sohn und Geist zu verkünden«. Die Leuenberger Konkordie von 1973 wollte und will beweisen, dass der Protestantismus mit einer Stimme sprechen kann, um zu sagen, dass er vielfältig, pluralistisch und doch einheitlich ist.

Mein Referat *Politik und Ethik in und für Europa heute,* »vorgelegt für die 4. Vollversammlung der an der Leuenberger Konkordie beteiligten Kirchen« in Lainz bei Wien am 4. Mai 1994, war für mich eine der wichtigsten Reden, die ich je halten durfte. Meine neun Thesen mit 21 Unterabteilungen wurden mit großer Toleranz verteilt und dann gedruckt, obwohl sie nicht nur Lob enthielten. An einer Stelle hieß es:

»Darf der Außenstehende bekennen, dass er überrascht war, in der Konkordie reformatorischer Kirchen von 1973 eher einen Kompromiss in einem in vier Jahrhunderten durchfochtenen Streit über Lehrunterschiede zu finden als eine nun gemeinschaftliche Verkündung der Kirchen, wie sie die Verwirklichung der christlichen Ethik in der heutigen Welt vornehmen wollen? Ich erlaube mir, das Selbstzitat ungewöhnlich lange zu erweitern: »Es bleibt das Problem des Monopolanspruchs der Kirchen auf die Moral. ›Die sittliche Ordnung hat nur in Gott Bestand‹, sagt die Enzyklika *Mater et magistra* von Johannes XXIII. (...) Es geht um die Heilslehre, die einerseits nur den Gläubigen rechtfertigt (Konkordie § 24) und ihm das Heil verspricht, andererseits das Übel dem sündigen Menschen zuschreibt. Das Zusammenwirken im heutigen Europa der christlich echt Glaubenden (immerhin eine Minderheit!) und der sich auf den aufklärerischen Humanismus berufenden Ungläubigen (eine andere Minderheit) ist nur möglich, wenn man ernst nimmt, was Pater Jean-Pierre Lintanf, heute Provinzial der Provinz Lyon der Dominikaner, geschrieben hat: ›Der Glaube an Gott ist nicht nötig, um eine Moral zu begründen. Die Moral ist nicht der Besitz der Kirchen. Behaupten, wie es Dostojewski tat, dass, wenn es Gott nicht gebe, alles erlaubt ist, bedeutet, dass man sich ein klägliches Bild macht vom Menschen, von Gott und von der Moral.«

Und dann ein letztes, das ganz besonders die EKD betreffen und treffen sollte, unter dem Titel *Die politische Freiheit wurde von den Kirchen der Ökumene missachtet:* »Die Devise ›Gerechtigkeit, Frieden und Bewahrung der Schöpfung‹ tat keinem Regime in Osteuropa weh und bereitete weder der evangelischen Kirche in der DDR noch der orthodoxen Kirche in der Sowjetunion große Schwierigkeiten. Man kann nicht behaupten, dass der Text des

Ökumenischen Rats über die Beziehungen zwischen den Kirchen und den ehemaligen Regimen in Mittel- und Osteuropa (vom 15. Juli 1992) in der Selbstkritik sehr weit geht.«

Kirchen in Deutschland

21. Oktober 2015. In den Straßen von Bethlehem laufen freundschaftlich zusammen herum Heinrich Bedford-Strohm, Ratsvorsitzender der Evangelischen Kirche in Deutschland, und Kardinal Reinhard Marx, Präsident der Deutschen Bischofskonferenz. Das hätte Hermann Ehlers erfreut. Der Theologe und Konsistorialrat hatte sich von 1950 bis zu seinem frühen Tod im Oktober 1954 als eindrucksvoller, bewunderter Bundestagspräsident erwiesen. 1951 hatte er den Evangelischen Arbeitskreis innerhalb der CDU gegründet. Kurz vor seinem Ableben hatte er mit einiger Bitterkeit geschrieben: »1945 arbeiteten wir zusammen, weil wir im Glauben zusammengingen. 1954 arbeiten wir zusammen, obwohl wir im Glauben auseinander gehen.« Diese Zeit ist seit langem überwunden, heute noch mehr als gestern. Aber die doppelte Vergangenheit Deutschlands ist noch nicht voll überwunden. Die Evangelische Kirche sollte stets daran erinnern, dass die Bekennende Kirche eine kleine Minderheit darstellte und dass das Gros des Protestantismus nicht gerade energisch gegen die Deutschen Christen der NS-Zeit gewirkt hat und eher jenem Thüringer Landeskirchenrat gefolgt ist, der in seinem Aufruf vom 12. November 1938, also drei Tage nach der sogenannten Reichskristallnacht, »am Bußtag in allen Gottesdiensten« verkündet hatte:

»Der feige Mord eines Juden an dem Gesandtschaftsrat vom Rath in Paris hat unser gesamtes deutsches Volk tief erschüttert. Dieses Verbrechen erhellt schlagartig, worum es heute im christlichen Abendland geht. Es geht um den weltgeschichtlichen Kampf gegen den volkszersetzenden Geist des Judentums. Der National-sozialismus hat in unserer Zeit diese Gefahr am klarsten erkannt. (...) Aufgabe der Kirche in Deutschland ist es, aus christlicher Verantwortung in diesem Kampf treu an der Seite des Führers zu stehen.«

Auf katholischer Seite sollten in den Schulen die ergreifenden Predigten von Kardinal von Galen vom Juli und August 1941 gelesen werden, die allerdings eher den Mord an behinderten Kindern brandmarkten als die Verfolgung der Juden, sowie den vielleicht besten kirchlichen Schulderklärungstext, den ich kenne, nämlich den der Bischofskonferenz vom 27. Januar 1995 – dem 50. Jahrestag der Befreiung von Auschwitz:

»Juden haben zur Entwicklung der deutschen Wissenschaft und Kunst Entscheidendes beigetragen. Trotzdem lebte eine antijüdische Einstellung auch im kirchlichen Bereich weiter (...) Antisemitismus ist eine Sünde gegen Gott und die Menschheit, wie Papst Johannes Paul II. mehrfach gesagt hat (...) Wo sich eine solche Haltung kundtut, besteht die Pflicht zu öffentlichem und ausdrücklichem Widerstand.«

Zugleich sollte gezeigt werden, wie tief merkwürdige Gedankengänge auch bei den Besten sitzen können. Es genügt hier, die Verdienste von Kardinal Michael Faulhaber, Erzbischof von München und Freising, zu rühmen und dann einen Satz aus seinem Fastenhirtenbrief vom 8. Februar 1946 vorzulesen:

»Der grausame Abtransport [der Juden] war, ohne jede Vorprüfung persönlicher Schuld, einzig auf Grund des Rassegedankens erfolgt, hatte also auch die *christlichen* ›Nichtarier‹ betroffen, die doch durch die Taufe eine ›neue Kreatur in Christi‹ geworden waren.«

Näher ist uns die DDR-Vergangenheit und das Handeln der Kirchen in den gar nicht mehr so neuen »neuen Ländern«. Die Evangelische Kirche hatte vor 1989 eine doppelte Identität. Einerseits war die organisierte Kirche nicht besonders mutig. Die Formel »Kirche im Sozialismus« hat viel Schaden angerichtet, und sei es nur, weil sie beinhaltete, dass der SED-Staat den Sozialismus verkörperte. In den Kirchen und um sie herum erweiterte und vertiefte sich der Widerstand, und die gewaltlose Revolution der letzten DDR-Jahre war weitgehend eine evangelische. Ein gutes Beispiel der doppelten Identität waren die Reaktionen auf den Selbstmord des Pastors Oskar Brüsewitz. Er verbrannte sich am 18. August 1976 selbst und starb am 22. Am selben Tag mahnte die Kirchenleitung in einem »Wort an die Gemeinden«, dass »das Geschehen in Zeitz nicht zur Propaganda gegen die Deutsche Demokratische Republik zu benutzen« sei. Hunderte von Pastoren und anderer Kirchenmitglieder strömten aber zur Beerdigung, unter ihnen Manfred Stolpe. Später sang Wolf Biermann über die »Republikflucht in den Tod«.

In der DDR gab es nur wenige Katholiken. Das eigentliche Problem der Katholischen Kirche kam erst nach der Wiedervereinigung. Wie konnte sie sich in den neuen Ländern etwas »ausdehnen«? Das sollte die Aufgabe des Berliner Erzbischofs Georg Kardinal Sterzinsky sein, dem dafür aber nicht genügend Mittel zur Verfügung gestellt wurden. Um seine Finanzen stand es schlecht, und er wurde unter die Aufsicht des nicht gerade fortschrittlichen Kölner Kardinals Meisner gestellt. Sterzinskys Ruf war nicht gut, weil völlig übersehen wurde, was er für Flüchtlinge und andere Vertriebene, insbesondere aus Afrika, geleistet hatte und immer noch leistete. Unter anderen hat ein gemeinsamer Brief mit dem evangelischen Bischof Huber an alle Bundestagsmitglieder erreicht, dass eine das Asylrecht betreffende Gesetzvorlage geändert wurde. Die Fortschritte der Katholischen Kirche in der ehemaligen DDR bleiben begrenzt. Deswegen war es mutig und vielleicht nützlich, den katholischen Kirchentag 2016 in Leipzig abzuhalten.

Das Geld. Von Frankreich aus gesehen war seine Anhäufung durch die deutschen Kirchen schon immer ein Problem. In der Amtszeit von Papst Franziskus wirken zwei Aspekte der deutschen Kirchen geradezu skandalös, nämlich die Handhabung der Kirchensteuer und der Eingriff in das Privatleben. Um es brutal zu sagen: Die Kirchen (Gebäude) stehen immer leerer und die Kirchen (Institutionen) werden immer reicher. Das Bundesverwaltungsgericht hat 2012 ein Grundsatzurteil gefällt: Der Teilaustritt aus einer Glaubensgemeinschaft sei unmöglich. Nur wer seine Abgabe zahlt, hat Anspruch auf Taufe, Kommunion und geistlichen Beistand. Als die Bischöfe wieder einmal in derselben Richtung entschieden, habe ich an den befreundeten Kardinal Marx die kürzeste E-Mail meines Lebens geschickt: »Mammon siegt!« (Leider muss ich Schülern und Studenten erklären, was »Mammon« beutet: Gott des Geizes im Gegensatz zu Gott im Evangelium). Die Kirchenaustritte auf katholischer Seite erreichten 2015 mit 218.000 ein Rekordniveau. Die kassierte Kirchensteuer auch. Für beide Kirchen zusammen lag der Ertrag bei 11,45 Milliarden Euro – beinahe 700 Millionen mehr als im Vorjahr. Das Geld stammt zunächst aus der Erhöhung der Einkommensteuer von 8 bis 9 Prozent, dann – völlig zu Recht – aus der Besteuerung von Kapitalerträgen und dann – nicht berechtigt – von Renten und Pensionen. Damit werden viele gute Einrichtungen unterhalten und die Caritas und Diakonie weitgehend finanziert. Aber die Gehälter der Priester und Würdenträger sowie die Zahl der Angestellten können in Frankreich nur Staunen auslösen. Nach und nach legen die Diözesen ihr Vermögen und ihre Ressourcen offen.

Warum nehme ich nun Paderborn als Beispiel? Weil zwischen Le Mans und Paderborn die vielleicht älteste Städtepartnerschaft der Welt besteht. Im Jahre 348 war der später heilig gesprochene Liborius Bischof von Le Mans. 836 wurden seine Reliquien nach Paderborn gebracht. 2017 feiern beide Städte zusammen ein halbes Jahrhundert ständiger Begegnungen und Austausch. Vor 1990 gab der reiche Paderborner Bischof Finanzhilfen an den armen Bischof von Le Mans. 1990 sagte dieser, nun solle das Geld in die neuen Länder gehen. Wie München, Osnabrück, Köln, Trier und Berlin hat nun auch Paderborn seine Finanzen offengelegt. Das Bistum beschäftigt 3.500 Angestellte, besitzt 1.200 Kirchen und unterhält Schulen mit 12.000 Schülern. 2014 hat es 376 Millionen Euro Kirchensteuer eingenommen und nach Abzug aller Ausgaben 41,5 Millionen übrig gehabt. Die Hälfte der 41,5 Millionen ging an Kindergärten, die vom Bistum unterhalten werden. Das gesamte Vermögen des Bistums Paderborn beläuft sich auf 3,6 Milliarden Euro. Davon fließen 2,6 Milliarden in die Ruhestandsgelder von Priestern und Angestellten und in den Unterhalt von 3.000 bistumseigenen Besitztümern.

Die Offenlegung der Bistumsfinanzen ist teilweise eine Folge des Limburger Skandals um die Ausgaben des Bischofs Franz-Peter Tebartz-van Elst. Der Umbau seiner Residenz hatte rund 30 Millionen Euro gekostet anstatt der geplanten 6 Millionen. Einen Teil des Geldes hatte er dem Vermögen des im sozialen Wohnungsbau tätigen St. Georgswerks entnommen, das er schlicht aufgelöst hatte. Allein dies hätte ihn vor ein ziviles Gericht bringen müssen, aber nichts geschah. Papst Franziskus hat ihn seines Bischofsamts enthoben, aber Kardinal Müller holte ihn nach Rom, wo er seitdem Mitglied des Päpstlichen Rats für die neue Evangelisierung ist. Sein von Franziskus ernannter Nachfolger, Georg Bätzing, liegt auf der Linie des Papstes: Er zieht nicht in den Palast des Vorgängers, sondern wohnt schlicht und einfach.

Leider ist noch eine andere Besonderheit der deutschen Kirchen hervorzuheben, die, wieder von Frankreich aus gesehen, zumindest als störend betrachtet werden darf. Der ehemalige Verfassungsrichter Paul Kirchhof hat 2004 geschrieben:»Würde der Staat keine Gebete erlauben, kein kircheneigenes Arbeitsrecht ermöglichen, so bevorzugte er die negative Religionsfreiheit vor der positiven.« Das kircheneigene Arbeitsrecht fußt auf Artikeln, die das Grundgesetz von der Weimarer Verfassung übernommen hat. »Jede Religionsgemeinschaft ordnet und verwaltet ihre Angelegenheiten selbständig innerhalb der Schranken des für alle geltenden Gesetzes.« Ausnahmsweise habe ich meinem Publikum mal nichts Böses gesagt, als ich im April 2000 die Festrede bei der gemeinsamen Preisverleihung von Caritas und Diakonie für besonders wertvolle humanitäre Leistungen gehalten habe. Ich stellte also *nicht* die Frage:»Sind die beinahe eine Million Mitarbeiter der beiden Organisationen wirklich alle gläubige Mitglieder der Kirchen, die zum Beispiel rausgeworfen werden können, wenn sie sich scheiden lassen oder ihren Ehepartner verlassen, so wie im Fall eines Organisten im Bistum Essen? Dieser hatte keine Chance vor deutschen Gerichten und ging deshalb vor den Gerichtshof für Menschenrechte in Straßburg. Er gewann den Prozess, aber nicht sein Amt wieder. Das Bistum sagte, das Ganze sei eine ausschließliche Angelegenheit zwischen der Bundesregierung und dem Vatikan. Am 15. Juli 2015 hat der Zweite Senat des Bundesverfassungsgerichts ein kompliziertes Urteil gesprochen. Die Gewerkschaft ver.di hat gegen Evangelische Landeskirchen geklagt, die in ihren Institutionen kein Streikrecht zulassen wollten. Anstatt klar zu entscheiden, ob das Streikrecht nun zu den »geltenden Gesetzen« gehöre oder nicht, sprach das Gericht ver.di das Recht zur Klage ab, weil der Antrag eine grundsätzliche Entscheidung forderte und sich auf keinen konkreten Einzelfall bezog! Einige Monate zuvor, am 22. Oktober 2014, hatte derselbe

Senat doch die Frage gestellt, wie die »korporative Religionsfreiheit« mit den Grundrechten der betroffenen Arbeitnehmer »und deren in den allgemeinen arbeitsrechtlichen Schutzbestimmungen enthaltenen Interessen auszugleichen« seien. Nach einem langen Sowohl-als-auch fielen die Schlussfolgerungen doch eher zugunsten der Kirchen aus.

Die Trennung von Kirche und Staat ist durch Artikel 7 Grundgesetz sehr unvollkommen definiert:

»Der Religionsunterricht ist in den öffentlichen Schulen mit Ausnahme der bekenntnisfreien Schulen ordentliches Lehrfach. Unbeschadet des staatlichen Aufsichtsrechtes wird der Religionsunterricht in Übereinstimmung mit den Grundsätzen der Religionsgemeinschaften erteilt.« Allerdings haben mir alle Lehrerinnen und Lehrer, die diesen Unterricht erteilen und die ich gefragt habe, fast einstimmig gesagt, dass sie sich völlig frei fühlten, ohne Überwachung so zu sprechen und zu diskutieren, wie sie wollen. Sie müssen ja auch einer neuen Tatsache gerecht werden, nämlich dass der Teil der Deutschen, der sich als konfessionslos bezeichnen, von 4 Prozent (1970) auf 11 Prozent (1987) und von 32 Prozent (2004) auf 38 Prozent (2015) gestiegen ist (laut einer Tabelle im SPIEGEL vom 3. Dezember 2016).

Die Luther-Begeisterung des Jubiläums-Jahrs scheint vergessen zu lassen, dass es auch die Reformierten gibt! Die EKD ist ein Verband von Kirchen. Wollte sie selbst zur Kirche werden, wäre die Lutherische Seite sehr dagegen. Auf keiner der beiden Seiten besteht Einstimmigkeit. Wenn ich zum Beispiel ironisch sage: »In Deutschland verbietet die Katholische Kirche zuviel und die Evangelische zu wenig«, dann muss ich an meinen ehemaligen Studenten und Freund Axel von Campenhausen denken, ein großer Professor für Kirchenrecht, mit dem ich seit langem einen Streit führe. Für ihn ist der Staat wertneutral. Nur die Kirchen schöpfen und verbreiten Werte. Worauf ich auf die zwanzig ersten Artikel des Grundgesetzes verweise und auf die Europäischen Grundwerte.

Innerhalb des deutschen Protestantismus habe ich mich am meisten mit dem Pietismus befasst. Wäre ich nicht zur Politologie übergegangen, so hätte ich meine Habilitation als Germanist Philipp Jakob Spener (1635–1705) gewidmet, dessen Werke ich bereits alle gelesen hatte und von dem ich nur zweierlei Kritisches erzählen will. Seine Frau hatte ihm, wie man sagt, elf Kinder geschenkt. In seiner enormen Korrespondenz kommt sie am Schluss nur einmal vor:»Sie hat mich nie gestört.« Und wenn ihm eine Promotion angeboten wurde, fragte er Gott, ob er sie annehmen dürfe, und Gott hat jedes Mal positiv geantwortet. Die Pietät und das Seelenheil stehen im Vordergrund. Ganz anders der zweite Gründer des Pietismus, August Hermann Francke (1663–1727), den ich immer noch restlos bewundere, vielleicht auch, weil ich in ständiger Verbindung mit den Franckeschen Stiftungen in Halle stehe. Kaum ein anderer war wie er zugleich Wissenschaftler, Theologe, Weltreisender, Erzieher und ein Briefeschreiber, der mit Menschen vieler anderer Länder und Religionen im Austausch stand. Dabei hat der Pietismus eine sehr negative politische Wirkung in Deutschland gehabt, vor allem die Ansicht:»Beruf ist Berufung. Überlassen wir die Politik denen, die dazu berufen sind.«

Meine Begegnung mit Wolfgang Huber, dem Ratsvorsitzender der EKD von 2003 bis 2009, war keine gute. Wir führten eine öffentliche Diskussion über mein atheistisches Buch *Die Früchte ihres Baumes*. Er ist intelligent und war leider auch sehr geschickt darin, meinen Fragen auszuweichen. Ganz andere Erfahrungen durfte ich mit Kardinal Sterzinsky machen, der sich bei einer Debatte im Berliner Maxim Gorki Theater (!) so warm und entgegenkommend zeigte, dass ich es nicht wagte, ihn anzugreifen. Mit Kardinal Marx in München ging es freundschaftlich, aber härter zu. Sein kleines Buch *Glaube!* war gerade erschienen, und er lud mich ein, als Atheist mit ihm über das Werk öffentlich zu diskutieren. Das Gegensätzliche hat unserer Freundschaft nicht geschadet. Nur, dass ich noch nie an einem Katholikentag teilgenommen habe, dafür öfters an einem Evangelischen Kirchentag, zum letzten Mal in Dresden 2011. Die freundschaftliche, Freude verbreitende Atmosphäre war immer da. Als ich zum ersten Mal 1983 in Hannover eine Hauptrede auf einem Kirchtag halten durfte und von 7.000 Zuhörern eisig empfangen wurde, weil ich den NATO-Doppelbeschluss und die mögliche Aufstellung von Raketen mit atomaren Sprengköpfen verteidigte, konnte ich doch vorher und nachher diese Stimmung genießen und bewunderte, mit welcher Selbstverständlichkeit behinderte Menschen in das Geschehen einbezogen wurden.

Der Eingriff in die Politik im Namen christlicher Werte hat bei der Flüchtlingsfrage seine Berechtigung. Kardinal Marx hat betont, man könne nicht zugleich katholisch und fremdenfeindlich sein. Das brachte ihm Schwierigkeiten mit der CSU ein, bei der inzwischen nicht mehr klar ist, für was das C noch stehen soll. Beide Kirchen haben sich für Asylsuchende in vorbildlicher Weise stark gemacht. Aber es gibt leider noch Erstaunliches im katholischen Deutschland. Noch im November 2016 musste das Bundesverfassungsgericht in einer grundlegenden Frage ein Urteil fällen. Das Bayerische Feiertagsgesetz hatte den Karfreitag unter besonderen Schutz gestellt und eine Versammlung des »Bundes für Geistesfreiheit« verbieten lassen. Das BVG hat dieses Verbot im Namen der Religionsfreiheit aufgehoben, aber doch betont, dass der Gesetzgeber Feiertage besonders schützen und dabei in andere Rechte eingreifen darf – zum Beispiel den Gastwirten Vorschriften zu machen. Mit französischen Augen betrachtet, ist die gesetzliche Auferlegung eines solchen Verbots gegenüber Nicht-Katholiken ein Skandal, der das Grundprinzip der *laïcité* verhöhnt.

Französische Kirchen und die laïcité

Zunächst ein Bild, das alle Franzosen, die nicht Marine Le Pen wählen, freuen könnte. Unter dem Titel»Die schöne Brüderlichkeit der Seelsorger von Roissy« porträtierte die katholische Tageszeitung *La Croix* im August 2016 die vier Seelsorger des Flughafens: Den Imam Hazem El Shafei, den (katholischen) Diakon Yves de Brunhoff, den Rabbiner (zugleich Großrabbiner Frankreichs) Haïm Korsia und den (evangelischen) Pastor Pierre de Mareuil. In Frankreich muss man aber, um die Lage der Religionen zu verstehen, das Gesetz vom 9. Dezember 1905 kennen. In den Jahren davor hatte es harte Kämpfe gegeben. Die antiklerikalen Regierungen haben die Kongregationen, darunter die Jesuiten, aus dem Land vertrieben, katholische Schulen geschlossen. Der wütendste Antiklerikale war ein ehemaliger Seminarist, Emile Combes. Doch dann hat aber der intelligente und konziliante Aristide Briand, zukünftiger Träger des Friedennobelpreises, politisch obsiegt. Das Gesetz vom 9. Dezember 1905 war sein Werk. Das hielt Papst Pius X. nicht davon ab, das Gesetz in einer auf Französisch geschriebenen Enzyklika *Vehementer nos* im Februar 1906 hart zu verurteilen.

»Der römische Pontifex hat nie aufgehört, die Trennung von Kirche und Staat zu bekämpfen und zu verurteilen. Kraft der obersten Gewalt, die Gott uns verliehen hat, verdammen und verurteilen wir das in Frankreich angenommene Gesetz (...) [Es ist] eine schwerer Beleidigung gegen Gott.«

Zum Schluss ruft Pius X. die französischen Kardinäle, Bischöfe sowie alle katholischen Franzosen auf, dem Gesetz nicht zu gehorchen. Was war nun der Inhalt dieses furchtbaren Gesetzes? Artikel 1 sagte:»Die Republik sichert die Freiheit des Gewissens. Sie garantiert die freie Religionsausübung.« Die Kirchen als Gebäude wurden Besitz der Gemeinden – die also für deren Unterhalt zu sorgen hatten und haben. Die schönen Sanierungen der romanischen Kirchen wurden also und werden noch immer von der öffentlichen Hand bezahlt. Der Staat gibt den Kirchen kein Geld, auch nicht für den Bau von Kirchen nach 1905. (Es gibt jedoch andere Wege: In der neuen Kathedrale von Evry bei Paris ist ein *Centre culturel* eingerichtet worden, der staatlich subventioniert werden durfte und darf.) Öffentlich finanziert werden aber die Seelsorgeeinrichtungen an geschlossenen Orten – Kasernen, Gymnasien, Gefängnissen, Krankenhäusern. Meine Frau war ein Vierteljahrhundert in der *aumônerie* des Pariser Kinderkrankenhauses Necker tätig.

Die Päpste, die Pius X. folgten, Benedikt XV. und Pius XI. sind milder gewesen und haben das Gesetz nach und nach akzeptiert. Für Protestanten und Juden warf das Gesetz ohnehin keine Probleme auf.

Blieb 1919 die Frage vom Elsass und von Lothringen, die zur Zeit des neuen Gesetzes noch immer unter dem 1802er-Konkordat von Bonaparte lebten. Die neuen Abgeordneten stellten Bedingungen, um nicht ein Referendum über die Zugehörigkeit zu Frankreich zu fordern. Eine davon war die Beibehaltung der Konkordatsregelungen, insbesondere die Verbindung zwischen Kirchen und Staat. So werden Priester, Pastoren, Rabbiner weiterhin vom Staat bezahlt, und die Universitäten in Straßburg und Metz dürfen weiterhin staatliche Diplome in Theologie verleihen. Der Verfassungsrat hat eine Klage gegen diese Besonderheit abgewiesen mit der merkwürdigen juristischen Begründung: Da weder 1946 noch 1968 bei der Entstehung der Verfassungen der IV. und V. Republik diese Besonderheit im einheitlichen »Unteilbaren« *(La République indivisible)* Frankreichs beanstandet worden war, ist die Lage verfassungskonform!

Auf religiösem Gebiet hat jüngst ein alter Streit zwischen Lutheranern und Reformierten ein Ende gefunden. Die beiden elsässischen evangelischen Kirchen haben sich 2006 als *Union des Eglises protestantes d'Alsace-Lorraine* zusammengeschlossen. Der Präsident ist kein Pastor, sondern ein Ingenieur. Ähnliches ist auf nationaler Ebene geschehen. Die *Eglise réformée de France* (die sich auf Calvin und Zwingli beruft) hat sich 2013 mit der *Eglise évangélique luthérienne de France* vereint, um die *Eglise protestante unie de France* zu bilden. Wobei klar ist, dass jede Seite ihren Kult behalten wird. Dem katholischen Kult ist der bei den Lutheranern sehr ähnlich – etwas steif und mehr auf die Predigt konzentriert sieht es bei den Reformierten aus. Diese aber dürfen, weil Lutheraner kaum vorhanden waren, stets die Erinnerung an eine schlimme Vergangenheit wachhalten. Denn die Geschichte der Reformierten ist von Leid geprägt. Die Reformierten waren die *Religion prétendue reformée* – die nur angeblich reformierte Religion. So wird sie benannt in der *Révocation de l'Edit de Nantes* (Widerrufung des Edikts von Nantes), als Ludwig XIV. in Fontainebleau das Toleranzedikt Heinrichs IV., der den Protestanten seit 1598 Schutzgarantien und einige Ruhe nach schweren Religionskriegen verschafft hatte, wieder aufhob. Nun verkündete der Sonnenkönig am 18. Oktober 1685, dass die liberale Entscheidung in allen ihren Bestimmungen nicht mehr bestünde, dass die Protestanten sich entweder bekehren müssten oder hart bestraft würden oder das Land binnen zwei Wochen zu verlassen hätten. Letztere Möglichkeit hat für 300.000 Menschen gegolten, was dann ein enormer Gewinn für Preußen wurde. Die Erben der Hugenotten finden sich in Deutschland noch heute, zum Beispiel in der Familie de Maizière. (Übrigens: Woher stammt eigentlich der Name »Hugenotten«, den es seit Ende des XVI. Jahrhunderts gibt? Die Historiker streiten noch immer. Die Mehrheit meint, das Wort bedeute »Eidgenossen«!) Die, die heimlich weiterhin ihrem Gauben treu blieben, mussten leiden und starben oft als Galeerensklaven.

Bis zum *Edit de tolérance* von 1787 mussten die Protestanten ihren Kult heimlich ausüben. Ehen und Taufen wurden in geheime Register eingetragen. Die Pastoren hatten keinen festen Wohnsitz. Das Ganze erhielt den Namen *Eglise du désert* – Kirche der Wüste, in Anspielung auf Moses. Heute noch versammeln sich die Mitglieder der Kirche regelmäßig an einem Ort, der *désert* genannt wird. So hieß nach 1685 auch der Teil der Cevennen, wo die Repression besonders grausam war, mit Tempelzerstörungen, gewaltsamer Niederschlagung und Galeerenstrafen. Diese Gegend ist heute weitgehend protestantisch. Weil sie selbst Verfolgte waren, haben die Einwohner von Le Chambon-sur-Lignon während der deutschen Besatzung jüdischen Kindern und Eltern einen besonders breiten und effizient organisierten Schutz geboten.

Echten Hass gegen die Protestanten, mit dem Antisemitismus vergleichbar, hat es besonders zur Jahrhundertwende um 1900 gegeben. Zusammen mit den Freimaurern, den Jesuiten und den Juden sollen sie gegen Frankreich Komplotte geschmiedet haben! Vor allem zusammen mit den Juden häufen sie Geld an und nehmen dies den echten Franzosen weg. Nun war in der Tat mancher Bankier Protestant und mancher Reiche auch. Heute besteht ein großer Unterschied zwischen dem protestantischen Volk in den Cevennen und der HSP – der *Haute Société Protestante* –, der die weitverzweigte Familie Monod angehört, so wie auch de Gaulles Außenminister Maurice Couve de Murville. Nicht immer zeigt sich die HSP an der Sache des Protestantismus interessiert, sonst würde sie mehr Geld aufbringen, um die hervorragende evangelische Wochenzeitung *Réforme* zu finanzieren, die gerade wegen ihres Geldmangels nie größere Auflage erreichen wird. *Réforme* setzt sich besonders für Flüchtlinge und Vertriebene ein. Gegen die Kritiker der Flüchtlingspolitik schreibt ein Pastor einen langen Artikel unter dem ebenso langen Titel: »Unser Christentum ist ein Humanismus, der das Menschliche *(humain)* gewählt hat.« Er spricht vom Chambon-sur-Lignon und lobt die gute Zusammenarbeit mit den katholischen Hilfsorganisationen. Die wichtigste protestantische, aber stark interkonfessionnell arbeitende Organisation ist das *Comité inter mouvements auprès des évacués;* auch *Service œcuménique d'entraide,* zu Deutsch: Ökumenischer Dienst zur Unterstützung/Komitee zur Bewegung der Flüchtlinge. Das CIMADE setzt sich seit 1939 überall da ein, wo es gilt, Verfolgten und Benachteiligten auch gegen den Widerstand der Behörden zu helfen. Am 29. Oktober 2016 hat *La Croix* mit dem fetten Titel aufgemacht: »Katholiken und Protestanten – so fern, so nahe.« Darunter ein großes Bild, die Seite füllend, von zwei hübschen Pfadfinderinnen, eine von den katholischen *Scouts et Guides de France,* die andere von den protestantischen *Eclaireuses et Eclaireurs de France.* Beide haben an einem ökumenischen Gottesdienst teilgenommen. Die nächsten Seiten der Nummer sind dem Besuch des Papstes in Lund gewidmet.

Von katholischer Seite ist mir ein Zeichen der Offenheit zuteil geworden, das ich sicher nicht vergessen werde. Im Oktober 2013 hat der Bischof von Le Mans ein dreitägiges Kolloquium über die Neuevangelisierung veranstaltet. Dazu kamen aus Rom Monsignore Rino Fisidella, Präsident des Päpstlichen Rats zur Förderung der Neuevangelisierung, und Kardinal Scola, der Erzbischof von Mailand, dann aus Paris der Kardinal-Erzbischof André Vingt-Trois. Es gab am ersten Tag eine doppelte Einleitung, die des Bischofs und eine Rede von mir. Thema: mein atheistischer Blick auf diese Bewegung. *Ouest-France* brachte eine Seite vor der Veranstaltung unter dem Titel »Alfred Grosser – ein Atheist vom Bischof eingeladen.« Diskussionsstoff: Was hindert die Verbreitung des Evangeliums in der heutigen Gesellschaft? In Frankreich jedenfalls nicht der deutsche Widerspruch zwischen Reichtum und gepredigter Armut! Denn die französische Kirche IST arm. Ein Bischof erhält weniger als den Mindestlohn. Allerdings wohnt er gratis. Ein Gemeindepfarrer bekommt um die 800 Euro. Die Kirche erhält nur, was die Gläubigen ihr freiwillig geben, *le denier du culte.* Das ist wenig, und ein Bischof hat auch nur wenige Mitarbeiter. Wenn der befreundete Bischof von Saint Brieuc in der Bretagne zu uns zum Abendessen kommt, ist er 70 Kilometer in seinem kleinen Wagen gefahren, allein, und er fährt ebenso zurück, ohne jegliche Begleitung. Allerdings gibt es für die Kirche und die karitativen Organisationen eine Ressource, von der wenig gesprochen wird, weil sie nicht zur *laïcité* passt. Bei der Einkommensteuer sind 66 Prozent der Gaben an die Kirche, wie für alle karitativen Vereine und Verbände, von den Gebern von ihrer Einkommensteuer abziehbar, werden also vom Staat bezahlt. Das betrifft auch den *denier du culte,* also das, was die Kirche direkt erhält. Der *Secours catholique* – die französische Caritas – genießt natürlich denselben Vorteil. (Alle französischen Wohlfahrtsverbände machen deshalb damit Werbung:»Wenn du mir 100 Euro gibst, sind es für Dich ja nur 34!«)

Wie in Deutschland ist die französische Kirche arm an Priestern. Die Priesterseminare sind in den meisten Bistümern geschlossen worden, und da, wo es sie noch gibt, studieren ein paar wenige Seminaristen. Mit einem großen Vorteil im Vergleich zum XIX. Jahrhundert: Sie wissen, dass sie nicht Priester werden wollen, um sozial aufzusteigen. Sie sind gebildet, oft nicht mehr sehr jung, weil sie schon einen guten Beruf ausgeübt und für das Priesteramt verlassen haben. Man lässt ihnen viel Zeit, damit sie ihrer Berufung sicher sein können.

Besonders lange sind das Studium und die Periode der Selbstprüfung bei den Dominikanern und den Jesuiten – wobei die Dominikaner heute eine kleinere Rolle spielen. Immerhin tragen sie wenigstes die Verantwortung für die Messe, die jeden Sonntagmorgen im öffentlich-rechtlichen Fernsehen übertragen wird. Den französischen Jesuiten gilt meine Bewunderung, wenn auch hier jedes Jahr viel mehr gestorben als eingetreten wird. Die *Facultés jésuites de Paris* bieten eine Breite und Qualität an Kursen und Seminaren, auch für Außenstehende, in Theologie, Philosophie, Geisteswissenshaften, Musik, Malerei oder Ethik der Medizin, um die sie die Kölner Karl Rahner Akademie beneidet. Die Räume liegen neben der Kirche *Saint Ignace,* die seit einigen Jahren in meinen Augen vorbildlich gestaltet ist. Der Altar steht in der Mitte, Hunderte Gläubige stehen oder sitzen in einer Ellipse um ihn herum.

Die katholischen Schulen haben starken Zulauf. Oft deshalb, weil »gute Familien« ihre Kinder dort gegen wenig Geld unterbringen können, weil der Unterricht nicht gestört wird, weil die Autorität der Lehrer nicht angefochten wird und weil gute Resultate beim Abitur zu erwarten sind. Aber es gibt auch andere Gründe. Viele muslimische Schüler werden aufgenommen. Begründung einer Mutter: »Hier spricht man von Gott. Es ist nicht mein Gott, aber ...« wenigstens spricht man von Gott. Die Lerninhalte sind die gleichen wie in den staatlichen Schulen und Gymnasien – seit dem Gesetz von 1959, der *loi Debré,* das den langen Schulkampf beendet hat. Aber das Lehrerkollegium arbeitet in den katholischen Schulen oft besser zusammen, und die Leitung ist den Schülern näher. Die immer heftigere öffentliche Kontroverse um die *laïcité* betrifft die katholische Schule kaum.

Mehrere Jahre lang habe ich – immer ein bisschen traurig – das Beispiel von Kardinal Marx mit seinem »man kann nicht zugleich Katholik und fremdenfeindlich sein« zitiert. Die französischen Bischöfe waren zaghaft, schweigsam, in meinen Augen etwas feige. Und dann, plötzlich, im Juli 2016 veröffentlichte *Le Monde* zwei Texte: Eine gemeinsame Resolution der Bischofskonferenz und einen noch härteren von ihrem Präsidenten, dem Erzbischof von Marseille, Georges Pontier. Sie verteidigten so sehr die Grundwerte der Republik, dass etwas Außergewöhnliches geschah. Die ziemlich antiklerikale, sogar antireligiöse Tageszeitung *Libéra-tion* veröffentlichte einen Leitartikel unter dem Titel *Messieurs les évêques, la République vous remercie* (Meine Herren Bischöfe, die Republik dankt Ihnen). Diese Bischöfe fordern, dass die Republik wirklich nach der Devise *liberté, égalité, fraternité* lebe, dass die Vielfalt der Identitäten nicht zu Selbstabkapselungen führe. Man sollte sich nicht auf ein eingebildetes Goldenes Zeitalter berufen oder eine Kirche der Reinen anstreben. Die Bischöfe sagten schließlich das Gegenteil von dem, was Marine Le Pen sagt und Nicolas Sarkozy ständig gesagt hat.

Das begrenzt jedoch nicht den Niedergang der katholischen Kirche. 472.000 Taufen 1990, 290.000 im Jahr 2012. Aus 147.000 kirchlichen Heiraten werden 70.000, von 32.000 Priestern fällt die Zahl auf 16.000 – die meisten von ihnen sind über 70. Heute ist auch der Katholizismus in Frankreich gespaltener denn je. Das öffentliche Sagen hat immer mehr ein harter – man darf wohl sagen reaktionärer – Flügel der Gesellschaft, der auf großen Demonstrationen zum Beispiel das Gesetz zur »Homo-Ehe« im Namen der traditionellen Familie bekämpft. Der neue Präsidentschaftskandidat Fillon wird von dieser Tendenz unterstützt und lässt sich von ihr unterstützen; junge Priester gibt es auch in ihren Reihen. Und doch wird die Priesterausbildung nach den jüngsten Vorschriften des Vatikans durchgeführt. Am 8. Dezember 2016 ist der Text *Ratio fundamentalis* in Rom veröffentlicht worden. Der Priester muss eine echte menschliche, geistige und pastorale Reife erreicht haben; vor jeglichem Autoritarismus wird gewarnt; diese Weisungen – die in völligem Einklang mit den Gedanken und der Praxis des Papstes stehen – ist in allen Diözesen der Welt Folge zu leisten.

Laïcité – warum das französische Wort verwenden? Weil es eigentlich kein deutsches gibt, das diesem umstrittenen Begriff entspräche. Innerhalb der Kirche kennt man den Laien. Aber wie übersetzt man, dass Frankreich eine *République laïque* ist? Auf religiösem Gebiet spricht man neutral von »laizistisch«. Aber das entspricht dem französischen *laïciste* – das ist jemand, der aggressiv auf *laïcité* bedacht ist und diese argwöhnisch überwacht. Ein ausgezeichneter Kenner der Materie hat jüngst sieben Definitionen und Deutungen der *laïcité* aufgelistet. Der Kirche gegenüber geht es heute fast nur um Unwesentliches. Der Oberste Verwaltungsgerichtshof musste entscheiden, ob Weihnachtskrippen in Rathäusern gezeigt werden dürfen oder ob dies eine Verletzung der *laïcité* sei. Das Urteil war klug. Man müsse von Fall zu Fall entscheiden, ob die Krippe einer kulturellen Tradition entspreche oder einen religiösen Akt des Proselytismus – des Anwerbens Andersgläubiger – darstelle! Wichtiger ist die Frage, ob ein Priester in Soutane und eine Ordensschwester in Tracht herumlaufen dürfen, wo doch den Muslimen Ähnliches verboten wird.

Das *Observatoire de la laïcité* ist 2007 gegründet, aber erst 2013 eingerichtet worden. Der Präsident ist der ehemalige Staatssekretär im Elysée unter François Mitterrand, Jean-Louis Bianco, der mit Ruhe und Umsicht waltet. Immer mehr treten Probleme mit dem Islam auf, immer weniger mit den Kirchen. Die gestellten Fragen mögen nebensächlich erscheinen, sie ziehen jedoch oft große politische Debatten nach sich: Darf eine islamische Mutter einen Schleier tragen, wenn sie eine Schulklasse zu einem Ausflug begleitet, und wenn ja, was für einen? Besonders heftig war 2016 der Streit um den »Burkini«, das Kleid, das islamische Frauen am Strand tragen, um in dieser Kleidung zu baden. Manche Bürgermeister verboten die Tracht und schickten Polizisten, um die Frauen zu zwingen, sich auszuziehen. Ich habe auf den Beginn des XX. Jahrhunderts hingewiesen: Frauen badeten damals in voller Bekleidung, und wenn ein zu drei Vierteln nacktes Mädchen am

Strand erschienen wäre, so hätte man sofort die Polizei gerufen, weil diese Unsitte nicht toleriert werden konnte.

Jene Katholiken, die die *laïcité* verwerfen, haben anscheinend nicht Johannes Paul II. *Brief an die Katholiken Frankreichs* von 1996 gelesen, in dem er sagt, dass das Prinzip der Laizität zur Soziallehre der Kirche gehört, wenn es recht verstanden wird. Eine gerechte Trennung der Gewalten und die Nichtkonfessionalität des Staates »erlauben, dass alle Elemente der Gesellschaft im Dienste aller und der nationalen Gesellschaft zusammenarbeiten«.

Es bleibt viel zu sagen über den Islam in der französischen wie in der deutschen Gesellschaft. Aber jetzt schon, wie am Ende dieses Unterkapitels, möchte ich ein Beispiel von dem geben, was passieren könnte. Im Rahmen der oben erwähnten Veranstaltung in Le Mans wurde ein Theaterstück aufgeführt, das alle Anwesenden zu Tränen rührte. Darunter meine Frau und ich, die das Werk zum zweiten Mal sahen. Es hieß *Pierre et Mohamed,* geschrieben von einem Dominikaner. Die Geschichte beruhte auf wahren Umständen. Der Bischof von Oran, der Dominikaner Pierre Claverie, ist 1996 durch eine Bombe ermordet worden, weil er dem Islam gegenüber zu offen war. Mit ihm starb freiwillig sein junger Chauffeur und Freund Mohamed Bouhikli, der wusste, dass diese Bombe eine hohe Wahrscheinlichkeit hatte. Das Stück besteht aus einem Gespräch zwischen beiden, in dem jeder dem Anderen seine religiöse Überzeugung zugesteht. Beide Rollen werden vom selben jungen Schauspieler gespielt, als Mohamed mit leicht algerischem Akzent.

Juden und Israel

Wer ist Jude? Wenn ich in Paris durch das Viertel der *Rue des Rosiers* gehe, so ist die Antwort klar. Die Jungen strömen aus der

Schule mit der Kippa auf dem Kopf, alte Männer mit weißem Bart treten in ein Haus ein, dessen Tor eine hebräische Inschrift hat. Man hört Jiddisch. Jeder von ihnen wird keinen Zweifel daran haben, dass er Jude ist, und kein Außenseiter wird ihm zunächst eine andere Identität zuweisen als die jüdische. Es hieß, man sei nur Jude, wenn die Mutter Jüdin ist. Der Witz ist bekannt: »Das arme Kind, das eine islamische Mutter und einen jüdischen Vater hat, gehört keiner Religion an, weil ja nur der Vater die islamische vererbt.« In jüngeren Zeiten scheint auch der Vater die Zugehörigkeit zu übertragen. In meinem persönlichen Fall besteht das Problem nicht. Meine vier Großeltern und meine beiden Eltern waren Juden. Als ich 2004 den Abraham-Geiger-Preis empfing von Rabbiner Walter Homolka, Direktor des gleichnamigen Kollegs für die Ausbildung der Rabbiner in Europa, so stand am Beginn meiner Vorstellung: »Es spricht ein jüdisch geborener mit dem Christentum geistig verbundener Atheist‹. So stellte sich Alfred Grosser im Sommer 2003 auf dem Ökumenischen Kirchentag in Berlin vor. Sein Thema war ›Ethik mit und ohne Gott im Europa von morgen‹.«

Die Ehrung galt meinem Humanismus. Mit dem Direktor des Kollegs, Rabbiner Walter Homolka, habe ich dann wieder 2012 zu tun gehabt, als er, schließlich erfolgreich, dafür kämpfte, dass an der Universität Potsdam eine Jüdische Fakultät eingerichtet wird, neben der katholischen und der protestantischen. Meine Hauptargumente für die neue Fakultät in einem längeren Artikel der *Potsdamer Neuesten Nachrichten* waren, dass sie zur kompletten Normalisierung des Judentums in Deutschland beitrage und dass die Fakultät *per se* zukunftsorientiert sei und nicht mehr, wie allzu oft, vergangenheitsbezogen. Diese Einsichten flossen explizit in die Eröffnungsrede von Margot Käßmann, der ehemaligen EKD-Ratsvorsitzenden, ein.

Aber ich konnte die kritischen jüdischen Reaktionen gut verstehen, als Paul Oestreicher und ich beide eine Rede hielten bei der Gedenkfeier der Gesellschaft für Kinderheilkunde in Dresden im Oktober 1998. Die Gesellschaft hatte 1933 Schuld auf sich geladen, als sie die jüdischen Kinderärzte nicht verteidigte. Beide Redner waren Söhne solcher Ärzte. Aber der eine war inzwischen anglikanischer Pfarrer, der das Internationale Versöhnungswerk als Domkapitular an der Kathedrale von Coventry geleitet hatte, und der andere bekannte sich zum Atheismus. Waren sie wirklich befugt, im Namen der Juden zu sprechen?

Viel härter – und nicht nachher, sondern im voraus – waren die Angriffe, als bekannt wurde, dass mich die Frankfurter Oberbürgermeisterin Petra Roth eingeladen hatte, 2010 in der Paulskirche die Rede zur Erinnerung an die »Kristallnacht« vom 9. November 1938 zu halten. Der Zentralrat der Juden in Deutschland und die Jüdische Gemeinde Frankfurt forderten Roth energisch auf, mich auszuladen, was sie nicht tat. Die Drohung, den Saal zu verlassen, wenn ich Böses über Israel sagen würde, wurde nicht in die Tat umgesetzt. Nach der Rede sagte Salomon Korn, Vizepräsident des Zentralrats und Vorsitzender der Jüdischen Gemeinde: »Grossers Rede lag ganz im Rahmen des Tolerablen. Er hat über die Werte des Humanismus referiert, und sein Motto war das Verständnis für das Leiden anderer – einschließlich der Palästinenser.« Der volle Text meiner Rede erschien in der leider 2014 untergegangenen *Jüdischen Zeitung,* die ihrerseits schrieb: »Hier stehe ich und kann nicht anders‹: Auch bei der Festveranstaltung am 9. November blieb Alfred Grosser seinen Positionen treu. Seine Gegner dagegen blieben stumm.«

Wer bezeichnet sich als Jude? Wer wird von anderen als Jude bezeichnet? Anfang des XIX. Jahrhunderts war die Lage anders als später. Bekehrte man sich zum Christentum, so durfte man in die »normale« bürgerliche Gesellschaft eintreten. Moses

Mendelssohn war ein viel bewunderter jüdischer Aufklärer. Sein Sohn Abraham konvertierte, und dessen Sohn Felix Mendelssohn Bartholdy wurde wiederum der beliebteste und einflussreichste Musiker der vierziger Jahre. Interessanter ist das Beispiel meines geliebten Ludwig Börne, weil dieser im Frankfurter Ghetto als Juda Löw Baruch geboren ist und später schreiben konnte, sein Geburtsort sei nicht größer gewesen als die Judengasse, und hinter dem verschlossenen Tor begann das Ausland für ihn. Doch: »Nein, dass ich als Jude geboren, das hat mich nie erbittert gegen die Deutschen, das hat mich nie verblendet. Ich wäre ja nicht wert, das Licht der Sonne zu genießen, wenn ich die große Gnade, die mir Gott erzeigt, mich zugleich ein Deutscher und ein Jude werden zu lassen, mit schnödem Murren bezahlte.«

Aber auf seinem Taufschein steht dann: »Im Jahre Christi Eintausend Achthundert und Achtzehn den fünften Juni wurde Herr Ludwig Börne, Doktor der Philosophie von Frankfurth, alt zwei und dreissig Jahre, nach vorhergegangenen Unterricht und abgelegten Glaubensbekenntnis (lutherischer Confession) durch die heilige Taufe in die christlich Kirchengemeinschaft aufgenommen.«

Die spätere Entwicklung des Antisemitismus in Deutschland braucht hier nicht behandelt zu werden. Zwei Verse könnten genügen:
Knallt ab den Walter Rathenau
Die gottverdammte Judensau.

In Frankreich sind die Juden seit 1791 als ebenbürtige Bürger anerkannt, was den Antisemitismus, besonders den katholischen, kaum behindern sollte. Eine besondere Sache war die Lage der Juden in Algerien. Am 24. Oktober 1870 erscheint das *Décret Crémieux*. Der Justizminister Adolphe Crémieux, ehemaliger Präsident des *Consistoire israélite de France*, hatte diesen Text der Regierung unterbreitet. Er besagte, dass die *Israélites indigènes* – also die im Lande geborenen Juden der drei algerischen Departements französische Bürger werden – was die muslimischen Einwohner keineswegs wurden. Vichy schaffte die Verordnung am 7. Oktober 1940 ab, während nach der Landung der Alliierten in Nordafrika das *Comité français de la Libération nationale* am 22. Oktober 1943 die algerischen Juden erneut zu Mitgliedern der Nation macht – was bewirkte, dass im Frühling 1962 rund 110.000 algerische Juden mit den anderen *Pieds-Noirs,* wie man die Franzosen in Nordafrika nannte, ins Mutterland flohen.

Benjamin Disraeli ist mit zwölf Jahren Anglikaner geworden, nachdem sein Vater die jüdische Gemeinde im Streit verlassen hatte. Er war der schöpferische, bewunderte, erste britische Premier mit jüdischer Geburt. Léon Blum war auch körperlich Opfer des Antisemitismus als Premier der Pariser Volksfrontregierung 1936/37. Pierre Mendès France begegnete 1954 einem durchaus nicht schwachen Antisemitismus, darunter demjenigen der wirtschaftlich mächtigen Algerien-Franzosen, die in Paris René Mayer unterstützen. Dieser tadelte sie nicht dafür, obwohl er selbst Mitglied des israelitischen Consistoriums war. Er griff sogar Mendès France wegen seiner Algerienpolitik mit leicht antisemitischen Untertönen an. Der *Canard enchaîné* schrieb witzig: »M. Mendès France sollte den Unterschied begreifen zwischen einem kleinen Juden und einem großen Israeliten!«

Der bei weitem interessanteste Fall ist der des Kardinals Jean-Marie Lustiger, Erzbischof von Paris. Lustigers Vater, Charles Lustiger, stammte aus Bedzin in Oberschlesien und emigrierte 1918 nach Paris, wo sein Sohn Aron 1926 geboren wurde. Die Erziehung war nicht religiös, aber voller Achtung für das Judentum. Bei Kriegsbeginn wurde der Vater als Reserveoffizier eingezogen. Die Mutter brachte Aron und seine Schwester in ein Internat nach

Orléans. Am Karfreitag ging er an der Kathedrale vorbei, und eine innere Stimme sagte ihm, er müsse Christ werden. Der Bischof gab den beiden Kindern Religionsunterricht. Die Eltern waren bestürzt von Arons Absicht, Christ zu werden und doch Jude zu bleiben. Im August 1940 wurde er in der Kathedrale auf den Vornamen Jean-Marie getauft. Im Frühjahr 1944 fand sein Vater Zuflucht bei den Jesuiten in Toulouse. Vorher war seine Mutter von einem Nachbarn denunziert worden. Am 13. Februar wurde sie mit dem Transport Nr. 48 nach Auschwitz gebracht und dort vergast. Am Karfreitag 1954 wurde Jean-Marie Lustiger zum Priester geweiht. 1979 wurde er Bischof von Orléans. *La Croix* schrieb: »Er ist Jude wie Jesus Christus, Pole wie unser Papst, Franzose wie wir alle.« (Sein Geburtsort ist heute polnisch.) 1981 wurde er Erzbischof von Paris, aber er blieb vielem Jüdischen treu, und sei es nur durch die Teilnahme an Familienfeierlichkeiten wie einer Bar Mitzwa bei seinem Vetter Arno in Frankfurt, oder durch das Beibehalten des Jiddischen. Gefragt, ob er Papst werden wollte, war die Antwort »Dos is meschugge!« Da war er bereits Kardinal und eng befreundet mit Johannes Paul II. Im April 1995 wurde er zu einem Symposium der Universität Tel Aviv mit dem Thema »Das Schweigen Gottes« eingeladen. Der israelische Oberrabbiner tadelte die Organisatoren wegen der Einladung an den Apostaten Lustiger und fügte hinzu, die Tagung hätte sich »Das Schweigen der Kirche« nennen sollen. Als er die Gedenkstätte Yad Vashem besuchte, protestierten am Eingang orthodoxe Juden. In Frankreich war er hochgeachtet und wurde mit Ehrungen überhäuft, aber er stieß auf zwei Gegnerschaften: die jüdische, weil er das Christentum als normale Beendigung des Judentums darzustellen schien, und die katholische – mit einem antisemitischen Unterton, aber noch mehr wegen seines Autoritarismus und seines Platzes als Haupt des französischen Katholizismus, den seine ständige Medienpräsenz ihm zu verleihen schien. In Wirklichkeit haben ihn die französischen Bischöfe nie zu ihrem Vorsitzenden gemacht. Bleibt eine Frage, die ich oft in Deutschland gestellt habe: Konnte man sich gestern, kann man sich heute noch einen deutschen Kardinal vorstellen, der ständig sagt, er sei auch Jude geblieben?

In Frankreich wie in Deutschland wird stets die Frage aufgeworfen, ob man nicht schon Antisemit ist, wenn man Israels Politik kritisiert. Die Einstellungen können sich auch in einem Land verändern. In Polen ist der Antisemitismus wieder erstarkt, und ein schöner Text ist in Vergessenheit geraten. Am 17. Februar 1991 haben alle anwesenden Kardinäle, Erzbischöfe und Bischöfe in ihrer 244. Vollversammlung einen langen Text unterschrieben zum 25. Jahrestag des im Oktober 1965 von Paul VI. verkündeten Konzilstexts *Nostra aetate* über die Beziehung der Kirche zu den anderen Religionen, insbesondere der jüdischen. Die polnische Kirche sagt klar, dass Maria »Tochter des jüdischen Volkes war, sowie die Apostel ›Grundsteine und Säulen‹ der Kirche.« Es wird auf den Katechismus des tridentinischen Konzils im XVI. Jahrhundert zurückgegriffen:»Die sündigen Christen tragen eine größere Verantwortung für den Tod Christi als die Juden, die an ihm teilnahmen.«

Inwiefern darf nun die Gleichsetzung zwischen Israelkritik und Antisemitismus gelten? Zunächst sollte klar sein, dass Zensur keine Antwort ist. Im Januar 2006 wollte Rupert Neudeck sein neues Buch *Ich will nicht mehr schweigen* vorstellen. Der Kirchenraum der Heilig-Geist-Kirche in Frankfurt stand zur Verfügung. Ohne das Buch gesehen und gelesen zu haben, drohte Arno Lustiger mit einer Stürmung des Saales. Der Evangelische Regionalverband sperrte die Kirche, und die Vorstellung fand nicht statt. Seit Jahren und noch im Herbst 2016 in Göttingen trifft die Ausstellung »Die Nakba – Flucht und Vertreibung der Palästinenser 1948« auf Boykott- oder Verbotsversuche. Gezeigt wird die Ausstellung dennoch häufig. Hauptargument dagegen: Sie sei einseitig. Sie ist es – mit viel Ernst und Nüchternheit. Gegenfrage: Sind es die unzähligen Veranstaltungen, Kongresse und Demonstrationen für Israel nicht? Im März 2016 fand in Paris das jährliche Abendessen des *Conseil Représentatif des Institutions Juives de France*, kurz CRIF, mit 800 Gästen statt. Darunter der Premierminister und viele Minister, fast alle Kandidaten der Rechten, der Kardinal-Erzbischof von Paris, die Pariser Oberbürgermeisterin, die Präsidenten des Senats und der Nationalversammlung, der Polizeipräfekt, der Pariser Oberstaatsanwalt. Nur volle Solidarität mit Israel. Kein kritisches Wort.

Und doch sagen die deutschen und französischen Kritiker Israels, zu denen ich gehöre, nichts anderes und oft viel weniger als das, was israelische Kritiker selbst sagen, und sei es nur die mutige Zeitung *Haaretz*. Als der bekannte Schriftsteller David Grossmann 2010 den Friedenspreis des Deutschen Buchhandels erhielt, zitierte sein Laudator Joachim Gauck folgenden Spruch: »My country, right or wrong. If right, LET US KEEP IT right; and if wrong – LET US SET IT right.« (Ob richtig oder falsch – es ist mein Land. Handelt es richtig, muss es auf dem richtigen Pfad gehalten werden. Handelt es falsch, muss es auf den richtigen Pfad gebracht werden.) Nichts anderes wollen manche Israelis. Ich weiß, wie sehr Israel bedroht ist. Ich weiß von den Methoden der Hamas in Gaza. Aber das ist kein Grund, jegliche Kritik nicht nur an Israel, sondern an der Voreingenommenheit zugunsten Israels zu verwerfen. Was hat Martin Walser 1998 in der Paulskirche gesagt:

»Kein ernstzunehmender Mensch leugnet Auschwitz, kein noch zurechnungsfähiger Mensch deutet an der Grauenhaftigkeit von Auschwitz herum (...) Auschwitz eignet sich nicht, dafür Drohroutine zu werden, jederzeit einsetzbares Einschüchterungsmittel oder Moralkeule oder nur Pflichtübung.«

Der israelische Botschafter fragte mich, was wohl mit der Keule gemeint sei. Ich sagte »Israel: Jedes Mal wenn ein Deutscher Israel kritisiert, kommt die Antwort ›Du darfst nicht. Denk' an Auschwitz.‹« Wie oft habe ich in Deutschland gehört: »SIE dürfen es sagen.« Wenn wieder einmal bei einer deutschen Kundgebung nur israelische Fahnen geschwenkt werden, erinnere ich an den Titel des autobiographischen Buches von Ignatz Bubis *Ich bin ein deutscher Staatsbürger jüdischen Glaubens*.

Es ist wahr, dass in Frankreich wie in Deutschland der alte Antisemitismus wieder aufflammt und dass der neue, vom angriffslustigen Islam eingeführt und getragen, systematisch Hass auf Israel verbreitet. Aber gerade das ist kein Grund, um alles, was Israel tut, zu verherrlichen. Sogar der Hetzer Henryk M. Broder, der nach meiner Paulskirchenrede geschrieben hatte: »Wer nicht aufgestanden und weggegangen ist, lasse ich nicht mal in mein Klo«, schrieb im *Spiegel* nach dem »Gegenangriff« 2014 von Israel auf Gaza:

»Rund 1.300 Tote sind keine Bagatelle, kein Kollateralschaden des Kriegsgeschehens (...) Rund 1.300 Tote, das ist ein Promille der Bevölkerung Gazas, auf die Bevölkerung auf Deutschland übertragen wären das 80.000 Menschen (...) 1.300 Tote, das schreit zum Himmel. Das ist keine Frage der Proportionalität, die es in einem asymmetrischen Krieg gar nicht geben kann, ein solcher Leichenberg ist ein Albtraum, eine Katastrophe.«

Warum Israel kritisieren, wo doch andere viel mehr bombardieren und töten, viel mehr unbarmherzige Grausamkeit zeigen? Wie schon gesagt, hängt es zunächst mit meiner Identität als Jude zusammen, dann mit meiner Überzeugung, dass Israel zu unserer westlichen Welt und ihrer leider oft nicht respektierten Ethik gehört. Deswegen habe ich auch volles Verständnis für die Menschen, die in Deutschland und in Frankreich sich der Sache der Palästinenser annehmen. Zum Beispiel die *Association France Pales-*

tine Solidarité, die vom 12. bis zum 20. November 2016 rund 2.000 Veranstaltungen in ganz Frankreich organisiert hat. Noch mehr habe ich die Dankrede gut gefunden, die ein evangelischer Pastor im September 2013 in Le Chambon-sur-Lignon gehalten hat. Der israelische Botschafter hatte der Stadt die Medaille der Gerechten verliehen. Der Pastor sagte:

»Eine solche Ehre zu vergeben, verpflichtet den Geber wie den Geehrten. Da Yad Vashem den Staat Israel vertritt und da dieser Region dafür gedankt wird, dass sie ehemals Schulunterricht erteilt, Häuser zur Verfügung gestellt, Menschen aufgenommen hat, die in ganz Europa und in ihrem eigenen Vaterland gejagt worden sind, würden wir uns wünschen, dass diese Ehrung eine Verpflichtung darstelle, auf dass keine Schule mehr vor jungen Palästinensern geschlossen werde, keine Häuser mehr gesprengt, keine Leute mehr von der altväterlichen Erde vertrieben, um durch Siedler ersetzt zu werden, und dass man eine andere Antwort auf Steinwürfe findet als Gewehrkugeln.«

Die Oktober-Nummer 2016 der Zeitschrift *Regards,* herausgegeben vom belgischen Verein der liberalen Juden, enthält einen Leitartikel des Chefredakteurs Nicolas Zomersztajn. Titel: »Seien wir aufrichtig – aus Liebe zu Israel.« Er unterstützt und wiederholt den Aufruf von 500 israelischen Persönlichkeiten, darunter sieben Generäle, zwanzig ehemalige Botschafter, 160 Universitätsprofessoren, zur Aufgabe der besetzten Gebiete. Am Schluss des Artikels kommt ein Zitat von Botschafter Elie Barnavi: »Es ist Zeit zu verstehen, dass es sich von der Last der Gebiete zu befreien keine Konzession an die Palästinenser ist, sondern eine Maßnahme des öffentlichen Wohls.« Nun aber werden die Siedlungen in Ostjerusalem und in den »Gebieten« weiter wachsen – trotz der Resolution des UNO-Sicherheitsrates vom 23. Dezember 2016. Nun hat aber Donald Trump Mitarbeiter und Botschafter in Israel ernannt, die als orthodoxe Juden wie die israelische Regierung sagen:»Westbank settlements are not obstacles to peace.«

Die Beziehungen zwischen der Bundesrepublik und Israel sind anders als alle anderen. Das Luxemburger Wiedergutmachungsabkommen vom 15. September 1952 war in Israel zunächst sehr umstritten. Tauschte man nicht die Toten gegen Geld ein? Konrad Adenauer und David Ben Gurion haben aber Recht behalten. Das Abkommen hat, wie es sich der Kanzler wünschte, zur Rehabilitierun der Bundesrepublik beigetragen, vor allem in den USA, und die Entwicklung Israels wäre ohne diese deutsche Hilfe beinahe unmöglich gewesen. Diese Hilfe ist seitdem ständig fortgesetzt worden. Natürlich gab und gibt es den starken amerikanischen finanziellen und militärischen Beistand. Die israelischen Atomwaffen sind von den USA und von Frankreich mitgebaut worden. Heute liegen die Raketen auf in Deutschland gebauten und mitfinanzierten Unterseebooten. Ob das fünfte und das sechste wirklich notwendig sind, darüber wird in Israel diskutiert. Wenn man feststellt, dass die Überlebenden der Shoah in Israel in Armut und Elend leben müssen, so heißt es:»Deutschland soll zahlen«, und Deutschland zahlt. Die Haltung der Bundesrepublik ist fast immer einseitig.

Als Bundespräsident Köhler am 2. Februar 2005 vor der Knesset sprach, meinte er nicht die Palästinenser, als er sagte: »Die Würde des Menschen ist unantastbar‹: Diese Lehre aus den nationalsozialistischen Verbrechen haben die Väter des Grundgesetzes im ersten Artikel unserer Verfassung festgeschrieben. Die Würde des Menschen zu schützen und zu achten, ist ein Auftrag an alle Deutschen. Dazu gehört, jederzeit und an jedem Ort für die Menschenrechte einzutreten. Daran will sich die deutsche Politik messen lassen.«

Die Kanzlerin hat aber am selben Ort am 18. März 2008 gesagt: »[Wir] wissen, dass es zur Umsetzung der Vision von zwei Staaten Kompromisse bedarf, die von allen Seiten akzeptiert werden. Es bedarf der Kraft auch zu schmerzlichen Zugeständnissen.« An einer anderen Stelle ihrer Rede sagte sie: »Deutschland und Israel sind und bleiben – und zwar für immer – auf besondere Weise durch die Erinnerung an die Shoah verbunden. (...) Die Shoah erfüllt uns Deutsche mit Scham (...) Diese Kraft zu vertrauen hat ihren Ursprung in den Werten, die wir, Deutschland und Israel, gemeinsam teilen: den Werten von Freiheit, Demokratie und der Achtung der Menschenwürde. Sie ist das kostbarste Gut, das wir haben: die unveräußerliche und unteilbare Würde jedes einzelnen Menschen – ungeachtet seines Geschlechts, seiner Abstammung, seiner Sprache, seines Glaubens, seiner Heimat und Herkunft.«

Eigentlich sollte dieses in Israel selbstverständlich sein. Denn als der Staat gegründet wurde, sagte David Ben Gurion in der Unabhängigkeitserklärung am 14. Mai 1948:

»Der Staat Israel wird der jüdischen Einwanderung und der Sammlung der Juden im Exil offenstehen. Er wird sich der Entwicklung des Landes zum Wohle aller seiner Bewohner widmen. Er wird auf Freiheit, Gerechtigkeit und Frieden im Sinne der Visionen der Propheten Israels gestützt sein. Er wird all seinen Bürgern ohne Unterschied von Religion, Rasse und Geschlecht soziale und politische Gleichberechtigung verbürgen.«

Allen Juden der Welt offen, aber ein *Etat laïc:* Also kein »jüdischer Staat«. Das lag völlig im Sinne des Gründers des Zionismus, Theodor Herzl (1860–1904), der ein Mann der Aufklärung war und dessen Buch *Der Judenstaat* zum Welterfolg wurde. Dieser Staat sollte ein normaler Staat unter den anderen Staaten werden, was den Antisemitismus woanders untergraben würde.

Israel ist durch die Vereinten Nationen gegründet worden. Seitdem hat es immer gesagt, dass die Resolutionen der UNO unbeachtet bleiben dürfen, sofern sie überhaupt zur Abstimmung gekommen sind und nicht durch ein amerikanisches Veto gestoppt wurden. Ähnlich geht es mit der berühmten Balfour-Erklärung von 1917, die nicht die furchtbare spätere Politik Englands in Vergessenheit geraten lassen sollte. Man denke nur an das Weißbuch vom Mai 1939, das die jüdische Immigration auf 10.000 pro Jahr beschränkt. Dies sollte für fünf Jahre gelten, danach hätte jede Zuwanderung einer arabischen Genehmigung bedurft. Der Verkauf von Boden an Juden war ab sofort verboten. So wurde Großbritannien zum Hauptfeind des Zionismus. Rechtfertigte das den jüdischen Terrorismus, der schließlich von Ben Gurion beendet wurde, nachdem er die Untergrundorganisationen Irgun von Menachem Begin und den Lechi (Gruppe Stern) von Yitzak Shamir (zwei zukünftigen Regierungschefs) besiegt hatte?

Die Europäische Union hat mehrmals versucht, Israels Politik in Gaza und in den besetzten Gebieten einzudämmen. Das State Department hat noch Ende Juli 2016 gegen die Errichtung 700 neuer Wohnungen in den besetzten Gebieten protestiert. Weniger protestiert haben die Europäer, als Israel friedliche palästinensische Einrichtungen zerstört hat, die mit europäischer Hilfe gebaut worden sind. Dabei ist Israel immer weniger gespalten. Die Proteste von Militärs gegen die Besatzung und die Kriegsmethoden ihres Landes haben seit dem ständigen Aufstieg der Ultraorthodoxen immer weniger Gewicht. Teilweise ist dieser Aufstieg eine Konsequenz der Schulpolitik, die seit Jahrzehnten die Identität des Landes auf der Shoah beruhen lässt, so wie es der Film *Izkor. Die Sklaven der Erinnerung* von Eyal Sivan 1991 gezeigt hat. Das Geringste ist noch, dass keine Frauen auf Bildern erscheinen dürfen. Beim Pariser Trauermarsch nach dem Attentat gegen *Charlie Hebdo* lief Angela Merkel in der ersten Reihe. Die orthodoxe Zeitung *HaMesaver* schnipselte sie vom Bild weg, das sie veröffentlichte. Hätte Hillary Clinton gewonnen, wäre das dann auch passiert? Frauenfeindlichkeit ist vielleicht noch weniger schlimm als das Nichtbeachten abgeschnittener Olivenbäume oder der Guantanamo-ähnlichen Inhaftierung von Hunderten Palästinensern ohne Gerichtsurteil.

Die internationalen Auseinandersetzungen gehen dabei ständig weiter. Im Juni 2015 unterzeichnet der Vatikan ein Abkommen mit dem »Staat Palästina«. Im Oktober 2016 stimmt die UNESCO mehrheitlich einer total einseitigen, Israels Rechte verschweigenden Resolution über Jerusalem zu. Deutschland hat dagegen gestimmt. Frankreich hat sich enthalten.

Der Islam bei uns

Zunächst gilt es, eine ständige Sprachverwechslung zu vermeiden. Die Wörter »Araber« und »Muslim« werden verwendet, als seien sie identisch. Von den 250 Millionen Indonesiern sind 87 Prozent, das heißt 217 Millionen, Muslime – aber keine Araber. Die Christen im Nahen Osten, von Ägypten bis Libanon, sind fast alle Araber.

Wenn wir schon bei den Zahlen sind: Wie viele Muslime leben in Deutschland und in Frankreich? Laut Bundesamt für Migration lebten 2011 zwischen 3,6 und 4,3 Millionen Muslime in Deutschland, also zwischen 4,6 bis 5,2 Prozent der Bevölkerung (die Zahl hat sich seitdem gewiss erhöht). Ungefähr 45 Prozent von ihnen besaßen die deutsche Staatsangehörigkeit. 63 Prozent stammten aus der Türkei. In den Neuen Bundesländern lebten nur 1,6 Prozent der Muslime in Deutschland! In Frankreich sind die Zahlen noch unsicherer, weil die Religion reine Privatsache ist und somit durch statistische Ämter nicht erfasst werden kann. Die Schätzungen liegen zwischen 3 und 4 Millionen. In beiden Ländern gibt es Organisationen, die versuchen, den Islam im Lande zu vertreten, die aber ein Bündel von untereinander uneinigen Verbänden umfassen. In Frankreich existiert einerseits eine *Fondation des œuvres de l'Islam de France* und andererseits der *Conseil français du culte musulman,* beide sind innerlich zerstritten, denn einige der Organisationen, die dort vertreten sind, werden von den Behörden als terrorismusverdächtig betrachtet. Die Fondation verhandelt im Namen des Islams mit dem Staat und anderen öffentlichen Instanzen über Moscheen, Halal-Produkte, Seelsorge in den Gefängnissen und in der Armee. Der Conseil soll die Religion vertreten, nicht die Muslime schlechthin.

In beiden Ländern gibt es ein Problem mit der Finanzierung. Da der deutsche Islam nicht als Kirche organisiert ist, hat er keinen Anspruch auf Kirchensteuer. Da es 1905 noch keine Moscheen in Deutschland und Frankreich gab, entstehen viele neue Moscheen ohne öffentliche Mittel, da sie nicht finanziert werden dürfen. Wie kann man verhindern, dass enorme Summen aus Saudi Arabien für den Moscheebau kommen, Prediger geschickt werden, die kein Deutsch oder kein Französisch können und wahrscheinlich nicht gerade freundlich über die »Ungläubigen« predigen werden? Algerien und Marokko machen es auch. Wenn Bürgermeister hier den Bau einer Moschee ablehnen wollen – was nur selten der Fall ist –, so wird zu Recht gesagt, man darf doch die Menschen nicht auf der Straße oder in alten Scheunen beten lassen. Die Regierung versucht, die Prediger zu überwachen und schließt Moscheen, in denen Hass und IS-Ideologie gepredigt werden. Dazu bräuchte sie aber mehr »Überwacher«, die der arabischen Sprache mächtig sind. Leider ist die Sprache der zweiten Religion Frankreichs und der Länder Nordafrikas mit noch so vielen Verbindungen nach Frankreich im öffentlichen Unterricht sehr vernachlässigt worden. Der Wettbewerb (CAPES) für arabische Sprache, über den man beamteter Lehrer werden konnte, ist abgeschafft worden. Mehr Schüler lernen Chinesisch als Arabisch. Daher die vielen privaten Angebote, darunter manche, die mit Indoktrination verbunden sind.

Wie können Imans ausgebildet werden, die der arabischen Sprache und der deutschen wie französischen Grundrechte mächtig sind? Erfolgreiche Versuche wären zu verzeichnen. Ein Teil der Ausbildung zur republikanischen *laïcité* wird vom Pariser *Institut catholique* durchgeführt. Wie kann verhindert werden, dass sich junge Franzosen mit dem IS verbünden, wissend, dass sie in Syrien oder woanders den eigenen Tod finden werden? Hier zwei in meinen Augen grundlegende Feststellungen. Die Erste: Märtyrer waren früher Menschen, die ihr Leben für ihren Glauben opferten. Nun sind es im Allgemeinen junge Leute, die sich zwar opfern, aber zugleich viele andere Menschen töten. Die Zweite: Nach manchmal furchtbaren Attentaten, bis jetzt mehr in Frankreich als in Deutschland, jedenfalls bis vor dem Berliner Attentat auf einen Weihnachtsmarkt, übersieht die Bevölkerung im Allgemeinen, dass die enorme Überzahl der Opfer – von Ägypten bis Afghanistan – Muslime sind, die von fanatisierten Muslimen vernichtet werden. Dabei darf die Gewalt von Muslimen gegen Christen nicht übersehen werden. Sie findet sogar in Flüchtlingslagern statt. Orientalische Christen werden bedroht, drangsaliert, verletzt, zum Teil von jenen muslimischen Peinigern, vor denen sie nach Deutschland geflohen sind.

Da taucht ein echtes religiöses Problem auf: Inwiefern ist die Gewissensfreihit im Islam verankert oder nicht? Historisch gesehen haben die islamischen Staaten im Bereich der Sultane oder im eroberten Spanien eine Toleranz walten lassen, um die sie die katholische Kirche im Rückblick beneiden sollte. Die Toleranz galt vor allem den »Leuten des Buches«, Christen und Juden. Was sagt der Koran dazu? Er ist voller Widersprüche. Der in Mekka geschriebene Teil sagt, dass es keinen Zwang auf dem Gebiet der Religion geben darf. Glauben oder Nichtglauben sind beide erlaubt. Der in Medina entstandene Teil ist voller Gewalt gegen die Ungläubigen und Abtrünnigen. Ohne eine historisch-kritische Untersuchung der Texte, von denen viele glauben, dass sie direkt von Gott diktiert wurden, werden Terror und Unterdrückung weiter im Namen des Islams wüten. Den Islam schlechthin gibt es ebenso wenig wie das Christentum schlechthin. Dass Unterschiede und Gegensätze bestehen, wird von Millionen Deutschen und Franzosen nicht akzeptiert, die Millionen ihrer islamischen Landsleute der schlimmsten Absichten bezichtigen, und auch nicht von den systematischen Verteidigern aller Moslems, die das Bedrohende nicht wahrhaben wollen.

Gestritten wird jedoch eher um Unwesentliches wie das Kopftuch. In Deutschland wird noch darüber diskutiert – in Frankreich ist das Tragen einer Burka (die auch die Augen verdeckt) und eines Nikab (der nur die Augen sichtbar lässt) in der Öffentlichkeit verboten. 2015 hat das Bundesverfassungsgericht ein sehr umstrittenes Urteil gefällt, das in Frankreich nur Kopfschütteln hervorrufen würde, wäre es bekannt geworden: Ein pauschales Kopftuchverbot für Lehrerinnen in deutschen Schulen sei rechtswidrig. In acht Bundesländern galt ein Verbot. In Berlin sagte das Neutralitätsgesetz von 2004: Dort, wo Hoheitsgewalt ausgeübt wird, darf es keinen Zweifel an der staatlichen Neutralität geben. Das Kopftuch gehört in Frankreich wie die Kippa und das Kreuz, zu den *signes ostentatoires* – den demonstrativen Zeichen, die nicht in die Schule gehören und auch nirgends hingehören, wo der neutrale Staat vertreten ist. Kein Beamter soll als solcher ein *signe ostentatoire* tragen.

Probleme bestehen auch auf manch anderem Gebiet. Was tun, wenn sich muslimische Frauen in Krankenhäusern nicht von einem männlichen Arzt untersuchen lassen wollen? (Ehemals wurde das Herz von Ordensschwestern nur durch ihr Kleid abgehört.) Was, wenn sie nur in Gegenwart des Vaters, des Onkels oder des Ehemanns behandelt werden dürfen? Inwiefern darf Schweinefleisch in den Schulkantinen serviert werden? Hier diskutiert man übrigens islamische Anliegen und verschweigt das identische jüdische. Wie soll sich ein privater Arbeitgeber verhalten gegenüber fünf täglichen Gebeten, muslimischen Feiertagen und anderem mehr? Die Fragen haben Unternehmer so oft gestellt, dass die Regierung eine Broschüre herausgegeben hat, die in jedem Punkt Ratschläge gibt. Auch über die Benutzung von Schwimmbädern gibt es Streit. Umgekehrt muss man aber auch fragen: Verbreiten nicht die französischen Schulbücher ein stets negatives Bild des Islam? Gewiss wird im Geschichtsunterricht einiges über den Ursprung des Islams gesagt. Aber Lehrer und Buch überspringen oft, was zwischen den Ursprüngen dieser Religion und dem heutigen Terrorismus steht. Wir sind Teil einer Gesellschaft, in der alles vergessen oder verkannt wird, was der Islam der westlichen Kultur und Zivilisation an Gutem gebracht hat, sei es die Vermittlung der Schriften und Philosophie von Aristoteles oder die prachtvollen Gebäude in Andalusien. Ein viel gelobtes und bewundertes muslimisches Gymnasium in Lille trägt glücklicherweise den Namen des mittelalterlichen Mathematikers und Vordenkers einer Islamischen Aufklärung: *Averroës*.

Viele andere Zeichen zeugen für eine positive Entwicklung. Mit oder ohne Schleier, gläubig oder nicht: Viele Frauen sagen klar, sie seien zugleich Französinnen und Musliminnen. Französische Imame haben 2012 Yad Vashem besucht. In Lyon wird ein *Institut français de civilisation musulmane* gebaut. Der Verein *Amitié judéo-musulmane de Fance* hat im November 2016 ein Wochenende der gemeinsamen offenen Türen von Moscheen und Synagogen veranstaltet unter dem Zeichen »Die Verachtung verbannen«. Im Mai hatten sich 150.000 Muslime auf dem Flughafen Le Bourget versammelt, um ihre Verbundenheit mit *la République* zu bekunden. In Deutschland hat die Feier zu zehn Jahren Deutsche Islam Konferenz im September einen Zeitungstitel provoziert mit dem Titel: »Auf dem Weg zur Religionspartnerschaft?« Seit 2014 gibt es auch das Sammelwerk *Handbuch Christentum und Islam in Deutschland,* das von Mathias Rohe herausgegeben wurde und 1.297 Seiten hat! Allzu pessimistisch sollte man also doch nicht sein ...

Das Menschwerden inmitten der Verzweiflung am Weltgeschehen: Pessimistische Zuversicht

Man könnte verzweifeln. Die Gewalt weltweit. Töten wird zur Normalität. Folter auch. Schon Kinder lernen, den »Feind« zu bezeichnen und ihn blutig zu bekämpfen. Zu den immer öfter systematisch eingesetzten Waffen gehört die Vergewaltigung von Frauen. Menschen verhungern in Aleppo und in Afrika. In unserem Europa entstehen Diktaturen in Polen und in Ungarn, die Menschen die Grundrechte verweigern. Schlimmer noch, die Türkei: Jeder kritische Journalist wird als Terrorist behandelt. Die Todesstrafe kommt wieder.

Die Macht des Geldes ist größer denn je. Nur ein Beispiel aus Frankreich: Ein mächtiger Milliardär wird wegen Steuerhinterziehung zu einer hohen Strafe verurteilt. Keine Zeitung berichtet, weil der Schuldige am Tage nach seiner Verurteilung überall ganzseitige Werbeanzeigen geschaltet hat. Nur der *Canard enchaîné* berichtete. Er erscheint ohne Werbung. Es gibt nun Schlimmeres als das. In Kalifornien ist es jungen Leuten gelungen, erfundene Nachrichten ins Netz zu bringen und ihre Erfindungen in der ganzen Welt zu verbreiten, viele auch bekannte Leute werden übel diffamiert. Wehren kann man sich dagegen nicht. Sie verdienen übrigens viel Geld damit, weil Hunderttausende »Verbraucher« jeden Klick bezahlen müssen.

Joachim Gauck hat es in seiner Abschiedsrede so formuliert: »Wir leben in rauen Zeiten. Oft ist nicht mehr erkennbar, was wahr ist und was falsch. Vor allem in den sozialen Netzwerken wird fast grenzenlos gelogen, beschimpft, verletzt.« Im selben Sinn fügte er etwas später hinzu, die Einwanderer betreffend:»Die einen müssen Teilhabe wollen, die anderen Teilhabe ermöglichen. Was keinen Platz hat in diesem Miteinander, das sind Verunglimpfung, Hetze, Ausgrenzung, Hass, und erst recht keine Gewalt gegenüber den Eingewanderten.«

Die Leidenschaft vertreibt die Vernunft. Die Logik wird kaum noch gebraucht. Frank-Walter Steinmeier hat in einem Artikel geschrieben, dass das Losungswort unserer Zeit »Häme, Hass, Härte« sei. Unrecht hat er gewiss nicht.

Als ich vor langen Jahren den Proust-Fragebogen für die Frankfurter Allgemeine Zeitung ausfüllte, war meine Antwort auf die Frage »Was würden Sie am liebsten werden?«:»Weltverbesserer.« Welche Vermessenheit! Und doch habe ich in einem veröffentlichten Brief an Gymnasiasten nicht zu Unrecht geschrieben, dass jeder ein Weltverbesserer ist, wenn er nur dem Anderen freundlich und verständnisvoll begegnet. Ich fügte ohne Überheblichkeit hinzu, ich hätte das Glück gehabt, etwas mehr Weltverbesserer zu sein als die meisten Menschen.

Dazu gehört zunächst etwas, das für mich beinahe die höchste aller Tugenden ist: Verständnis für die Leiden anderer, mit echtem Mitgefühl. Ein Leiden, das in der Vergangenheit ebenso groß war wie heute. Der Vergleich muss besonders in Deutschland gezogen werden, weil dort der Dreißigjährige Krieg noch mehr Tod und Leiden verursacht hat als die Hitlerzeit. Wenn man die wunderbaren *Musikalischen Exequien* von Heinrich Schütz hört, sollte man gewissermaßen als Begleittext wissen, dass acht Jahre vor seiner Geburt in Weißenfels, wo er seine Jugend verbrachte, die Pest ein Drittel der Bevölkerung hinweggerafft hatte, dann noch über Tausend mehr in den nächsten Jahren. Als er vier Jahre alt war, sind in Quedlinburg, unfern von Weißenfels, an einem einzigen Tag 133 »Hexen« verbrannt worden. Schütz selbst hat in wenigen Jahren seine Eltern, seine junge Gattin, seinen einzigen Bruder und seine beiden kleinen Töchter auf verschiedene Weise verloren. Der Tod war allgegenwärtig.

Was ist für uns der Tod heute? Nicht dasselbe wie für Johann Sebastian Bach. In der Kantate »Ich habe genug« heißt es: »Ich freue mich auf meinen Tod«. In der Hoffnung auf die Auferstehung werde ich von allen Strapazen und Leiden befreit sein. Gläubige Christen hoffen im Tode wahrscheinlich auf die Aufnahme in die ewige Liebe Gottes, aber ohne den Wunsch, das irdische Leben aufzugeben oder anderen bei dessen Beendigung zu helfen. Die Palliativpflege ist, wenigstens in Frankreich, zuvörderst in christlichen Krankenhäusern angewandt worden. Für jemanden wie mich gilt das Wort der griechischen Philosophen: »Wenn ich bin, ist der Tod nicht. Wenn der Tod ist, bin ich nicht mehr.« Mehr noch: Wenn die Christen singen »Tod, wo ist dein Stachel?«, so antworte ich: »Der Gedanke des Todes hat mich immer angestachelt, denn immer fand ich, es bleibe wenig Zeit.«

Welche Tugend sollte man zu seinen Lebenszeiten pflegen? In *Wilhelm Meisters Wanderjahren* sagt Goethe, es sei die Ehrfurcht. Ich bin einverstanden, aber nicht in seinem Sinn. Nicht Ehrfurcht nach oben, sondern Ehrfurcht vor den Leidenden, vor den Verachteten, den Ausgestoßenen – vor all jenen, denen die Identität des Gleichen verweigert wird. Dazu kommt noch die Gabe der Bewunderung. Ich habe diese gewiss. Ich bewundere Latifa Ibn Ziaten. Diese moslemische Frau ist aus Marokko gekommen, hat Französisch gelernt, hat ihren Lebensunterhalt auf den Märkten und als Haushaltsgehilfin verdient und die gewünschten fünf Kinder erzogen. Aber ihr Leben hat sich total verändert, seitdem ihr Sohn Imad 2012 in Toulouse von Mohamed Merah ermordet worden ist (dieser hatte moslemische Soldaten, dann jüdische Lehrer und Schüler getötet). Sie geht dorthin, wo der Mörder gelebt hat, findet junge Leute, die ihn als Helden verehren, beschimpft sie und beginnt eine wahrhaft pädagogische Arbeit in den »banlieues«, um Jugendliche von der Versuchung der Gewalt abzubringen. So ist sie, die gläubige und praktizierende Muslimin *und* Verehrerin der *République,* eine Vertraute vieler jungen und weniger jungen Leute geworden, die zu ihr kommen, um bei ihr Ermutigung zu finden.

1963 las ich in der Kolumne *Courrier du coeur* der Frauenwochenzeitung *Elle* einen Leserbrief, dessen Autorin ich bis heute sehr bewundere. Eine Leserin hatte sich über ihr Leben, über das Leben schlechthin beklagt. Die Antwort war mit dem jüdischen Vornamen Sarah unterschrieben:

»Ich bin bestürzt über die pessimistischen Gedanken von Germaine. Meine persönliche Erfahrung steht im krassen Widerspruch dazu. Ich bin Jüdin, bin vierzig Jahre alt. Ich habe fast meine ganze Familie in den Konzentrationslagern verloren. Ich bin in einem Alter deportiert worden, in dem man daran denkt, sich zu vergnügen, zu lachen, und ich habe es überlebt. Aber selbst dort, wo ich geschlagen, gedemütigt, erniedrigt wurde, fand ich nie, dass das Leben hart und bitter sei, wie Germaine es sagt, denn ich konnte den anderen, die noch mehr verschreckt waren als ich, Geborgenheit geben, armen Kindern, die vor Freude weinten bei dem bloßen Gedanken, sich in meine Arme zu kuscheln. Ich empfand ein unermessliches Glück, einen Funken Hoffnung in den Augen aufleuchten zu sehen wegen eines Wortes der Liebe.

Ich bin als Krüppel zurückgekommen. Ich werde niemals Kinder haben können, aber meine Schwester hat deren fünf, und ich habe das Glück, sie zu lieben als wären sie meine eigenen. Sagen Sie Germaine, das Glück findet man in der Freude, die man anderen bereitet, und es kommt dann hundertfach zurück.«

Christliche Freunde sagen fälschlich, diese Jüdin habe eine christliche Identität. Nun, was ist heute die Identität von wahren Christen? Sie nähert sich immer mehr meiner. Nicht, dass ihr Glaube uns nicht mehr trennen würde. Der sehr bekannte und vielgelesene, 1978 verstorbene Jesuit François Varillon, der mir ein großer Freund gewesen ist, hat geschrieben:»Der Glaube ist ein Sieg in jedem Augenblick über einen Zweifel, der ständig von unten herauf entsteht: Er ist eine Gewissheit, aber eine Gewissheit, die niemals ein Beweis ist.« Das Wort, das heute auf christlicher Seite überwiegt, ist das Wort Humanismus. Zum Beispiel betitelte die katholische Tageszeitung *La Croix* eine ganze Seite mit »Die Religionen auf der Suche nach einem neuen Humanismus.« Johannes Paul II. hat den Weg geebnet zwischen Christentum und Aufklärung. In dem 2004 veröffentlichen Büchlein *Erinnerung und Identität. Gespräche an der Schwelle zwischen den Jahrhunderten* hat er geschrieben:

»Die europäische Aufklärung hat nicht nur die Grausamkeiten der Französischen Revolution hervorgebracht; sie hatte auch positive Früchte wie die Idee der Freiheit, der Gleichheit und der Brüderlichkeit – Werte, die übrigens im Evangelium verankert sind. (...) Die Ideen von Freiheit, Gleichheit und Brüderlichkeit waren am Anfang des 19. Jahrhunderts auch deswegen ein Segen, weil jene Jahre eine große Wende in der sogenannten sozialen Frage mit sich bringen sollten. (...) Das aufklärerische Bewusstsein (...) löste (...) das Aufkommen der Forderung nach sozialer Gerechtigkeit aus, einer Gerechtigkeit, die ebenfalls ihre letzte Wurzel im Evangelium hat. Es gibt zu denken, wenn man feststellt, wie diese Prozesse aufklärerischen Ursprungs häufig zu einer vertieften Wiederentdeckung von Wahrheiten geführt haben, die im Evangelium enthalten sind. Die Sozialenzykliken, angefangen von *Rerum novarum* Leos XIII. über die Enzykliken des 20. Jahrhunderts bis zu *Centesimus annus,* lassen das deutlich werden.«

Es geht auch um die gemeinsame Verehrung einer warmherzigen Vernunft. Der katholische Philosoph Emmanuel Mounier hat geschrieben: »Ich fühle mich angezogen von der Intelligenz, insofern sie mehr Licht ins innere Leben bringt.« Dazu gehört, den Anderen zu mehr Freiheit verhelfen – wobei klar sein sollte, dass Freiheit nicht bedeutet, sich frei zu unterwerfen. In Goethes *Tasso* heißt es:

Der Mensch ist nicht geboren, frei zu sein
Und für den Edlen ist kein schöner Glück
Als einem Fürsten, den er ehrt, zu dienen.

Viele Texte gehen in dieselbe Richtung, sei es nur der unterwürfige Gesang, mit dem Sarastro in der *Zauberflöte* empfangen wird. In Wirklichkeit geht es darum, Kafkas *Verwandlung* umzukehren. Nicht vom Menschen zum Ungeziefer, sondern vom Unfreien zum Menschen. Sarastro sagt von Tamino (etwas heuchlerisch, denn er hätte sicher keinen Proletarier, auch den menschlichsten, zu seinem Nachfolger gemacht): »Er ist mehr als Prinz, er ist Mensch.« Gegen Ende von *Wilhelm Meisters Lehrjahre* heißt es, Wilhelm sehe nun aus wie ein Mensch. Sich selbst mit einiger Überheblichkeit als Mensch zu betrachten, um anderen zum Menschwerden zu verhelfen, das ist eine würdige Aufgabe. Sie überschattet jede Behauptung des Sinnlosen. Etwa die bei Eugène Ionescos *Der König stirbt,* wo dem Sterbenden am Schluss von seiner Frau ausgerichtet wird: »Das war eine unnötige Aufregung.« Sogar in dem nihilistischsten – aber wunderbaren – Stück, das ich kenne, im *Endspiel* von Samuel Beckett, klingt für mich ein Bedauern aus der Feststellung: »Abwesend, immer abwesend. Alles geschieht ohne mich.« Das ist das Gegenteil von dem, was Hans Scholl kurz vor seiner Verhaftung an einen Freund schrieb: »Ich kann nicht abseits stehen, weil es abseits kein Glück gibt.« Eine andere Formel im *Endspiel* benutze ich immer gern, wenn ich die Frage gestellt bekomme:

»Glaubst du an ein zukünftiges Leben?«

»Meines ist immer zukünftig gewesen.«

Man sollte hoffen, im Moment des Sterbens sagen zu können – um wieder François Varillon zu zitieren –, dass man »ansteckend gelebt« hat, dass man seine Zeit genutzt hat, »um den Anderen zum Sein – und zum Anderssein zu verhelfen.« Den Anderen Mensch sein lassen. Ihn anders sein lassen, als ich bin – was Zeugnis seiner Freiheit sein soll. Aber da stoßen wir auf die Frage, die im ersten Kapitel gestellt worden ist: Wie kann man beeinflussen, ohne die Freiheit zu begrenzen? Die Antwort scheint mir zu sein, dass es gilt, dem Anderen bewusst zu machen, was seine vielfältigen Zugehörigkeiten sind und ihn dann auf kritische Distanz zu bringen zu diesen Zugehörigkeiten, denn so kann er entdecken, dass seine eigentliche Identität das Zusammenwirken dieser Zugehörigkeiten ist. Es geht nicht darum, diese zu zerstören. Den Pädagogen sage ich immer, es sollte die Formel gelten *libérer sans désinsérer* – befreien ohne zu entwurzeln. Dabei gilt es auch festzustellen, dass in der Gesellschaft von heute die grundlegende Frage keine einfache Antwort erhalten kann, die Bundespräsident Roman Herzog im Oktober 1995 in seiner Laudatio bei der Friedenspreisverleihung an die Orientalistin Annemarie Schimmel folgendermaßen formuliert hat: »Wie weit geht eigentlich der ethische Kern, der allen Kulturen gemeinsam sein muss, und wo beginnt der Bereich, in dem man jeder Kultur die eigene Gewichtung und Prioritätensetzung überlassen muss?«

Dies in einer veränderten Welt. Wie Joseph Staubhaar es richtig gesagt hat: »Die Globalisierung hat die ökonomische Attraktivität technischer Innovationen gesteigert und damit die Digitalisierung hervorgebracht. Die Digitalisierung treibt die Polarisierung der Gesellschaft weiter voran.«

Ich will beeinflussen, um der Identität als Mensch einen besseren Platz zu verschaffen, als es die Selbstidentifikation durch die Kultur vermag. Zwar ändert das nicht viel an der Tragik der heutigen Welt, aber es lohnt sich doch. Denn die *Menschgewordenen* werden an dieser Welt vielleicht einiges mehr verändern als ich. Mein berechtigter Pessimismus ist also verbunden mit einer ebenso berechtigten Zuversicht.

ENDE

Personenregister

Bücher von Alfred Grosser

Die Freude und der Tod. Eine Lebensbilanz (2011)

Von Auschwitz nach Jerusalem.
Über Deutschland und Israel (2009)

Die Früchte ihres Baumes.
Ein atheistischer Blick auf die Christen (2005)

Mein Deutschland (1993)

Verbrechen und Erinnerung.
Der Genozid im Gedächtnis der Völker (1991/1994)

Frankreich und seine Außenpolitik 1944 bis heute (1986)

Das Bündnis.
Die westeuropäischen Länder und die USA
seit dem Krieg (1982)

Geschichte Deutschlands seit 1945 (1974)